우리는
갯벌에
산다

갯벌에서 건져 올린 바다 생물 이야기

우리는 갯벌에 산다

김준 지음

이글루

* 일러두기

1. 외래어 인명과 지명 등은 국립국어원 외래어표기법에 따라 표기했다.
2. 단행본·신문 등은 겹낫표(『 』), 시 등은 홑낫표(「 」), 드라마·그림 등은 홑화살괄호(〈 〉)로 표기했다.

프롤로그
갯밭과 갯살림

갯벌은 갯밭이다

　농민에게 논밭이 있다면 어민에게는 갯밭이 있다. 농사짓는 땅 중에 문전옥답門前沃畓도 있지만, 퇴비를 넣고 흙을 더해야 하는 농지가 사실 더 많다. '바다밭'도 다르지 않다. '바다밭'은 바다이면서 밭이고 밭이면서 바다인 '갯밭'이다. 제주에서는 '바당'이라고 하고, 전라도에서는 '갱번'이라고 하고, 경상도에서는 '갱문'이라고 한다. 동해에서는 '짬'이라고 하던가? 또 어느 지역에서는 '톰'이라고 한다.
　갯바위에서는 미역·톳·우뭇가사리를 뜯고, 갯벌에서는 바지락·꼬막·백합·동죽을 캔다. 그리고 얕은 바다에서는 김, 매생이, 파래 등을 맨다. 양식기술이 발달하면서 더 넓게 더 멀리 양식장이 확대되면서 갯밭이 수산업이나 양식업이 되었지만 '갯밭'이 그 원형이다.

내나로도와 고흥반도를 잇는 다리를 앞두고 펼쳐진 남성리 갯벌 모습이 매우 독특하다. '저것이 논이야, 밭이야' 할 정도로 분간하기 어렵다. 그런데 분명 물이 들면 바다가 되는 갯벌이다. 논처럼 둑이 있고 골이 있으며 물이 흐르는 모습이 멀리서 보면 흡사 모내기하기 위해 물을 잡아놓은 무논과 닮았다. 사실은 바지락밭이고 그 전에는 굴밭이었다. 한때 남성리 굴은 임금님이 먹는다는 말이 있었지만, 이제는 굴 대신 바지락이다.

눈부시게 푸르른 4월 미세먼지도 없고, 하늘도 말끔하고, 연둣빛 나뭇잎이 바람에 살랑거리는 봄날이었다. 긴 장화를 신고 바지락밭으로 들어갔다. 군데군데 2~3명씩 모여서 바지락도 캐고, 갯밭도 고르고 있었다. 일하는 곳은 각자 자기 밭이다. 공유 수면이라 개인 소유가 아니지만 옛날부터 둑을 쌓고 골을 쳐서 갯밭을 만들었다. 솔가지나 대나무 가지를 꺾어 갯벌에 꽂아두었다가 굴이 붙어 자라면 갯벌에 떨어뜨려 양식을 하는 '송지식松枝式' 굴밭이었다.

개인은 원래 갯밭을 가질 수 없다. 마을과 마을 사이에 '지선'이라는 말로 갯밭이 나누어져 있다. 어민들은 마을 지선 안의 갯밭을 함께 혹은 나누어 이용하는 것이다. 이를 마을어업이라고 한다. 그래서 지선 경계를 놓고 마을 간 다툼이 종종 발생했다. 바다에 금을 그을 수 없고, 지금처럼 GPS도 없었으니 지형지물을 기준으로 나눌 수밖에 없었다. 그 갈등은 때로는 이해관계를 넘어서 이데올로기라는 옷을 입기도 했다.

여름으로 가는 길목에 바닷바람은 끈적거리고 후덥지근하다. 이런 날이면 일은 고사하고 휴가도 싫다. 그런데 진도군 조도면 작은 섬이 고향인 가족들은 연휴나 휴가철이면 어김없이 부모님이 계시는 섬으로 달려온다. 미역을 뜯기 위해서다. 뱃길도 선 외딴 섬에 사람이 모여 살고 마을을 이루며 수백 년을 지켜올 수 있었던 것은 바로 미역밭 덕분이다. 섬에서 떠나 뭍에서 생활하다가 미역 철만 들어오는 '얌체 어민'은 미역밭 채취 권리를 주장할 수 없다. 최소한 마을을 지키며 섬살이를 해야 한다.

논밭에 잡초가 무성하면 지나던 길손도 손가락질을 한다. 논밭은 농부의 얼굴이요 심성이라고 생각했다. 갯밭도 마찬가지다. 좋은 미역을 얻기 원하며 늦가을이나 겨울에 미역이 자리 잡기 좋은 갯바위를 깨끗하게 닦아서 잡초를 제거해야 한다. 이것을 '갯닦기'라고 한다. 그곳에 달라붙은 해초海草도 제거하고 따개비나 담치 등 부착생물을 떼어내야 한다. 바다에 떠다니며 붙을 곳을 찾는 미역 포자를 위해 자리를 마련해주어야 한다. 농부들이 씨를 뿌리기 위해 밭을 매고, 벼를 심기 위해 논을 갈고 써레질을 하듯이 말이다.

더 놀라운 일을 조도면 독거도 미역밭에서 보았다. 물이 많이 빠지는 날 햇볕에 노출된 미역이 마르거나 익어서 죽는 것을 막기 위해 물이 들어오는 때까지 미역밭을 순회하며 바가지로 바닷물을 퍼부었다. 여름철에 해 뜰 무렵이나 해질녘에 고추밭에 물을 주는 모습과 닮았다.

　미역밭만 그런 것이 아니다. 바지락밭은 어떤가? 물 빠짐이 좋게 골을 치고 심지어 모래나 흙을 집어넣어야 한다. 이렇게 관리하지 않는 바지락밭은 어린 바지락을 집어넣어도 생존율이 매우 낮다. 잘 관리된 바지락밭은 종패種貝를 넣지 않고도 자연 번식이 가능하다. 물이 고이지 않고 잘 빠지도록 평평하게 골라야 여름철 뜨거운 햇볕에 어린 바지락이 비명횡사를 당하지 않는다. 그래서 갯밭이라고 하고, 굴밭이요 미역밭이라고 불렀다.

갯밭의 힘

　한 세대 전만 해도 갯밭은 섬살이를 좌우할 만큼 중요했다. 그래서 갯밭을 지속 가능하게 이용하기 위한 다양한 조치가 만들어졌다. 새로운 구성원이 갯밭에서 농사짓기를 원하면 마을 회의를 통해 자격을 심사했다. 특히 1960~1970년대 한 집에 10여 명이 살던 시절에는 본가에서 분가하면 결혼을 하고 큰집 옆에 집을 마련해 솥을 걸고 살림을 차렸다. 이렇게 세대가 증가하면 각자의 몫을 마련하기 위해 갯밭도 더 많이 필요했다. 갯밭을 새로 만들지 못한다면 기존의 마을 사람들의 몫을 나눌 수밖에 없다. 그래서 신입자를 들일 때 심사가 엄격했다.

　장남은 분가해도 아버지 몫을 물려받도록 했고, 작은아들은 결혼하고 분가해서 가정을 꾸려야 자격이 생겼다. 외지인은 최소 마을에 몇 년을 거주해야 하고 마을 주민들에게서 인정을 받아야 자격이 생겼다. 그렇다고 해서 갯밭을 이용할 수 있는 것은 아니다. 마을 총회에서 반대자가 없어야 하고 마지막으로 일정한 액수의 분담금 혹은 마을 발전기금을 납부해야 가능했다. 지금도 이러한 전통이 지켜지는 어촌들이 있다. 이를 두고 무조건 '어촌은 폐쇄적이다'고 매도해서는 안 된다.

어촌 인구도 감소하고 양질의 노동력도 찾기 어렵다. 그렇다고 갯밭을 외지인, 특히 민간인이나 여행객에게 무조건 개방하는 것이 쉽지 않다. 옛날처럼 어민들만 배타적으로 이용할 권리를 독점하는 것도 시대착오적이다. 다만 갯밭의 해양생태 자원의 지속성과 어업의 지속성이라는 대원칙에 맞는 새로운 제도를 마련해야 할 시점이다.

제철에 자연에서 얻는 농산물은 보약이다. 바다도 그렇다. 제철에 마을 어장에서 가져온 수산물은 보약이다. 제철과 관계없이 과학과 기술로 만들어낸 먹거리는 부드럽고 달콤하지만 몸에 이롭지 않다. 자연에서 얻은 거칠고 씁쓸한 맛이 좋다. 천일염 한 알을 입에 털어 넣고 달콤하다고 말하는 소금 장인이나 김치 명인의 입맛이 그렇다. 미역도 그렇다. 거친 바다에서 뜯어 햇볕에 말린 돌미역은 정성을 들여 푹푹 고아야 한다. 사골 국물을 내기 위해 가마솥에 소뼈를 넣고 장작으로 불을 지펴 우려내듯이 해야 한다. 이렇게 끓인 미역국은 다른 국물을 낼 것도 없이 그 자체로 사골보다 진한 국물이 만들어진다.

어머니는 딸이 시집가거나 며느리가 들어와 아이를 낳으면 돌미역을 선물했다. 심지어 혼수품으로 장만해 이바지로 넣어 보내기도 했다. 귀하기도 했고 어머니의 바람이 깃든 정표이기도 했다. 오랜만에 찾아온 귀한 손님을 위해 호미와 바구니를 들고 갯밭으로 나서는 어머니를 본 적이 있는가? '그레'로 백합을 잡아 자식들 대학을 보내고 시집장가를 보냈다는 어머니들의 하소연이 눈에 선하다. 봄이면 바지락, 여름이면 미역과 톳, 가을이면 낙지, 겨울이면 굴 등 사시사철 밥상을 풍성하게 해주었다. 그것이 갯밭의 힘이다.

생물과 인간이 공존하는 갯밭

욕심이 과하면 탈이 난다. 갯밭이 그렇다. 사실 갯밭은 인간의 곡식 창고이기 이전에 바다 생물의 산란장이자 서식지였다. 깊은 바다에 사는 어류들도 산란철이 되면 갯밭으로 나와서 알을 낳았다. 하물며 패류는 말할 것도 없다. 갯밭에는 영양염류가 풍부하고 펄과 모래와 돌, 다양한 해초류가 생활하고 있어 어린 어패류가 먹고 놀고 생활하기 좋다. 때로는 도요물떼새들이 모여들어 먹이 활동을 하는 곳이다.

그곳을 모두 일궈서 바지락밭을 만들고 굴밭을 만든다고 생각해보자. 인간만 먹고살기 위해 많은 생물종의 서식지를 파괴하는 꼴이 된다. 미래의 가치인 공존의 질서를 파괴해 부메랑이 되어 인류를 위협할 것이 뻔하다. 실제로 갯벌을 어민만 아니라 민간인이 그것도 기업이 운영할 수 있도록 하는 법안을 만들려다가 멈추기도 했다. 생산성을 높이고 관리하기 용이하다는 것이다. 기계로 농사를 짓는 단지를 만들어 생산성을 높이고 관리도 수월하게 하겠다는 것이다. 이를 위해서는 단작單作과 비료와 농약은 필수다. 갯벌을 그렇게 만든다고 해보자. 끔찍하다.

갯밭은 어촌의 얼굴이자 어촌의 존재 이유다. 여행객들이 어촌이나 섬을 찾는 이유는 어촌다움과 섬다움을 느낄 수 있기 때문이다. 그것은 마을과 선창과 갯밭에서 찾을 수 있다. 자연경관만 아니라 그곳에서 얻는 어패류와 농산물이 그대로 밥상에 오르면 어부의 밥상이고 섬 밥상이 되는 것이다. 여기에 어머니 같은 정성이 곁들여지면 여행객은 평생 잊지 못할 밥상으로 기억할 것이다.

양식기술이 발달하고 양식어업이 거대해지면서 갯밭의 가치와 중요성이 자꾸만 약화되고 있다. 덩달아 어촌이나 어촌 공동체도 약화되는 것 같아 안타깝다. 생물 다양성은 말할 것도 없고 어촌의 정체성을 지속하기 위해서는 갯밭이 살아 있어야 한다. 대규모 양식어업보다 마을 주민들이 함께 모여서 일구는 작은 갯밭 마을어업도 존중되어야 한다. 어촌 문화와 생활도 갯밭에서 비롯된다. 제주 우엉팟이나 전라도 논시밭처럼 텃밭의 가치가 소중하다. 갯밭이 그렇다.

차례

프롤로그 갯밭과 갯살림
갯벌은 갯밭이다 · 5 갯밭의 힘 · 8
생물과 인간이 공존하는 갯밭 · 10

제1부 갯벌은 삶이다

김 바람이 불어온다 김
김은 토산품이자 무역품이었다 · 21 '태인도 김가'가 기른 것이다 · 23
선생질 그만두고, 김 양식이나 하자 · 26 포도알처럼 잘 붙어라 · 28
바다의 반도체 · 29

바다의 화폐 미역
고래가 새끼를 낳은 뒤 미역을 뜯어 먹었다 · 32
권문세도가들은 미역바위에서 소작료를 받았다 · 35
미역 농사와 섬돌이 · 37 산모는 미역국을 먹고 수험생은 먹지 않는다 · 40

매화꽃이 피면, 감태가 익어간다 감태
감태지는 중독성이 있다 · 42 씁쓸한 맛 뒤에 따라오는 단맛 · 44
갯벌이 좋고 깨끗하다 · 47 탄도에서 만난 감태 · 48

갯벌을 지키는 토종의 맛 매생이
좋은 매산을 가려 많이 올리라 · 52 가슴에 멍이 들어야 맛보는 음식 · 54
향토 음식에서 웰빙 음식으로 · 57

섬마을 건강과 살림 지킴이 톳
청보리가 출렁이면 톳이 춤춘다 · 60 바다가 땅이고 어장이 논밭이다 · 63
젖먹이를 키우는 어머니는 톳냉국도 못 얻어먹는다 · 66

뭍으로 올라온 바다채소 모자반
도루묵과 물메기와 학공치가 알을 낳는 곳 · 69
밭을 기름지게 한다 · 72 잔칫날에는 몸국 · 74

바다의 쌀 우뭇가사리
끓여서 식히면 얼음처럼 굳는다 · 78 우뭇가사리가 밀려오는 바당 · 80
우뭇가사리 부정 판매 사건 · 82 우미냉국으로 허기를 달래다 · 85

바다의 불로초 다시마
정약전은 다시마를 보지 못했다 · 88 비행기를 타고 온 다시마 · 90
땅 농사와 바다 농사 · 92 잠자리는 없어도 다시마 자리는 마련한다 · 94

제2부 갯벌은 단단하다

바다의 우유 굴
구조개랑 먹고 살어리랏다 · 101
시어머니, 며느리, 손자며느리의 '삼대 조새' · 104
늦게 피는 돌꽃이 맛있다 · 106 보리가 패면 먹어서는 안 된다 · 109

입 앙다문 갯벌의 참맛 **꼬막**
참꼬막과 새꼬막 · 113　갯밭을 튼다 · 116
꼬막밭이 사라지면 · 118　꼬막은 삶아서 바로 먹어야 한다 · 120

바지락 못지않다 **동죽**
물총을 쏘는 것 같다 · 123　물총칼국수와 동죽봉골레파스타 · 125
검은머리물떼새가 유부도를 찾는 이유 · 127　황금갯벌이 조개무덤이 되다 · 129

조개의 귀족 **백합**
웬만해서는 입을 열지 않는다 · 132　백합은 언제부터 양식되었을까? · 134
갯벌이 무너졌다 · 136　백합이 사라지자 마을공동체가 무너졌다 · 138
다시 그레를 들고 갯벌로 나갈 수 있을까? · 141

어촌의 곳간을 책임지다 **바지락**
풍요와 다산과 순산의 상징 · 143　비가 오지 않으면 흉년이 든다 · 146
바지락 밥상을 차리다 · 148

손과 팔을 1만 번 넣어야 잡힌다 **가리맛조개**
물가에서 캐는 마 · 151　맛조개와 가리맛조개 · 153
입에서 단내가 나야 잡힌다 · 155　갯벌에서 뽑다 · 157

갯벌에서 건져낸 보석 **개조개**
육즙도 많고 살도 가득하다 · 161　개조개를 캐는 영등철 · 163
뱃머리를 노랗게 칠한 잠수기 어선 · 165　통영의 개조개 사랑 · 167

채소처럼 맛이 달다 **홍합**
속살이 붉다 · 169　진주담치와 홍합 · 171
홍합이 '오손 생물'인 이유 · 173　음식이며 천연 조미료다 · 175

제3부 갯벌은 다채롭다

갯벌을 날다 짱뚱어
눈이 툭 튀어나왔다 · 181　짱뚱어는 잠꾸러기 · 183
눈치 백 단 짱뚱어 · 185　짱뚱어탕으로 가을을 맞는다 · 188

어물전에서 뛸 만하다 망둑어
미끼도 없이 잡는 '공갈 낚시' · 190　잠자는 문어 혹은 잠자는 날치 · 192
회로 먹으면 맛이 좋다 · 194　망둑어와 막걸리 · 196

외계인을 닮았다 개소겡
장어처럼 길다 · 199　명절 전후로 개소겡을 찾는다 · 202
개소겡 라면과 와라스보 구이 · 205

제주 해녀가 사는 법 소라
껍데기가 빙빙 꼬여 있다 · 208　칠성판을 지고 나가는 일 · 210
먹어도 한 구덕, 안 먹어도 한 구덕 · 213

소라가 아니라 참소라다 피뿔고둥
고둥 삼총사 · 216　소라껍데기, 주꾸미를 유혹하다 · 219
이만한 술안주도 없다 · 221

칼을 대지 마라 전복
전복은 복어다 · 224　전복은 포작인이 땄다 · 227
전복 양식의 어려움 · 229　전복을 먹으면 사랑에 실패한다 · 231

작은 것이 고향을 생각하게 한다 **고둥**

보말도 괴기여 · 234　고둥을 밥상에 올리는 일 · 237
특별한 겨울 음식 · 239

고놈의 '군수' 때문에 못살겠다 **군소**

바다 달팽이 혹은 바다 토끼 · 242　가장 느리다 · 245
바다의 산삼 · 247

제4부 갯벌은 푸르다

조선의 왕도 탐한 맛 **꽃게**

횡보공자와 무장공자 · 253　구운 게도 물지 모른다 · 256
꽃게 먹고 체한 사람 없다 · 258　꽃게탕부터 꽃게장까지 · 260

민꽃게 앞에서 힘자랑하지 마라 **민꽃게**

조심해라, 손가락 잘린다 · 263　춤추는 게 · 265
민꽃게는 화려하지 않다 · 267

도요새와 낙지와 인간이 탐하다 **칠게**

춤을 추는 듯해서 '화랑해'다 · 271　물새들이 칠게를 좋아한다 · 273
낙지도 칠게를 좋아한다 · 275　칠게를 잡기 위한 함정 틀 · 277

가을낙지만 한 게 없다 **낙지**

낙지는 매우 영특하다 · 280　뻘낙지, 돌낙지, 세발낙지 · 282
낙지가 귀해졌다 · 284　연포탕에서 낙지호롱까지 · 286

귀한 것은 먼저 입에 넣고 흥정해라 **해삼**
바다의 인삼 · 290   더덕이 바다에 뛰어들어 해삼이 되다 · 292
단 한 줄기 진미, 해삼 내장 · 295

바다에 핀 붉은 꽃 **멍게**
바다 파인애플 · 298   어선에 주렁주렁 달린 붉은 꽃 · 300
멍게의 반란 · 303

미더덕 팔자, 아무도 모른다 **미더덕**
물에 사는 더덕 · 306   오만 곳에 붙어서 잘 자란다 · 308
겨울잠을 깨우는 음식 · 310

개의 불알을 닮았다 **개불**
말의 음경과 같다 · 314   개불은 단맛이 난다 · 316
개불잡이, 목이 탄다 · 318

에필로그 **다양한 생명의 공동체, 갯벌**
갯벌, 생명을 품다 · 322   갯벌, 문화와 살림을 만들다 · 324
갯벌의 주인은 인간이 아니다 · 326

참고문헌 · 328

제1부

갯벌은
삶이다

김 바람이
불어온다

김

김은 토산품이자 무역품이었다

　산골 마을 우리 동네에서는 설날이면 돼지를 잡고 세찬歲饌으로 김을 돌렸다. 어머니는 그 김을 화롯불에 구워 여덟 조각으로 잘라 나누어주었다. 그리고 할머니 밥 옆에는 네 조각으로 나누어 올려놓았다. 그때는 큰 김에 흰 쌀밥을 싸서 간장을 찍어 먹는 것이 소원이었다. 고등학교 때 만난 친구는 어렸을 때 여섯 조각으로, 후배는 네 조각으로 나누어 먹었다고 한다. 친구는 광주 송정리에서 자랐고, 후배는 무안이 집이다. 바다와의 거리에 따라 김을 먹는 방법도 달랐다. 하지만 김이 아무리 비싸도 할머니는 정월 보름에 굽지 않은 김에 나물과 함께 밥을 싸서 먹는 '복쌈'은 빠뜨리지 않았다. 눈을 밝게 하고 수명을 길게 해준다고 해서 '명쌈'이라고도 했다.

김은 해의, 해태, 자채 등으로 불렸다. 『자산어보』에는 "뿌리는 돌 위에 부착한다. 바위 표면을 엉키듯 둘러싸고 있다"고 나온다. 지주식 김 양식장.

『경상도지리지』(1425)에 '해의海衣'가 토산품으로, 『세종실록』에 무역품으로 기록되어 있다. 김 대신 사용한 '해태海苔'라는 이름은 일본의 영향이다. 오히려 우리나라에서 해태는 '파래'를 칭한다. 『동국여지승람』(1481)에는 김의 주요 생산지로 전라도, 경상도, 충청도 일대 21개 군·현이 소개되어 있다. 조선 후기 실학자 서유구徐有榘, 1764~1845가 쓴 『임원십육지林園十六志』에 김 생산지가 34개 군·현으로 기록되어 있다. 당시 김은 미역과 함께 중요한 재원財源이었다. 따라서 지방의 토호나 권문세도가에서 점유해 전답田畓과 마찬가지로 고율의 소작료를 징수했다.

『자산어보』(1814)에는 김을 '자채紫菜', 속명은 '짐朕'이라고 했다. 그리고 "뿌리는 돌 위에 부착한다. 가지가 없다. 바위 표면을 엉키듯 둘러싸고 있다. 빛깔은 검보라색이며 달다"고 했다. 조간대 潮間帶 (만조 해안선과 간조 해안선 사이) 갯바위에 붙어 햇빛에 반짝이는 것이 김이다. 일제강점기의 '한일어업법'(1909)이 시행될 당시 '김 양식은 한국의 유일한 양식업'으로 '제2종 면허 어업'으로 지정되었다. 그리고 조선에 진출한 일본인들이 허가를 받아 양식업으로 크게 성공하기도 했다. 주요 어장은 섬진강, 낙동강, 탐진강, 영산강, 태화강 하구 지역이었다. 특히 섬진강 하구에 일본인들이 운영하는 양식장이 많았다. 일제강점기 돌김의 생산량을 보면 전남 4만 9,000엔, 충남 4만 3,000엔, 경북 3만 2,000엔, 경남 1만 4,000엔이었다. 그리고 강원도, 전라북도, 황해도, 함경북도, 경기도 순이었다.

'태인도 김가'가 기른 것이다

김 양식의 기원과 관련해서는 여러 가지 이야기가 전해온다. 『조선의 수산』(1924) 제1호에 "100년 전 완도군 조약도 助藥島 김유몽 金有夢이 해안을 거닐다 우연히 밀려온 나무에 해태가 붙어 자라는 것을 보고 나뭇가지를 꽂았더니 해태가 자라는 것을 보고 마을 사람들에게 전한 것이 시초가 되었다"고 한다. 『조선어업조합요람 朝鮮漁業組合要覽』(1942)에는 완도군 고금면 장용리 주민 정시원 鄭時元이 어살에 붙은 해태를 보고 발을 만들어 양식한 것이 시초라고 한다.

한편 태인도 유래설이 전한다. 『한국수산지』(1910)에는 영암 출신 김여익 金汝翼이 태인도에서 살다 바닷가로 떠내려온 산죽 山竹에 해태가 자라는 것을 보고 시작했다고 기록되어 있다. '김'이라는 명칭도 '태인도 김가'가 기른 것이라는 의미로 붙여졌다고 한다. 태인도의 김 시배지 始培地는 전라남도 지정문화재 제113호로 지정되었

태인도에서는 김여익이 해태가 자라는 것을 보고 시작했다고 했는데,
'태인도 김가'가 기른 것이라고 해서 '김'이라고 붙여졌다고 한다.
일제강점기 태인도 해태 실습 장면.

으며, 기념비가 세워져 있다.

김 양식의 적지는 서해안과 남해안이다. 파도가 적은 내만內灣, 조류 소통이 잘되는 곳, 담수(민물)가 적당히 있는 곳이다. 강 하구에 김 양식장이 발달한 이유다. 섬진강 하구에서 싸리나무나 대나무 가지를 다발로 묶어서 갯벌에 꽂아 양식하는 것으로 '섶(홍죽) 양식'이 시도되었다. 이러한 양식은 낙동강 하구에서도 확인된다. 죽홍식이라고 해서 대나무를 쪼개서 새끼줄에 엮어 김 양식을 하는 '죽홍', 즉 대나무를 엮은 양식법이다.

그 후 대나무 가지 대신 자망이나 정치망 그물로 대체되었다. 이 방법이 발달해 '지주식支柱式 망홍(김발)'으로 자리를 잡았다. 그리고 깊은 바다에 하얀색 부표를 띄우고 김발을 매달아 양식하는 '부류식浮流式 망홍'까지 발전했다. 지금은 수심이 깊은 바다에 닻을 놓고 대형 틀을 만들어 그곳에 김발을 매다는 개량된 부류식 망홍으로 발전했다. 초기에는 손으로 직접 채취한 김을 세척하고 절단하고 김발에 떠서 말리는 것까지 모두 가족 노동으로 해결하는 가내수공업 형태였다.

우리나라에서 양식 김의 종류는 참김, 방사무늬김, 잇바디돌김, 모무늬돌김 등이 있다. 방사무늬김은 얇고 부드러워 김밥용으로, 돌김류는 구이용 등으로 가공된다. 2024년 기준으로, 전남이 40만 8,000톤(전체 생산량의 80퍼센트)을, 충남이 2만 8,000톤을 차지했다. 생산액은 총 9,742억 원 중 전남이 8,000억 원, 충남이 475억 원, 경기도가 408억 9,000만 원, 전북이 59억 7,400만 원이었다. 전남 지역은 고흥, 진도, 해남, 신안 지역이 주요 김 양식지이며, 충남은 서천 지역이다. 최근 김 수출시장이 동남아시아와 미국에서 유럽, 아프리카, 중동 지역까지 확대되었다. 이러한 김 수요에 맞춰 새로운 양식장이 늘어나면서 오히려 과잉생산이 우려되어 출하 시기와 물량 조절이 필요하다. 물김 생산은 전남이 주도하지만, 김 수출은 서천 지역을 중심으로 충남 지역에서 활발하다.

생산량과 달리 김 가공공장이 가장 많은 곳은 충남 지역이다. 전국 약 700개소 중에서 충남이 360개소로 51퍼센트를 점한다. 가공은 마른김과 조미김으로 구분한다. 어민이 생산한 원초 김은 마른김 업체를 통해 김 도소매 업체, 조미김 업체, 김 수출 업체 등으로 유통된다. 최근 중국과 일본, 동남아시아를 중심으로 한 여행객들 사이에 여행 상품으로 김이 인기다. 또한 중국과 러시아와 미국까지 마른김과 조미김이 수출된다.

선생질 그만두고, 김 양식이나 하자

김은 20도 이하의 수온에서 10월부터 다음 해 봄까지 자란다. 여름은 실 모양의 사상체 絲狀體로 굴이나 가리비 등 조개껍데기 안에 있다가 기온이 내려가면 포자로 떠다니다 바위나 나뭇가지나 줄에 붙어 자란다. 나뭇가지나 대나무 가지를 갯벌에 꽂아 김 양식을 한 것도 이런 이유 때문이다. 지금은 배양장에서 포자를 길러서 김발에 붙인다. 최근에는 육상에서 회전수차를 이용해 포자를 붙이는 육상 채묘採苗도 등장했다.

김 양식은 무엇보다 햇볕 노출이 중요하다. 이렇게 공기 중에 노출을 시키면 생장은 조금 느려지지만 건강하게 자란다. 지주식은 밀물과 썰물의 차이로 노출과 잠김으로 자연스럽게 이루어진다. 반대로 바닷물에 항상 잠겨 있는 부류식은 일정 간격으로 뒤집기를 해 준다. 그것은 일정 시간을 노출해 파래와 잡태가 부착하는 것을 막기 위해서다.

낙동강, 섬진강, 영산강, 금강 하구 등 갯벌이 발달한 어촌 마을은 일찍부터 김 양식으로 먹고살았다. 지금처럼 대규모가 아니라 포구에 접해 소규모로 김발을 양식장에 펼쳐 '자연 채묘'로 김 농사를 지었다. 실제로 충남 보령 오천면 원산도 한 마을의 김 양식장 분배 자료를 보면 10책 내외였다(1책은 가로 2.2미터, 세로 40미터다).

그렇지만 김값은 아주 좋았다. 전남 완도군 금당도의 한 마을에서는 김 양식을 하는 형이 학교 교사로 초임 발령을 받은 동생을 설득해 같이 김 양식을 하기도 했다. 당시 일본 수출의 핵심 수산물로 한일어업협정의 중요한 논의 대상이었다. 우리 정부는 한일어업협정에서 '마른김의 수입 자유화'를 요구했고, 일본은 국내 사정을 들

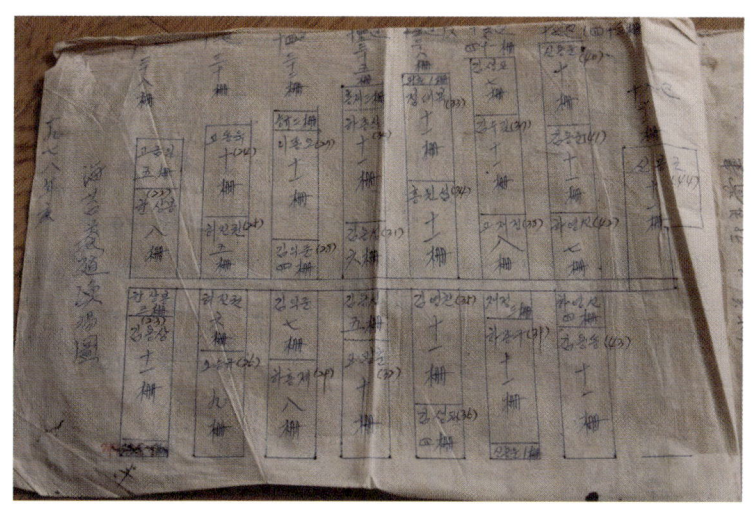

일찍부터 갯벌이 발달한 서해안의 어촌 마을은 김 양식으로 먹고살았는데,
대부분 10책 내외의 소규모로 김 농사를 지었다.
1970년대 충남 보령 오천면 원산도 한 마을의 김 양식장 분배 문서.

어 수입 자유화는 어렵고, 수입량의 조정과 관세 경감을 제안했다.

1970년대까지 '완도김'이 대세였지만, 최근에는 지역 이름을 내건 김들이 속속 자리를 잡았다. 염산을 사용하지 않았다는 것을 강조한 '장흥무산김', 일찍부터 가공김으로 명성을 선점한 '광천김', 많은 갯벌을 보유하고 있는 신안의 '갯벌지주식김'이 있다. 완도김(2010), 장흥김(2011), 신안김·해남김·광천김(2014), 고흥김(2015) 등 지리적 표시로 등록된 김만 보아도 지역이 다양하다. 낙동강 하구의 부산 '명지김'도 100여 년의 역사를 자랑한다. 주변에 가공공장만 150여 개가 있던 때도 있었다.

포도알처럼 잘 붙어라

 가을이 무르익어가는 10월 초순, 바닷물이 빠지자 김발을 실은 경운기가 갯벌로 하나둘 들어왔다. 그리고 선창에는 상이 놓이고 '김 풍어제'를 위한 제물祭物이 차려졌다. 전북 고창 곰소만에 있는 만돌마을의 풍경이다. 이곳은 람사르습지(2011)와 유네스코 생물권보전지역(2013)으로 지정된 갯벌이며, 2021년 유네스코가 고창 갯벌이 포함된 '한국의 갯벌 Korean Tidal Flat'을 세계자연유산으로 등재했다. 이 마을은 바지락 양식이 주업이지만 겨울철에는 김 양식을 한다. 김 풍어제는 1990년대 초반부터 지주식 김 양식을 하는 주민들을 중심으로 선창에서 지내왔다.

 주민들이 함께하는 풍어제가 끝나면, 각자 경운기를 타고 물이

고창 곰소만의 만돌마을에서는 '김 풍어제'를 지내고,
용왕님께 제물을 바치며 "포자가 포도알처럼 잘 붙게 해달라"고 기원한다.

덜 빠진 갯벌로 들어가 김발을 지주에 묶는다. 김발을 묶는 작업이 끝나면, 다시 개별적으로 경운기 앞에서 고사를 지낸다. 용왕님께 고기, 과일, 떡 등의 제물을 바치며 "포자가 포도알처럼 잘 붙게 해 달라"고 기원한다. 김 포자는 포도알처럼 색깔이 자주색을 띠며, 주렁주렁 김발에 달린다. 어민들은 김 농사가 그렇게 잘되기를 기원하는 것이다.

이보다 앞서 완도의 섬 지역에서는 김이 잘되기를 기원하는 '갯제'를 열기도 했다. 지금은 볼 수 없지만 2000년대 초반까지 약산면 우두리에서는 8월 보름을 전후해 갯제를 지냈다. 이곳은 김 양식을 많이 했던 어촌 마을이다. 추석이 지나면 본격적으로 김 양식을 준비해야 하는 철이다. 정월에는 마을의 안녕을 기원하는 당제堂祭(당산제)를 지내고, 8월에는 바다 농사가 잘되기를 기원하는 갯제를 지냈다.

바다의 반도체

몇 년 전이다. 전남 신안군 하의면 후광리 해안을 따라 걷다 주민들을 만났다. 긴 줄을 감으며 양식 시설을 만드는 중이었다. 이런저런 이야기 끝에 내년에는 마을 주민들 중에 몇 사람이 지주식 김 양식을 시작하려 한다고 일러주었다. 아직 김 양식 면허가 살아 있었다. 김 양식을 멈추고 전복 양식을 하던 사람들이 다시 김 농사를 택한 이유가 궁금했다. 그 이유는 간단했다. 돈이 되기 때문이다. 게다가 1년 동안 쉼 없이 관리하는 전복보다는 겨울철에 반짝 일하는 김 농사가 시간을 효율적으로 이용할 수 있다. 전복값은 떨어지는데 김값은 호황이다.

2023년 김 수출액은 1조 원을 돌파했다.
그래서 최고 한류식품이라는 칭호가 붙었다.

'김 고장으로 딸 시집보낸 심정이다'는 말이 있다. 그만큼 일이 많고 고생을 한다는 의미다. 지금은 채취부터 가공까지 모두 기계화되어 있고, 가공은 공장에서 하기 때문에 물김으로 수협에 위판하면 된다. 양식 규모는 많게는 1,000여 책, 적게는 수백 책을 할 정도로 대형화되었지만 일할 사람이 없다. 그 자리는 대부분 외국인 노동자들이 메꾸고 있다.

세계적으로 주요 김 생산국은 한국·중국·일본이지만, 소비국은 한중일을 포함해 러시아·미국·베트남 등 20여 개국에 이른다. 2023년 우리나라의 김 수출액은 7억 9,100만 달러(약 1조 748억 원)로 1조 원을 돌파했다. 향후 몇 년 안에 10억 달러 달성을 예상한다. 수산물 단일품목으로 최고다. 그래서 김을 '바다의 반도체' 혹은 '검은 반도체'라고 불린다. 실제로 편의점이나 대형마트에서 판매되던 조미김이 공항 면세점에 당당하게 자리를 잡았다. 최고 한류식품이라는 칭호가 붙은 이유다.

　김밥은 말할 것도 없고 가공김과 조미김 외에 차, 조미료, 간장, 수프, 된장국, 수프용 분말, 국수, 죽, 스낵, 부각 등 응용 상품이 다양해지고 있다. 미국인들에게는 간식으로 더 인기란다. 빵 문화가 대세인 유럽에도 우리 김이 통할까? 다시 불기 시작한 김 바람이 언제까지 지속될까?

바다의
화폐

미역

고래가 새끼를 낳은 뒤 미역을 뜯어 먹었다

　　미역은 우리나라를 포함해 중국과 일본이 원산지다. 미역은 갈조류 미역과에 속하는 한해살이 해조류. 뿌리·줄기·잎으로 구성되어 있으며, 줄기와 뿌리 사이에 주름이 잡힌 자엽 子葉(미역귀)에서 포자가 방출되어 번식한다. 양식 미역이 등장하기 전, 1970년대 미역은 동해 울릉도, 서해 백령도, 제주 마라도, 서남해 가거도 등까지 우리나라 전 해역에서 서식했다. 최근 직접 확인한 돌미역 생산지는 제주도, 동해안 삼척·울진·영덕·포항, 남해안 통영의 견내량·매물도·오곡도·욕지도, 여수의 금오도·연도·거문도, 서남해 조도·관매도·독거도·맹골도·흑산도·홍도, 진도와 신안 지역 등이다.

　　당나라 때 서견 徐堅, 659~729 등이 지은 백과사전 『초학기 初學記』

에는 "고래가 새끼를 낳은 뒤 미역을 뜯어 먹어 산후의 상처를 낫게 하는 것을 보고 고려 사람들이 산모産母에게 미역을 먹인다"고 했다. 송나라 때 사신으로 온 서긍徐兢, 1091~1153은 『고려도경高麗圖經』 (1123)에 "미역은 귀천이 없이 널리 즐겨 먹고 있다. 그 맛이 짜고 비린내가 나지만 오랫동안 먹으면 그저 먹을 만하다"고 했다. 『고려사』에는 원나라에 미역을 바쳤다는 기록과 신하에게 곽전藿田(미역밭)을 하사했다는 기록도 있다. 『자산어보』에는 "해산한 여성의 여러 병을 치료하는 데 이를 뛰어넘는 약이 없다"고 했다.

조선시대 여성의 풍속을 기록한 『조선여속고朝鮮女俗考』(1927)에는 "산모가 첫국밥을 먹기 전에 산모 방의 남서쪽을 깨끗이 치운 뒤 흰밥과 미역국을 세 그릇씩 장만해 삼신상을 차려놓는데, 그 밥과 국은 반드시 산모가 먹었다"고 했다. 예부터 산모가 아이를 낳고 처음 먹는 미역국을 '첫국밥'이라고 했다. 이때 사용하는 미역은 오리(가닥)를 꺾지 않고 보관한 긴 가닥의 '해산미역'이다. 상인에게서 구입할 때는 값을 깎지 않았고, 산모에게 줄 때도 가닥을 오롯이 전했다. 건강하게 오래오래 장수하라는 의미였다.

전북 고창군 동호마을에서는 당산제를 지낼 때, 당산 선돌이나 당산나무에 생미역을 흰 무명천으로 감싸 올려두기도 했다. 이렇듯 돌미역은 옛날부터 오늘날까지 귀하게 여겼다. 돌미역 중에서 전남 진도군 조도면 독거도, 맹골도, 곽도 등에서 자라는 미역을 최고로 꼽았다. 딸이 결혼하면 혼수품으로 조도 미역을 준비했는데, 이를 '진도곽'이라고 불렀다. 즉, 진도곽은 조도면의 여러 섬에서 생산되는 돌미역이다. 이곳은 대부분 미역을 생명줄 삼아 살았다.

동호마을에서는 당산제를 지낼 때, 당산 선돌이나 당산나무에
생미역을 흰 무명천으로 감싸 올렸다.

권문세도가들은 미역바위에서 소작료를 받았다

　돌미역이 자라는 곳은 먼바다 거친 파도 사이에 있는 돌섬들이다. 이들 섬 주변에는 바닷물이 거칠고 빠르게 흐른다. 이런 바다에서 자라는 미역은 줄기와 잎이 가늘고 길며 질기다. 특히 미역섬으로 유명한 진도군 조도에는 섬이 무려 177개가 몰려 있어 섬과 섬 사이로 바닷물이 빠르게 흐른다. 작은 섬에 사람이 살 수 있었던 것은 순전히 미역 때문이다.

　조선시대에는 바다에서 나는 것 중에서 미역이 재산 가치가 높았다. 그래서 미역바위의 크기에 따라 논과 밭처럼 세금을 부과했다. 힘이 있는 권문세도가들은 국가재산인 미역바위를 차지하고 어민들에게서 소작료를 받기도 했다. 서남해의 절해고도 맹골 3도(맹골도, 곽도, 죽도)는 15~16세기부터 일제강점기까지 해남 윤씨 가문에 미역과 전복 등을 공납했다. 그러다 1940년대에 이르러 주민들이 매입해 섬 주민들의 미역밭이 되었다. 동해, 서해, 남해, 제주까지 어민들은 봄과 여름 사이에 미역을 뜯어 말렸다가 뭍에 팔아서 쌀도 사고 생필품도 구입했다. 미역바위는 개인의 것이 아니기 때문에 마을 사람들이 공동으로 채취해서 나누어 갖는다. 최근 수온 상승과 갯녹음 등으로 미역밭도 사라지고 있다.

　미역을 채취하는 방법은 바닷물이 빠진 갯바위에서 낫으로 베기, 물속으로 들어가 낫으로 베기, 물 밖에서 긴 장대에 낫을 묶어 베기, 긴 장대 끝에 살을 꽂아 감아서 뜯기 등이 있다. 이때 사용하는 도구로 베는 도구인 낫·낫대·종개호미, 뜯는 도구인 트릿대가 있다. 2020년에는 통영과 거제의 견내량 돌미역 '트릿대 채취어업'(제8호)이 국가중요어업유산으로 지정된 이래 연속 미역 채취 전통 어업이

울진·울릉 지역의 돌미역은 조선시대 왕실에 진상했다.
국가중요어업유산으로 지정된 견내량 돌미역 '트릿대 채취어업'(위)과
울진·울릉 돌미역 '떼배 채취어업'(아래) 모습.

국가중요어업유산으로 지정되었다. 이렇게 돌미역처럼 같은 수산물이 각각 국가중요어업유산으로 등재된 경우는 드물다. 그만큼 우리 생활에 밀접하고, 환경에 따라 채취하는 방식과 조리 방법 등 문화가 다양하다는 반증이다.

국가중요어업유산으로 지정된 '울진·울릉 돌미역 떼배 채취어업'(제9호)은 오동나무 등 통나무를 엮어 만든 떼배(뗏목)로 미역바위 군락까지 이동해 미역을 채취·운반하는 전통 어업을 말한다. 울진·울릉 지역의 돌미역은 품질이 좋아 조선시대 왕실에 진상進上 했다는 기록이 『조선왕조실록』과 『신증동국여지승람』 등에 남아 있을 정도로 그 유래가 깊다.

미역 농사와 섬돌이

울진·울릉 돌미역 떼배 채취어업은 매년 음력 3~5월 사이 파도가 고요한 날에 이루어진다. 2명이 1조를 이루어 떼배를 타고 미역바위 군락까지 이동해 1명은 창경窓鏡(바닷속을 들여다보는 수경 水鏡)을 들여다보면서 긴 낫으로 미역을 자르고, 1명은 노를 잡고 낫 작업이 편리하도록 떼배를 움직인다. 채취한 돌미역은 마을까지 운반해 볕이 좋은 백사장의 미역밭에 널어서 건조한다.

견내량의 '트릿대 채취어업'은 '트릿대'라는 긴 장대 끝에 살을 십자로 꽂아 물속에 넣어 바위에 붙은 미역을 감아올리는 방식이다. 일반적으로 돌미역은 썰물 때 바위에 붙은 미역을 손으로 따는 방식으로 채취하지만, 이 지역 어업인들은 미역 종자의 훼손을 막기 위해 이러한 전통 어업 방식을 고수한다.

매년 5월이면 견내량 양쪽에 자리 잡은 통영 연기마을과 거제

광리마을 주민들이 어선 50여 척을 동원해 공동어업 방식으로 돌미역을 채취하고 건조해 판매한다. 견내량의 거센 물살을 견디며 천연 암반에서 자란 미역이라 식감이 단단하고 깊은 맛이 난다. 이뿐인가? 제주의 돌미역을 채취하는 해녀 어업도 이미 유네스코 무형유산(2016)과 국가중요어업유산(제1호, 2015) 등 국내외에서 인정하는 어업 유산이다. 조선 중기의 학자인 이건 李健, 1614~1662 이 제주도 유배 생활을 시작한 1628년부터 1635년 울진으로 이배 移配 되기 전까지 17세기 제주의 풍토와 상황을 기록한 『제주풍토기』에는 해녀를 "바다에 들어가 미역을 채취하는 여자 採藿之女 謂之潛女"라고 소개되어 있다.

몇 년 전의 일이다. 포항 감포 바다에서 갯바위를 닦고 있는 해녀와 주민들을 만났다. 해녀들은 물속에서, 주민들은 물이 빠져 드러난 갯바위에서 삽처럼 생긴 '씰개'라는 도구를 갖고 갯바위를 문지르고 있었다. 미역 포자가 잘 붙도록 잡초를 제거하는 '갯닦기'였다. 전남 진도군 조도면 섬에서는 설 명절을 전후해서 갯닦기를 한다. 심지어 여기서 그치는 것이 아니라 여름철 바닷물이 많이 빠졌을 때 미역이 햇볕에 데쳐지지 않도록 바닷물을 끼얹는 물주기를 물이 들어올 때까지 반복한다. 그야말로 '미역 농사'다.

미역밭이 논밭처럼 소중하다 보니 관리하는 것도 남달랐다. 지금도 개인 소유의 미역밭이 있는가 하면 마을에서 공동으로 관리하고 채취해서 똑같이 나누는 미역밭도 있다. 매년 추첨을 해서 미역밭을 배정한다. 이장이나 어촌계장 등 마을에서 고생하는 사람들을 위해 미역밭을 따로 주기도 한다. 조도의 한 섬에서는 '이장바위'라며 미역바위에 이름을 붙이기도 했다.

미역밭은 섬사람들에게 논밭처럼 소중하다.
마을 공공기금을 마련하고, 아이 학비에도 보태고, 쌀과 소금을 구입했다.

　제주에서는 학교 운영을 위해 미역밭을 구분해두기도 했고, 기성회비나 전기요금 등 마을 공공기금을 마련한 것도 미역밭이었다. 뭍으로 유학을 보낸 아이 학비도 돌미역을 담보로 돈을 빌렸다. 어머니가 좋아하는 방물장수가 들어와도 돌미역을 내놓았다. 명절 때 세찬으로 소를 잡을 때에도 집집마다 미역 추렴을 했다. 돌미역은 섬사람들에게 화폐였다.
　애지중지 가꾼 돌미역을 채취해 햇빛에 말려 한 가닥 한 가닥 쌓아 20가닥으로 묶었다. 이를 '한 뭇'이라고 한다. 이것을 이고 지고 전국을 누비면서 단골집에 미역을 팔아 쌀과 소금을 샀다. 이런 행상을 완도에서는 '인꼬리'라고 했고, 가거도에서는 '섬돌이'라고 불렀다. 미역밭이 없었다면 돈을 어떻게 마련하며 학자금과 생활비는 어떻게 마련했겠는가?

산모는 미역국을 먹고 수험생은 먹지 않는다

어머니들은 산모는 아이를 낳은 후 삼칠일(21일) 동안 미역국을 먹고 몸을 보해야 한다고 말한다. 미역국은 임신과 출산의 과정에서 부족한 철분과 칼슘을 보충하고, 늘어난 자궁의 수축과 지혈을 하는 역할을 한다. 하지만 미역국은 수험생들에게 비호감이다. 미끌미끌한 점질물粘質物(차지고 끈적끈적한 성질이 있는 물질) 때문에 철썩 붙지 않고 떨어진다는 속설 때문이다. 그래서 취업이나 대학 시험에 떨어지는 것을 '미역국 먹었다'고 표현한다.

1957년 한글학회가 발간한 『큰사전』에는 '미역국 먹다'는 것은

제주에서는 옥돔, 소라, 성게 등 어패류를 넣고 미역국을 끓이며,
제주 출신 해녀들은 우럭미역국을 즐겨 끓여 먹는다.

'단체가 해산하거나 떨어져 나오는 것을 이르는 말'이라고 했다. 구한말 조선 군대가 해산解散될 때, 이를 직접 표현하지 못하고 '미역국 먹었다'고 했던 것에서 유래한 것으로 추정된다. 산모가 해산解産할 때 '미역국 먹는다'는 것을 빗대어 사용한 것이다.

 미역국으로는 성게미역국, 양태미역국, 우럭미역국, 옥돔미역국, 소라미역국, 홍합미역국 등이 있다. 물론 뭍에서는 해산물보다 육고기인 소고기를 넣고 끓이는 소고기미역국을 즐긴다. 제주에서는 옥돔, 소라, 성게 등 제철에 나는 어패류를 넣고 끓인다. 제주 출신 해녀들이 뭍에서도 즐겨 끓여 먹은 것이 우럭미역국이다. 비린내도 거의 나지 않는다. 경남 통영에서는 양태미역국을 으뜸으로 여긴다. 쏨뱅이목에 속하는 양태, 우럭, 쏨뱅이, 불볼락 등은 모두 뼈가 억세고 머리가 크다. 어류의 명칭만 듣고도 시원한 국물을 떠올린다면 생선을 드실 줄 아는 사람이다.

매화꽃이 피면,
감태가 익어간다

감태

감태지는 중독성이 있다

전라도에서는 감태김치를 '감태지'라고 부른다. 김치처럼 바로 먹어도 좋고 삭혀 먹으면 더 좋다. 감태지는 동치미처럼 중독성이 있다. 달콤쌉쌀한 감태 맛에 길들여지면 평생 잊지 못한다. 고향의 맛이자 어머니의 손맛이다. 설 명절에는 말할 것도 없고 늦여름까지 감태지를 두고 먹는다. 도시의 달콤한 맛에서 비롯된 더부룩함과 텁텁함을 단번에 정리하는 맛이 감태지다. 정월 보름이 지나고 나무에 물이 오르고 매화나무가 꽃망울을 터뜨릴 때쯤이면 감태지가 정말 맛있다. 정월 보름 잡곡밥에 감태지가 잘 어울리는 이유다.

감태는 갈파랫과의 다년생 해조류로 '가시파래'로도 불린다. 갯벌이 발달하고 조차 潮差(밀물과 썰물 때의 수위 차)가 큰 서남해안 갯벌

감태는 '가시파래'로 불리며, 갯벌이 발달하고 조차가 큰 서남해안 갯벌에 많이 자란다. 최근에는 양식도 이루어진다.

에 많이 자란다. 특히 오염되지 않는 민물이 들어오는 내만이나 강어귀에서 잘 자란다. 길이는 10~30센티미터, 긴 것은 수 미터에 이른다. 가는 통줄기로 되어 있고 곁가지로 이어지면서 자란다. 겨울에 나뭇가지나 양식 시설에 붙어 자라며, 봄이면 포자를 방출하고 날씨가 따뜻하면 감태는 녹아서 사라진다. 그리고 포자는 가을에 생식이 이루어져 다시 겨울에 갯벌에 붙어 자란다.

갯벌이 발달한 충남 서산·태안, 전남 무안·신안·장흥·완도 등 서남해안, 경남 사천 지역의 연안에서 잘 자란다. 부산 신항만이 개발되기 전에는 낙동강 하구 가덕도 일대에서도 볼 수 있었다. 감태는 자연산에 의존했지만 최근에는 양식도 이루어진다. 주로 감태를 날것으로 무쳐 먹고, 굴이나 무와 함께 밑반찬으로 요리하며, 과자나 수프 등 가공식품 첨가물로도 사용한다.

감태라고 불리는 가시파래 외에 진짜 감태라는 이름을 가지고 있는 해조는 따로 있다. 제주 바다에서 자라는 다시마목 미역과 감태가 주인공이다. 이 감태는 바위에 뿌리를 내리고 바닷속에 숲을 만들어 어류 등 해양생물의 서식지를 제공하는 갈조류 해조다. 제주와 울릉도 바다에서 서식하며, 뿌리와 줄기가 있고 잎은 미역과 다시마처럼 넓다. 뻣뻣하고 쓰고 떫은맛이 난다.

『자산어보』에는 "매산태와 비슷하지만 그보다 조금 거칠고, 길이는 2~3척이다. 맛은 달다. 초겨울에 처음 나서 갯벌에서 자란다"고 했다. 매산태는 매생이다. 실제로 매생이보다 굵고 파래보다 가늘다. 겨울철 해조류로 매생이·김과 함께 삼총사로 꼽힌다.

일제강점기에 감태에서 요오드를 채취하기 위해 해녀들에게 공출을 시켰다. 철분, 칼륨 등 미네랄과 식이섬유인 알긴산 alginic acid과 후코이단 fucoidan 등이 많고, 톳·미역·모자반 등과 비슷한 성분으로 항산화물질이 풍부하다. 제주 사람들은 뜯거나 바닷가로 밀려온 감태를 모아 땔감이나 거름으로 사용했다. 해중림 海中林으로 해양생물이 알을 낳고 서식하는 생활 터전으로 그 가치가 높아 해양생태계 보존을 위해 채취를 금지하고 있다.

씁쓸한 맛 뒤에 따라오는 단맛

대나무 가지를 갯벌에 꽂고 김발을 매어 양식하던 시절에 감태는 매생이와 함께 천대받는 '잡태'였다. 밭농사로 말하면 농약을 하거나 손으로 뽑아야 할 잡초에 해당했다. 파래가 섞인 김이 오히려 맛이 있는데 소비자들이 반질반질 윤기 있는 깨끗한 김을 원하니 그리 만들어야 했다. 김 양식에 염산이 등장한 것이 어민들 탓만은 아니다. 지금은 파래가 섞인 김을 찾는 사람이 늘었다. 몸에 좋다고 하니 입맛도 바뀐 것이다.

긴 실을 둘둘 감아 내놓아 '감태'라고 했다지만, 씁쓸한 맛 뒤에 따라오는 단맛 때문에 붙여졌을 가능성이 높다. 12월 초순에 나오는 매생이처럼 부드럽고 가는 감태를 '찰감태'라고 한다. 입안에 착 감긴다. 감태는 12월부터 다음 해 2월 무렵까지 채취하며, 날씨가 따뜻해지면 뻣뻣해져 식감도 떨어지고 수온이 올라가면 갯벌에서 사라진다. 손님처럼 잠깐 왔다 사라지는 진객珍客이다. 게다가 물때가 잘 맞아야 채취할 수 있다.

감태는 논에서 김을 매는 것처럼 걷기 힘든 갯벌 위를 엉금엉금 기어다니며 허리를 구부리고 뜯어야 한다. 그 모양새가 무논에서 잡초를 매는 모습과 비슷하다. 옛날에는 모를 심어놓고 몇 차례 김을 맸다. 감태를 맨다는 말도 그리 시작되었을지도 모른다. 아무리 매서운 추위라도 갯벌에 엎드려 고둥처럼 기어다니다 보면 얼굴이 붉어지고 등에서 땀이 난다.

전남 장흥군 회진면 갯벌에서 감태를 만난 것은 봄비가 부슬부슬 내리는 날이었다. '이것은 약비여. 며칠 있다 오면 감태가 잔디밭 갔을 것이여. 약비는 보리밭만 좋은 것이 아니여. 감태에도 좋아.' 감태는 육수陸水(민물)가 있어야 잘 자란다. 강어귀나 기수역汽水域(민물과 바닷물이 서로 섞이는 구역)이나 섬마을 앞 갯벌에서 볼 수 있는 것도 이런 생태환경 때문이다. 비옷도 없이 오롯이 비를 맞고 있는 내게 회진 포구에 사는 주민이 해준 말이다. 매생이를 보러 왔다가 감태라니······. 회진에서 감태를 이렇게 만날 것이라고는 생각도 못했다.

감태 채취는 신산스러운 갯벌노동이 무엇인지를 잘 보여준다.
어르신들의 억센 노동력은 혈육에 대한 그리움에서 발원할지도 모른다.

회진 감태 향을 따라올 것이 없다는 자랑도 덧붙였다. 그러고 보니 '영감 감태'를 만난 것도 장흥이다. 무안에 이어 감태지를 맛있게 먹어본 곳이 장흥군 대덕읍 대도식당이다.

읍사무소 옆에 있는 대도식당은 장어전골로 동네에서는 꽤 알려진 집이다. 장어 이야기를 하려는 것이 아니다. 그곳에서 제대로 삭힌 감태 맛을 보았다. 7월 중순, 장마철로 접어드는 날이었다. 겨울에 갈무리해 보관했다가 담근 감태지다. 아내와 함께 시골장도 볼 겸 주말 나들이에 나섰다. 다른 일로 대덕읍을 방문했다가 들른 시골식당이다. 반찬을 내놓고 보글보글 장어탕이 끓을 때쯤 안주인이 들어왔다. 동네 경로당에 식사 준비를 해주고 온다며 기다리게 해서 미안해한다. 그러면서 감태를 좋아하느냐고 물었다. 아내와 나는 감태를 참 좋아한다.

안주인이 그릇에 담아온 감태지는 제대로 삭았다. 아무에게 내놓지 않는 감태란다. '이게 영감 감태요. 영감 감태.' 이건 또 뭐람? 그렇게 바닷가를 쏘다녔지만 무안 감태, 신안 감태, 태안 감태 등 지역 이름을 붙인 감태는 들어보았지만 '영감 감태'는 처음이다. 눈치 챘겠지만 안주인이 영감님 밥상에만 올리는 감태란다. 영감처럼 가까운 단골손님에게만 주는 감태다. 두 번째 방문에 이런 대접을 받아도 되는지 황송했지만 감태는 정말 입에 딱 달라붙었다.

갯벌이 좋고 깨끗하다

정말 감태지를 일상으로 밥상에 올리는 곳은 무안이다. 무안읍, 망운면, 해제면, 현경면, 심지어 바닷가가 아닌 곳에 있는 어느 식당을 가도 감태지가 나온다. 시장에서 1,000원짜리 몇 개만 주면 한 그릇 퍼주고 덤을 주는 것이 감태다. 그만큼 갯벌이 좋고 깨끗하다는 징표다. 겨울에 잠깐 나왔다 사라지기 때문에 부지런하지 않으면 맛보기 힘들다.

그 갯벌에서 감태를 매는 어머니들을 만났다. 갯벌이 드러나자 큰 함지박을 든 어머니들이 하나둘 '큰솔낭끝'으로 모여들었다. 바람이 차서 먼저 도착한 이장댁은 잔솔가지를 모아 불을 붙였다. 갯골을 건너 작은 무인도(밀섬)로 가려면 물이 더 빠져야 한다. 건너편이 신안군 압해도다. 함지박 줄에 매어 허리에 질끈 묶었다. 허리를 굽혀 감태를 매어 함지박에 담는다. 한 걸음 한 걸음 따라가는 것이 힘들다. 오른쪽 발을 빼면 왼쪽 발이 깊이 박히고, 왼발을 빼면 오른발이 박힌다.

감태는 겨울에 잠깐 나왔다 사라지기 때문에 부지런하지 않으면 맛보기 힘들다. 전국을 꽁꽁 얼게 한 한파 속에서 감태는 더욱 파랬다.

그런데 어머니들은 뚜벅뚜벅 잘도 간다. 함지박에 감태가 가득하면 망에 담아두고 이어서 감태를 맨다. 몇 년 전, 설 명절을 앞두고 망운면 성내리 갯벌 모습이다. 자식들에게 어머니가 만든 감태지를 먹이기 위해서다. 자식들이 먹으면 얼마나 먹겠는가? 한 보따리 챙겨서 보낼 욕심으로 엄동설한에 갯밭에 나온 것이다. 무안에서 감태 채취가 가장 활발한 곳은 성내리 외에 내리와 탄도만 일대 갯벌이다. 설 명절이나 정월 보름에 채취한 감태를 직접 팔러 나서기도 한다. 완도와 신안 지역에서는 '갯벌 감태지'를 상품화했다.

탄도에서 만난 감태

감태는 청록색이 선명하고 만졌을 때 물러지지 않으면서 부드러운 것이 좋다. 갯벌에서 자라기 때문에 채반에 담아 흐르는 물에 조물조물 씻는다. 너무 오래 씻거나 담가두면 쌉쌀하고 달콤한 맛이 사라진다. 가장 손쉬운 요리는 감태김치와 감태무침이다. 감태김치는 장, 참기름, 다진 마늘, 다진 고추를 넣고 무친 다음 통깨를 뿌리면 된다. 사흘 정도 숙성시킨 다음 먹는다. 다시마 국물을 넣어 감태국으로 먹기도 한다. 이를 모두 '감태지'라고 부른다. '지'는 '김치'의 전라도 말이다.

감태무침은 감태에 무를 채 썰어 양념해서 새콤달콤하게 무친다. 여기에 싱싱한 굴을 넣기도 한다. 숙성된 감태는 더욱 부드러워지고, 개운하면서 단맛이 입안에 남는다. 얼간을 하는 것은 금방 먹기 위해서다. 말린 감태를 된장 속에 박아두고 숙성시킨 후 양념해서 먹는 감태장아찌도 있다. 감태는 굴과 무와 무쳐 먹고, 전을 부치기도 한다. 감태를 김처럼 가공해서 따뜻한 밥에 싸서 양념장에 찍어 먹기도 한다.

전라도에서는 감태를 이렇게 삭히고 숙성시켜 여름철에도 상에 올린다. 요즘에는 김치냉장고 등 숙성 시설의 도움을 받을 수 있으니 다행이다. 옛날에는 흐물흐물 삭고 녹은 감태를 먹었다. 오래 두고 먹는 방법은 역시 '마른 감태'다. 김과 감태를 섞은 '감태김'을 상품으로 내놓는다. 겨울에 구입해 냉동시켜두고 필요할 때 꺼내서 해동한 후 조리를 하면 좋다.

충남 서산에서는 감태김으로 짭짤한 재미를 보고 있다. 감태김은 구우면 줄기나 잎이 너무 가늘어 쉽게 탄다. 참기름이나 들기름을 바르고 가는 갯벌 천일염을 살짝 뿌려 먹거나 프라이팬 위에서 살짝 구우면 좋다. 국, 수제비, 칼국수에도 넣는다. 밀가루 음식은 감

바닷가 사람들은 반짝반짝 빛나는 검은 김보다 감태김을 좋아한다.
거칠고 고소한 맛에 익숙해졌기 때문이다.

태를 넣어 반죽해서 조리를 한다. 감태김밥에 감태라이스볼도 선보이고 있다. 가루나 분말로 만들어 간식이나 과자에 첨가하기도 한다. 감태는 무한 변신 중이다. 식용뿐만 아니라 피부 미용으로 감태를 이용하기도 한다. 마른 감태를 가루로 만들거나 물감태를 갈아서 밀가루나 녹말가루와 섞어 피부에 바른다. 피지 제거나 보습 효과가 뛰어나다.

그런데 해안 개발로 감태 서식지인 갯벌이 줄어들고 있다. 남아 있는 곳도 생활폐수와 공장폐수가 연안으로 유입되고 수온 상승으로 위태롭다. 겨울 밥상이 허전해지고 있다. 2015년 국제슬로푸드협회는 감태를 지키고 서식지와 생산자를 보호하기 위해 '감태지'를 소멸 위기의 음식문화유산을 보전하고 육성하는 프로젝트인 '맛의 방주$_{Ark\ of\ Taste}$'에 올렸다. 맛의 방주는 사라질 위기에 처한 품종을 보전하고 이를 지키는 생산자를 지원하는 프로젝트다. 소비자가 공동생산자로 참여해 좋고$_{good}$, 깨끗하고$_{clean}$, 공정한$_{fair}$ 음식을 만들어가는 것이 목표다.

가장 기억에 남는 감태는 무안군의 유일한 섬 '탄도'로 가는 길에서 보았다. 전남이 추진하는 '가고 싶은 섬'으로 선정되었으며 (2024년까지 10개 시·군의 24개 섬이 선정되었다), 갯벌이 섬을 둘러싸고 있다. 세발낙지 하면 '탄도 낙지'라고 할 만큼 갯벌이 좋다. 봄이 오는 길목에 그 갯벌이 온통 감태밭이었다. 추위가 심할수록 감태는 파랗다. 엄동설한에 봄의 전령이 그렇게 바다로, 갯벌로 오는가 보다. 어머니의 따뜻한 웃음과 함께.

갯벌을 지키는
토종의 맛

매생이

좋은 매산을 가려 많이 올리라

음식에도 격이 있다. 최고 품격은 밭에서 뜯어 젓갈에 버무리고, 곰삭은 묵은 반찬과 함께 어머니가 내준 밥상이다. 어머니 손맛과 청정한 자연이 만들어낸 속 깊은 맛, 전라도에서는 이 맛을 '개미'라고 한다. 많은 섬과 갯벌을 간직한 전라도 땅, 그 맛은 '갯벌이 만들어낸 맛'이라고 해도 지나치지 않다. 상술이라면 염라대왕 간이라도 빼올 사람들이 이 맛 저 맛 다 보고 '그 맛'을 식당에 올렸다. 겨울철 식객들이 즐겨 찾는 '매생잇국'이다. 바닷가 사람들의 텃밭, 갯밭에서 건져 감기도 물리치고 숙취도 해소하고, 몸을 데워 추운 겨울을 이겨내는 지역 음식이었다.

매생이가 많이 나는 곳은 강진 마량, 장흥 신리, 완도 고금과 약산이 만나는 바다와 갯벌이다. 조선시대 완도가 군으로 독립되지 않았던 시기 '강진현'에 속했던 지역이다. 『세종실록지리지』 전라도편의 특산물로 '매산苺山'이 김, 미역, 감태 등 해조류와 함께 등장한다. 『동국여지승람』에는 전라도 관찰사에게 "좋은 매산을 가려 많이 올리라"고 했다. 『신증동국여지승람』에는 강진, 해남, 장흥, 진도의 토산조土產條에 '매산'이 올라와 있다. 여기에서 매산은 매생이다.

매생이는 수온도 중요하지만 무엇보다 조류가 거칠지 않고 소통이 잘되어야 한다. 그리고 청정한 갯벌과 바다가 어우러진 곳이어야 한다. 이런 곳을 찾기 쉽지 않다. 옛날 지주식 김 농사를 짓던 자리가 제일 좋다. 그런 곳은 매립되어 사라졌거나 오염되어 매생이가 머물지 않다. 주민들은 해조류 중에서도 기르기 까다롭기로 소문나 양식장 근처에서 '염산'의 '산' 소리도 금기시한다. '산' 소리만 들어도 매생이가 사라진다고 했다.

정약전丁若銓, 1758~1816도 이를 알았던 것일까? 『자산어보』에 '자채紫菜(김)'보다 위쪽에 자란다고 했다. 또한 "누에고치 실보다 가늘고 소털보다 빽빽하며 길이는 몇 척 정도다. 국을 끓이면 부드럽고 미끌미끌하며, 서로 뒤엉켜서 결코 풀어지지 않는다. 맛이 매우 달고 향기롭다"고 했다.

전남 완도 고금도에 딸린 작은 섬 넙도에서 매생이를 처음 시작한 오보선은 매생이 박사다. 그래도 매년 바다에서 매생이 포자를 받을 때면 여간 신경이 쓰이지 않는다. 포자가 잘 붙기를 바라는 마음이 간절하지만 인간이 결정할 일이 아니다. 그러니 어민들은 포자를 붙이는 철이면 애간장이 녹는다.

매생이와 김은 애증의 관계다. 옛날 김에 매생이와 파래가 붙으

조선시대에는 전라도 관찰사가 '좋은 매산을 가려' 임금에게 진상할 정도로 매생이는 김, 미역, 감태 등과 함께 지역 특산물이었다.

먼 김 농사는 하나마나라고 했다. 소비자들이 깨끗하고 색깔이 좋은 과일과 채소를 좋아하듯, 김도 검게 반짝이고 깨끗한 것을 좋아한다. 그래서 어민들이 선택한 것이 '염산'이다. 잡태라고 부르는 매생이와 파래를 제거하는 데 최고였다. 그런데 매생이 농사에 김이 붙으면 손을 쓸 수 없다. 손으로 채취해 세척할 때 추려내기도 하지만 감당할 수 없다. 김은 텃밭이 좁았던지, 더 큰 물에서 놀겠다고 먼바다로 떠났다. '속 썩인 자식이 효자 노릇 한다'고 마을 앞 갯밭을 매생이가 지킨다. 소득도 쏠쏠하니 효자 중 효자다.

가슴에 멍이 들어야 맛보는 음식

매생이 양식에 필요한 것들은 주민이 직접 만든다. 찬바람이 나는 11월이면 대나무를 쪼개 엮어서 발을 바닷물이 들고 빠지는 목에 설치해 포자를 붙인다. 다시 이를 갯벌에 세운 대나무 기둥에 묶어서 양식을 한다. 겨울철 3개월 동안 매생이를 해서 먹고산다. 텃밭에 농사를 짓는 것처럼 갯밭에서 농사를 짓는다. 손으로 훑어 채취하고, 세척해서 '쮀기'를 만드는 것도 직접 손으로 한다. '쮀기'는 '조그마하고 둥글둥글하게 주물러서 뭉쳐 놓은 덩이'라는 뜻이다. 매생이로 만든 '쮀기'는 주먹 모양이다.

매생이 농사에서 가장 힘든 것은 채취다. 작은 채취선 좌현이나 우현에 엎드려 가슴을 붙이고 매생이 발을 들어올려 채취해야 한다. 이렇게 겨울철이 지나면 가슴에 멍이 든다. 포자가 잘 붙기를 기다리며 속으로는 애간장이 녹고, 겉으로는 가슴에 멍이 들어야 매생이가 밥상에 올라온다.

바다가 주는 채소들이 그렇듯 매생이 요리는 간결하다. 참기름과 소금만 있으면 못할 요리가 없다. 국을 끓일 때는 매생이를 참기름으로 볶고, 소금으로 간을 해서 끓인다. 전라도 매생이는 걸쭉하다. 국이지만 국이 아니다. 국물이 적고 찰진 매생이 덩어리다. 검게 타버린 어민들의 가슴마냥 검푸르다.

매생이 요리로 매생이떡국, 매생이전, 매생이굴국 정도가 전부였다. 요즘 매생이칼국수는 말할 것도 없고, 라면·호떡·냉면·과자·막걸리도 선보이고 있다. 매생잇국도 미역국이나 김국처럼 펄펄 끓여도 김이 많이 나지 않는다. 참기름을 듬뿍 넣은 찰진 매생잇국은 다른 국에 비해 더 뜨겁고 입에 착 달라붙는다. 그래서 허겁지겁 한 숟갈 덜컥 퍼 입에 넣었다가는 입안이 홀랑 벗겨진다.

김이 지금처럼 기계로 채취하고 가공하기 전에는 매생이처럼

매생이 55

매생이는 채취선 좌현이나 우현에 엎드려 채취해야 하는데,
이렇게 겨울철이 지나면 가슴에 멍이 든다.
한편 매생이는 직접 손으로 뜯기도 하는데, 이를 '매생이를 맨다'고 한다.

손으로 양식했다. 그 일이 너무 힘들어 바닷가 사람들은 딸을 김 농사를 하는 곳에 보내지 않으려 했다. 그런데 일본으로 수출되고 김 값도 좋아 그 시절 먹고살 만한 곳은 김 양식을 하는 곳밖에 없었다. 곱게 키운 딸을 엄동설한 바닷가에 내놓아야 하니 부모 마음이 오죽했을까? 김과 매생이처럼 사위와 장모 관계가 그랬다. '미운 사위 매생잇국'이라는 말이 전혀 근거가 없지는 않다.

향토 음식에서 웰빙 음식으로

매생이가 홍어와 함께 서울에 알려지고 전국으로 확산된 것을 두고 곧잘 고故 김대중 대통령과 연결한다. 그런데 매생이는 이미 고문헌에서 보듯이 고려시대와 조선시대의 지역 특산물이었고, 공물로 많이 올려달라는 지시가 내려올 정도로 알려져 있었다. 오히려 김보다 더 식탁에 많이 올랐을지도 모른다. 요리가 간편하고 특별한 가공 없이 그 자체로 다양한 재료와 콜라보가 가능하기 때문이다. 김이 매생이 자리를 차지한 것은 일제의 해태 증산 정책과 관련이 있어 보인다. '해태海苔'라는 말도 이 시기에 등장한다.

『자산어보』에 등장하는 해태는 파래를 지칭한다. 전라도에서는 일제강점기에 김 양식을 장려하고 중견 인물도 육성하는 견습학교도 생겨났다. 수탈을 위한 것임은 말할 필요도 없다. 전라도 최초의 어업조합 역시 완도에 만들어진 해태어업조합이다. 매생이와 해태는 같은 공간과 다른 깊이에 공존하는 해조류였다. 일제가 만든 수산 정책이 매생이가 기를 펴지 못한 이유다.

매생이는 맑은 물에서만 자라는 무공해 식품으로 부드럽고 감칠맛이 난다. 전라도 바닷가에 사는 주민들만 맛보던 향토 음식이었

매생이는 강진, 장흥, 완도 주민들이 먹는 한철 음식이었지만,
웰빙 바람을 타고 겨울철 국민 음식으로 알려지면서 서울 복판 고급 식당에 진출했다.
매생잇국과 매생이죽.

다. 즉, 1990년대까지만 해도 강진, 장흥, 완도 주민들이 먹는 한철 음식이었다. 그런데 웰빙 바람을 타고 매생이의 효능이 전국에 알려지면서 겨울철 국민 음식으로 등장했다. 매생이는 칼로리가 낮고 영양소가 풍부하다. 철분, 칼슘, 칼륨, 엽산, 요오드 등 각종 무기염류와 비타민 A, 비타민 C 등 현대인에게 필요한 요소가 많다.

매생이 양식 어장도 늘어났다. 이것이 가능했던 것은 김 양식의 변화였다. 그 무렵 김은 기술이 발달해 마을어업 규모에서 벗어나 깊고 넓은 바다에서 양식할 수 있게 되었다. 자본과 노동력을 갖춘 사람들은 중소기업 수준으로 규모를 늘렸다. 그 덕에 밀려났던 매생이가 제자리를 잡을 수 있었다. 그런데 그사이 기후변화 등으로 수온도 상승하고 연안 환경도 변했다. 매생이 양식에 적합한 조류 소통이 좋은 곳이 많지 않다. 매생이 양식이 제한된 이유다.

남도 여행지로 여행객이 늘면서 주민들이 먹던 매생잇국은 입소문이 나기 시작했다. 김대중 대통령과의 연결은 울고 싶은데 뺨 때린 격으로 시기가 잘 맞았을 뿐이다. 서울 입성은 시간문제였다. 어쨌든 매생이가 지역 주민들의 밥상에서 서울 복판 고급 식당에 진출했다. 오히려 현지에서는 매생이 요리를 해주는 식당을 찾기 쉽지 않다. 가정에서 먹는 것을 식당에서 찾을 리 없는 탓이다.

굴을 넣어 끓이는 매생잇국이 가장 일반적인 요리지만, 골다공증 예방에 좋은 매생이죽과 혈압 안정에 좋은 매생이전도 권한다. 매생이죽은 일반적으로 쌀죽을 끓이는 방법으로 마지막에 매생이를 넣은 뒤 끓어오르면 불을 끄고 소금으로 간을 맞추면 된다. 이외에도 매생이수제비, 매생이김치, 매생이무침도 손쉽게 만들어 먹을 수 있다.

섬마을 건강과
살림 지킴이

톳

청보리가 출렁이면 톳이 춤춘다

톳은 옛날에 바닷가 사람들이 보릿고개를 넘을 때 밥 양을 늘려주던 식재료였다. 한때는 일본으로 수출되며 섬마을 사람들의 살림도 풍성하게 해주었다. 이제는 단백질, 칼슘, 식이섬유처럼 우리 몸에 필요한 영양소와 싱싱한 맛으로 뭍사람들의 건강과 입맛까지 풍요롭게 해준다.

언뜻 보면 경운기에 실린 게 톳인지 퇴비인지 모를 것이다. 쌀농사를 짓는 농민도 양식하는 어민도 여름철에는 잠깐 쉬어가지만, 진도 관매도는 여름철이 더욱 바쁘다. 양식장에서 채취한 톳을 말려 갈무리해야 하기 때문이다. 톳 농사를 짓는 섬마을은 여름철이면 노는 땅이 없다. 빈 곳에는 모두 시꺼먼 톳이 널렸다. 햇볕이 좋고 바람이 좋은 날에 널어놓은 톳을 뒤집고 이물질을 골라내는 일로 바쁘다. 농촌에서 나락(벼)을 길가에 널어 말리던 것과 같다.

산과 들이 온통 연초록이다. 그래서 보릿고개가 더 서러웠다. 옛날이야기가 아니다. 불과 두 세대 전 일이다. 농약값, 비룟값, 기계값, 이자를 제하고 나면 쭉정이만 남았다. 아직도 보리가 고개를 숙이려면 한참인데 봄을 나기 어려워 초근목피는 기본이었다. 보리가 쌀보다 귀한 섬은 어땠을까? 산비탈에서 캔 고구마도 떨어지면 갯가에서 파래와 우뭇가사리를 뜯고 구멍을 뒤져 게를 잡아다 죽을 쑤고 곰피나 톳을 뜯어다 밥을 지었다. 텁텁하고 깔깔한 맛에 익숙해질 무렵에야 보리가 익어갔다.

그중 톳은 남해안과 서남해안, 제주 바다에서 쉽게 구할 수 있어 일찍부터 구황식품으로 이름을 올렸다. 어제 널어놓은 톳을 뒤집는다. 골고루 마르지 않으면 썩을 수 있기 때문이다. 내일 비가 온다는 소식에 마음이 바빠 해가 뜨기도 전에 부산하게 선창으로 나왔다. 톳이나 미역 같은 해조류가 제주 살림을 책임지던 때가 있었다. 제주에서 감귤 재배가 보편화되기 전, 뭍에서 톳이나 미역 양식도 하기 전이다.

제주에서 톳은 협업과 공생 자원이었다. 해녀들이 종개호미로 톳을 베어 망사리에 담으면 남자들이 테우로 운반했다. 종개호미는 톳이나 미역을 베는 낫을 말하며, 망사리는 채취한 해조류나 소라와 전복을 담는 그물을 말한다. 테우는 통나무를 엮어 만든 제주 전통 배다. 또한 자원 남획을 방지하고자 어린 톳 채취를 금지하고 어촌계원들이 톳 어장을 지켰다.

다음 해에도 톳을 많이 수확할 수 있도록 톳 포자가 잘 붙게끔

톳 농사를 짓는 섬마을은 여름철이면 톳을 뒤집고 이물질을 골라내는 일로 바쁘다. 햇볕이 좋고 바람이 좋은 곳에는 모두 시꺼먼 톳이 널렸다.

갯바위를 깨끗하게 닦았다. 톳 수확 시기에는 방학을 맞은 초등학생까지도 작업을 도왔다. 이처럼 제주 어촌계는 톳을 비롯한 해산물을 공동 채취하고 분배했기에 자원 고갈을 방지하고 어려운 노인을 배려하며 삶을 영위할 수 있었다.

청보리밭으로 가파도가 출렁거릴 때, 마라도와 산방산을 마주한 가파도 '바당(바다)'에는 '톨'이 춤을 춘다. 제주에서는 톳을 '톨'이라고 부른다. 일제강점기에 미역은 조선 사람들이 먹고 톳은 일본 사람들이 먹었다. 당시 톳이나 미역만큼 확실한 환금작물이 없었기에 제주는 물론 완도, 진도, 통영 같은 작은 섬마을들은 톳과 미역의 풍흉에 따라 울고 웃었다. 특히 톳은 해방 뒤부터 30~40년 전까지만 해도 일본으로 수출되어 어촌의 대표 외화벌이 품목이었다.

전복처럼 많은 자본과 노동은 갖추지 못했지만, 부부만 건강하다면 먹고살기에 부족함이 없는 것이 톳 양식이다. 게다가 조류 소통이 잘되는 남해안의 깨끗한 바다에서만 자라니 과잉 생산도 어느 정도 피할 수 있다.

바다가 땅이고 어장이 논밭이다

톳은 갈조류 모자반과에 속하는 해조류다. 유성번식과 뿌리에서 새싹이 돋아나 번식하는 무성번식을 번갈아 한다.『자산어보』에는 '토의채 土衣菜'라고 했으며, 한자로는 사슴꼬리를 닮아 '녹미채 鹿尾菜'라고 했다. "맛이 담백하고 개운해서 데쳐 먹을 만하다"고 했다. 자연산 톳은 남해안과 제주의 완만한 조간대 갯바위 상부에 모여서 자란다. 찬바람이 불면 어린 싹이 나오고 겨울을 견딘 후 봄부터 빠르게 성장해 여름철이면 채취할 수 있을 만큼 자란다. 제주 근해에서는 보통 1월 말에서 3월까지 찬 바다에서 채취하는 것이 상품으로 으뜸이다.

　성장 과정과 시기가 뭍의 보리와 비슷하다. 6월이면 다 자라고 이후 줄기가 녹아 없어진다. 남해안에서는 50~60센티미터까지 자라지만 제주 근해에서는 1미터 이상 자란다. 성장 환경이 좋기 때문이다. 그래서 1980년대 이후 완도를 비롯한 전남 해안 일대에서는 제주 톳 모종을 채취해서 양식에 성공했다. 톳은 김이나 미역처럼 완전 양식은 하지 못하고 자연산 톳 뿌리를 채취해 보관했다가 줄에 꿰어 양식한다. 최근에는 양식한 톳에서 다시 뿌리를 얻어 양식하는 기술도 성공해 옛날처럼 자연산 톳에서 뿌리를 얻지 않아도 된다. 진도군 조도면 관매도·관사도·혈도, 완도군 청산면 대모도·소모도 일대가 양식 적지다.

　완도군 신지면 가인리에서 톳 양식을 준비하는 모습을 본 적이 있다. 주민들은 톳 뿌리를 꿴 가는 줄을 선창 도로에 드리운 굵은 줄에 묶고 있었다. 10월쯤 준비해둔 톳 줄을 바다에 넣고 다음 해 5~6월에 채취한다. 예전에는 일일이 손으로 준비해야 했던 터라 마을 주민들이 서로 품앗이를 했다. 최근에는 어린 톳을 양식 줄에 고정하는 기계가 생겨 한시름 덜었지만, 여전히 어린 톳을 한 묶음씩 묶는 작업은 사람 손을 거칠 수밖에 없다. 그래서 옛날과 다름없이 일손이 많이 필요하다.

　양식산과 자연산 모두 대부분 마른 톳(건톳)으로 판매하지만, 관매도를 비롯한 조도면 일대 섬에서는 수온이 높아 가을철에 한 차례 더 채취해 나물톳(생톳)으로 판매한다. 한편, 파도가 거친 제주 바다에서 자란 자연산과 양식산은 식감이 매우 다른데도 자연산이 양식

어린 톳을 양식 줄에 고정하는 기계가 생겨 일손이 많이 줄었지만,
어린 톳을 한 묶음씩 묶는 작업은 사람 손을 거칠 수밖에 없다.
자연산 톳은 갯바위에 붙어서 자란다.

산에 밀려 생산량이 급격히 감소하고 있다.

톳은 갯바위에 붙어서 자란다. 농민에게 땅이 있다면 어민에게는 바다가 있다. 바다가 땅이고 어장이 논밭이다. 농촌에서는 못자리에 볍씨를 뿌리고서 자라면 논으로 옮겨 모내기한다. 톳 농사도 비슷하다. 톳 뿌리를 줄에 꿰어 바다에 넣는다. 가을에는 생톳으로 판매한다. 봄에 톳을 햇볕에 잘 말려 수매하는 것과 다르다. 그러니 이모작을 하는 셈이다. 생톳을 포대에 담아놓고 배를 기다린다.

젖먹이를 키우는 어머니는 톳냉국도 못 얻어먹는다

톳은 제주의 대표 보양식품 중 하나였다. 제주는 예부터 땅이 척박해 농사일은 고되고 수확량은 많지 않았다. 뭍과 달리 칼슘과 단백질 공급원도 적었다. 제주 우엉팟(텃밭)에 채소가 있다면 바당(바다)에는 톳과 미역이 있다는 말처럼, 톳은 제주 사람들의 영양을 보충해주는 귀한 음식이었다. 전통적으로는 톳을 말려 보관해두었다가 나물로 먹었다. 멜젓(멸치젓) 국물이나 된장, 신김치 아니면 으깬 두부에 무쳐 먹었다. 영양학으로 따져도 건강식이었을 테다.

식량이 매우 부족하던 3~4월에는 햇톳을 넣어 톳밥을 지어 먹었고, 쌈 채소에 밥을 싸 먹을 때 고명으로 얹어 먹기도 했다. 한여름에는 된장에 무친 다음 식초와 물을 부어 냉국으로 많이 먹었다. 제주 속담에 '애기 돈 어멍은 톨국도 지때 못 얻어먹나'는 말이 있다. 때와 장소를 가리지 않고 칭얼대는 젖먹이를 키우는 어머니는 애 보느라 정신이 없어서 무더운 여름철에 시원히 먹어 보라고 내놓는 톳냉국도 제때 못 얻어먹는다는 말이다.

톳은 녹채류(미나리, 시금치, 브로콜리 등)보다 식이섬유가 2~3배 많

톳밥을 지을 때는 마른 톳을 20~30분간 잘 불린 다음
끓는 물에 살짝 데쳐 물기를 뺀다.
쌀 위에 톳을 올리고 물을 넉넉하게 한 다음 밥을 짓는다.

으며 생톳보다 말렸을 때 식이섬유질 양이 더 많아진다. 또한 단백질, 칼슘, 칼륨, 요오드 함량이 매우 높아 빈혈과 골다공증 예방, 혈관 질환 예방과 치료에 효과가 있고 무기질과 철분이 풍부해 비만과 성인병에도 좋다. 밥상에서 가장 쉽게 만날 수 있는 요리는 톳나물이다. 콩나물, 오이, 심지어 두부와 버무려도 제맛을 잃지 않는다. 생톳은 뜨거운 물에 살짝 데쳐 쓰지만 마른 톳은 찬물에 불린 다음에 살짝 데친다. 이때 식초를 조금 넣으면 신선함을 더하고 비릿함을 줄일 수 있다.

강원도에서는 고추장, 전라도에서는 된장, 경남에서는 멸치젓국을 넣어 무친다. 톳밥을 지을 때는 마른 톳을 쓴다. 톳은 말리면 검어진다. 먼저 찬물에 마른 톳을 살짝 데치면 푸른빛이 돌아 먹음직스럽다. 초장에 찍어 먹거나 톳비빔밥에 넣기에도 좋다. 톳을 20~30분간 잘 불린 다음 끓는 물에 살짝 데쳐 물기를 뺀다. 쌀 위에 톳을 올리고 물을 넉넉하게 한 다음 밥을 짓는다. 톳밥은 양념장에 비벼 먹으면 더 맛있다.

이 외에도 국으로 먹거나 조미해서 밥에 올려 비벼 먹기도 하며 최근에는 샐러드용으로도 쓴다. 예전에야 일본으로 수출되어 말릴 것은 고사하고 팔 것도 없었지만 이제는 사정이 바뀌었다. 수출량은 줄었고 양식산은 넘친다. 마른 톳이 늘면서 분말이나 환으로 만들고, 젤리와 센베이과자에 넣는다. 또 국수나 라면에 넣기도 한다.

그렇다면 어떤 톳을 골라야 할까? 생톳은 광택이 있고 굵기가 일정한 것이 좋지만 마른 톳은 좋고 나쁘고를 구별하기가 쉽지 않다. 그러니 산지를 방문해 어민과 직거래하는 것이 가장 좋다. 톳은 한때 섬사람들의 구황식품이었지만 지금은 어민들의 생계 수단이요, 뭍사람들의 건강을 지키는 웰빙 식품이다. 더 많은 사람이 톳을 맛볼 수 있도록 통영의 멍게비빔밥처럼 톳비빔밥을 만드는 것도 좋겠다.

물으로 올라온
바다채소

모자반

도루묵과 물메기와 학공치가 알을 낳는 곳

　　전라도 잔치에 홍어가 빠지면 아무리 음식을 걸게 장만해도 좋은 소리를 듣지 못한다. 동해에서는 문어, 서해에서는 조기가 반드시 잔칫상에 올라야 한다. 제주에서는 큰일을 치를 때 모자반이 듬뿍 들어간 몸국을 올려야 했다. 보통 잔치나 제사에 그 지역에서 즐겨 먹는 음식을 내놓거나 제물로 올린다. 제주에서는 몸국이 그렇다. 결혼식에도 장례식에도 올랐다. 살아서 좋아했으니 망자가 되어서도 입맛이 변할 리 있겠는가?

　　모자반은 모자반과에 속하는 갈조류다. 여기에 속하는 대형 갈조류는 지충이, 괭생이모자반, 알쏭이모자반, 꽈배기모자반, 큰잎모자반, 짝잎모자반, 쌍발이모자반 등이 있다. 국내에 자생하는 모자반류가 약 24종으로 많다 보니 다른 모자반과 차이를 두기 위해 흔히 먹는 모자반은 '참모자반'이라고 부른다. 북태평양 서안西岸과 인도양에 분포하며 조간대 하부에서 자란다. 뿌리에서 나오는 줄기는 한 가닥이지만 자라면서 윗부분이 여러 갈래로 나뉘어 뿌리, 줄기, 잎이 뚜렷하게 구분된다. 줄기는 세모진 기둥 모양이다.

『자산어보』에는 '해조海藻'라 하고 속명을 '말秣'이라고 했다. "길이는 20~30척이다. 줄기는 크기가 힘줄만 하다. 줄기에서 가지가 생기고, 가지에서 곁가지가 생기며, 곁가지에서 또 무수한 잔가지가 생긴다. 곁가지 끝에서 잎이 생기는데, 천 가닥·만 가닥으로 하늘하늘 가냘프다. 그 뿌리를 뽑아 거꾸로 매달면 가지가 수많은 버드나무와 흡사하다."

모자반은 인간을 위한 먹거리보다 바닷물고기의 산란 장소로서 더 큰 역할을 한다. 동해의 도루묵이 알을 낳는 곳도, 남해의 물메기나 학공치가 알을 낳는 곳도 모자반이다. 세상이 꽁꽁 얼어붙은 1월 강원도, 어둠이 내리자 도루묵 암컷이 모자반 같은 해조류를 헤치고 다니다 알을 낳아 줄기에 붙인다. 그러면 기다리던 수컷들이 앞다퉈 정액을 방사한다. 수컷은 수정 확률을 높이기 위해 집단으로 정액을 뿌린다.

우리 바다뿐만 아니라 다른 바다에서도 모자반은 중요한 역할을 한다. 북위 20~40도, 서경 30~80도 해역은 모자반류가 풍부해 '사르가소해Sargasso海'라고 부른다. 사르가소는 모자반속屬이라는 뜻이다. 이곳에서 뱀장어가 산란하는 것으로 알려졌다. 1492년 이탈리아 탐험가 크리스토퍼 콜럼버스Christopher Columbus, 1451~1506가 항해하다 해조류가 배에 달라붙어서 마음대로 나가지 못한 곳이다.

모자반은 바닷물고기의 산란 장소로서 더 큰 역할을 한다.
동해의 도루묵, 남해의 물메기나 학공치가 알을 낳는 곳이다.

최근에는 어족 자원이 감소하자 인공 어초와 함께 모자반, 미역, 다시마 등 해조를 심어 바다숲을 조성해 인공 산란장을 만들기도 한다. 알에서 깨어난 어린 물고기는 안전한 모자반 같은 해조류 주변에서 자란다. 또 어린 모자반 잎을 먹기도 한다.

밭을 기름지게 한다

겨울에 통영 추도 미조마을에서 건조장에 걸린 물메기를 구경하다 마늘밭을 덮은 모자반을 발견했다. 왜 모자반을 밭에 널어놓은 것일까? 혹시 거름으로 사용하는 건가?『자산어보』에는 "10월에 묵은 뿌리에서 났다가 6~7월에 시드는데, 그것을 채취하고 말려 보리밭에 거름을 준다"고 기록되어 있다. 보통은 마늘을 심은 후 짚으로 밭을 덮지만, 이곳처럼 짚이 없는 섬마을에서 모자반은 퇴비나 짚 대용으로 훌륭한 역할을 한다.

화학비료가 개발되기 전에는 논밭을 기름지게 하려고 풀을 베어 소나 돼지 배설물과 섞어 퇴비를 만들었다. 짐승이 없는 집도 많아 풀만 썩히기도 했다. 섬에서는 풀도 귀했다. 말려서 연료로 사용해야 하기 때문이다. 제주처럼 화산섬에서는 물을 잡고 땅을 기름지게 하기 위해 거친 풀을 논밭에 집어넣어야 했다.

청산도 구들장논(방독논)이 그랬다. 풀이 부족한 제주 어촌에서는 바다풀을 거름으로 사용했다. 바닷가로 밀려든 바다풀을 줍기도 하고 물속에서 캐내어 말려 파종이 끝난 보리밭에 깔아서 거름으로 이용하는 것이다. 여름이 오기 전 바다풀이 가장 클 때 마을에서 공동으로 '줄아시'라는 도구를 써서 바다풀을 베고 '공젱이'라는 갈퀴로 건져서 똑같이 나누어 거름으로 썼다.

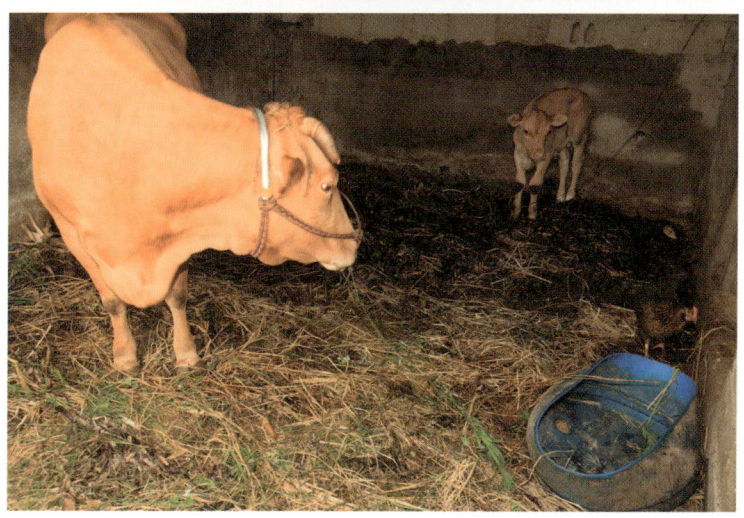

모자반은 짚이 없는 섬마을에서 퇴비나 짚 대용 역할을 했고, 간혹 외양간에 넣어 소똥과 함께 퇴비를 만들기도 했다.

마라도에서는 바다풀이 잘 밀려드는 곳을 '몸통'이라고 불렀다. 몸올리는통, 섬비물통, 작지끝통, 살레덕통이 그런 곳이다. 모자반이 많이 밀려오는 몸통을 경매해서 마을 기금으로 사용하기도 했다. 여수나 통영에서도 파도에 떨어져 해변으로 몰려온 해조류와 해초류를 경매했다. 간혹 잘피(진지리)를 외양간에 넣어 소똥과 함께 퇴비를 만드는 경우가 있다. 완도 고금도 상정마을 한 민가에서 보았다. 동해에서는 모자반을 진지리라고 한다. 모자반이나 진지리가 해안으로 밀려오면 그것을 주워 거름으로 사용했다.

해조류가 꼭 이롭지만은 않은 모양이다. 중국 연안에서 자라는 괭생이모자반이 해류를 따라 남해안과 제주 협재, 금릉, 이호, 삼양 등의 해수욕장과 해변으로 대량 유입되어 해안 경관을 망치고 심한 악취를 풍기고 있다. 또 어장 그물이나 선박 스크루에 감겨 사고로 이어지기도 한다.

잔칫날에는 몸국

모자반이나 파래는 채 썬 무와 함께 무치면 산뜻한 반찬이 된다. 무도 모자반도 모두 겨울철에 잘 어울린다. 여기에 멸치액젓이나 까나리액젓으로 간을 하면 좋지만, 더 좋은 것은 합자젓이다. 홍합 국물을 졸이고 졸여서 만든 액젓이다. 대구를 비롯한 경상도에서는 모자반을 '마재기'라고 부른다. 목포나 진도에서는 '몰'이라고 부른다. 국에도 넣고, 갱죽이라고 해서 죽으로 쑤어 배고픔을 해결했다. 해초 비빔밥이나 사찰 음식에도 넣는다. 옛날에는 설 명절 전에 물마재기, 지난 후에 마른 마재기를 먹었다고 한다. 경주에서는 마재기를 듬뿍 넣고 해장국을 끓인다. 술꾼들을 위한 해장국으로 그만이다.

　제주에서는 모자반을 몸, 몰망, 참몸이라고 부른다. 모자반은 제주의 대표 전통 음식이자 행사 음식 중 하나인 몸국의 주재료다. 하지만 1년 중 1~2월에만 채취할 수 있어 집안에 큰 행사가 있으면 어촌계나 해녀에게 미리 행사에 쓸 양을 주문해 확보해두었다. 몸국은 돼지 육수에 모자반을 넣고 끓여 먹는 음식으로 특히 육수가 중요하다. 다른 지역과 마찬가지로 제주에서도 혼례나 상례를 치를 때는 돼지부터 잡았다. 보통 행사 사흘 전이 '돗(돼지) 잡는 날'이었다. 돼지를 잡고 고기를 분배하는 일은 '도감都監'이 맡아서 했다. 도감이 고기를 어떻게 썰고 나누느냐에 따라 행사 규모가 결정되었다. 그래서 혼주나 상주는 도감에게 잘 봐달라는 부탁을 했다.

　도감이 부위별로 해체한 살코기, 내장, 뼈는 물론 제주 전통 순대인 수애까지 삶아낸 국물이 몸국의 육수가 된다. 모자반은 겨울에 채취해 말려 놓은 것을 물에 불려 토막토막 썰고 묵은 김치나 신김치도 잘게 썰어 준비한다. 메밀가루를 개어 반죽도 만들어둔다. 돼지 장간막을 굵은 소금으로 비벼 씻고 밀가루로 다시 주물러 씻은 다음 잘게 썰어 놓는다. 장간막을 넣어 우러나는 맛을 더하는 것이 몸국의 포인트다. 모든 준비가 끝나면 육수에 장간막과 모자반을 넣고 끓이면서 메밀가루로 반죽한 물조배기(묽은 수제비)를 풀고 신김치를 넣어 간을 한다. 몸국을 만들 때는 억센 모자반을 쓰고 여린 것은 무침으로 만든다.

　몸국은 보통 행사 이틀째인 '가문잔칫날'에 맛볼 수 있다. 밥과 몸국과 함께 삶은 고기, 수애, 마른 두부, 메밀묵 몇 점을 한 접시에 담는데 이것을 '반'이라고 한다. 반에다 빙떡, 나물, 강회, 김치와

모자반은 제주의 대표 전통 음식이자 행사 음식 중 하나인 몸국의 주재료다.
몸국은 행사 이튿째에 맛볼 수 있다.
제주 몸국과 모자반무침.

'돗괴기(돼지고기)'와 수애를 찍어 먹는 초간장을 곁들이면 손님상이 완성된다. 제주 사람들은 구미가 당길 만큼 진하면서도 속을 시원하게 하는 몸국 맛을 "베지근하다"고 표현한다. 고소하고 기름지다는 의미다. 제주 말의 느낌을 제대로 전하는 말로, 달리 바꾸기가 쉽지 않다.

모자반은 혼합 갯벌에서 잘 자란다. 갯바위에서 자라는 미역이나 톳과 달리 뿌리를 내릴 수 있는 흙이 있어야 하기 때문이다. 게다가 너무 깊지 않은 곳을 좋아하기에 마을 어장이 주요 서식지가 될 수밖에 없다. 이런 곳은 연안과 접해 있어 쉽게 오염될 수 있다. 모자반이 많이 자라던 제주 우도, 성산읍 고성·신양, 조천읍 북촌, 애월읍 동귀의 생산량이 10톤 내외로 급감한 이유다. 기후변화도 원인이 되지만, 육상의 개발 행위가 연안 어장에 큰 피해를 준 것이다.

요즘은 여행객을 대상으로 식당에서 몸국을 팔긴 하지만, 정작 제주 사람들은 예전만큼 먹지 않는다. 모자반의 생산량이 급감한 탓도 있고 옛날처럼 사사로이 돼지를 잡을 수도 없으며 더는 일반 가정에서 집안 대소사를 준비하지 않기 때문이다. 모자반이 들어가는 몸국은 제주 공동체의 생활양식이자 깨끗한 제주 바다의 지표다. 그 의미가 시나브로 잊혀가는 것 같아 안타깝다. 그래서 국제슬로푸드협회는 '제주 몸국'을 '맛의 방주'에 등재했다.

바다의
쌀

우뭇가사리

끓여서 식히면 얼음처럼 굳는다

얼마 전까지 미역이 차지한 자리는 우뭇가사리 차지가 되었다. 여행객들이 오가는 제주 성산포 골목 풍경이다. 막 채취해온 우뭇가사리는 자홍색이나 검붉은색을 띤다. 해녀 얼굴빛과 닮았다. 바위에 붙어 자라는 우뭇가사리만큼이나 육지보다 바다에서 생활하는 시간이 많았으니 닮는 것이 당연하다. 5~6월 제주의 갯바람과 햇볕은 얼마나 강하던가. 그것을 견디며 한 그릇 만들어낸 '우무냉국'이니 어찌 시원치 않을까?

봄 영등철(음력 2월) 제주 바다는 한바탕 용트림을 한다. 미역과 우뭇가사리를 채취할 시기가 다가옴을 알리는 징조다. 이 시기에 맞춰 영등제靈登祭나 잠수굿을 하는 마을도 있다. 우뭇가사리는 홍조

우뭇가사리는 자홍색이나 검붉은색을 띠며 해녀 얼굴빛과 닮았다.
해녀는 바다에서 생활하는 시간이 많았으니 닮는 것이 당연하다.

류로 가는 자홍색 연골질軟骨質 가지들이 다발을 이룬다. 다년생이지만 여름 번식기가 지나면 본체의 상부는 녹아 없어지고 하부만 남아 있다가 다음 해 봄이면 새싹이 자라난다.

    우뭇가사리는 바닷물이 빠졌을 때 수심 20~30미터 깊이 바위에 붙어 자란다. 조류가 거칠고 소통이 잘되는 곳에서 잘 자란다. 미역이나 톳, 모자반까지 양식을 하지만 우뭇가사리는 아직 양식하지 않는다. 우뭇가사리가 잘 붙어 자라도록 갯닦기로 잡초를 제거하거나, 큰 돌을 바다에 넣어 번식 면적을 확대하는 소극적인 방법이 인간이 할 수 있는 일이다.

    『자산어보』에는 '해동초海東草', 속명은 '우모초牛毛草'라고 했다. "형상은 섬가채와 유사한데 다만 몸통이 납작하고 가지 사이에 가느다란 잎이 있으며 색은 자색인 점이 다르다. 여름철에 끓여서 우무묵을 만드는데, 부드럽게 응고되어 투명하고 미끌미끌해서 먹을 만한 음식이다." '해동초'는 끓여서 식히면 얼음처럼 굳는다고 해서 붙여진 것이며, 갯바위에서 붙어 있는 모양과 색이 소털과 같아서 우모초라고 불렀다. 제주나 완도에서는 '천초天草'라고 한다. 우뭇가사리로 만든 우무를 '한천寒天'이라고 한다. 뜨거운 물에 녹고 차가운 물에 응고되는 탓이다. 또 '석화채石花菜'라고도 했다. 『세종실록지리지』에 소개된 토산물에 우모牛毛도 감태, 곤포, 가사리, 해태, 청각, 황각 등과 함께 소개되어 있다.

우뭇가사리가 밀려오는 바당

우뭇가사리는 동해안, 특히 울산·포항·기장에 이르는 연안에 많았다. 제주 해녀들이 이곳으로 물질(바다에서 해산물을 따는 일)을 많이 갔던 것도 미역뿐만 아니라 우뭇가사리가 많아서였다. 경주 감포·대포, 포항 양포·구룡포, 부산 초량까지 5~6월이면 우뭇가사리를 채취하는 해녀들이 가득했다.

제주 해녀들이 물질하는 곳을 '바당'이라고 한다. 미역이 많으면 '메역 바당', 우뭇가사리가 잘 자라면 '우미 바당'이라고 부른다. 제주에서는 미역을 메역, 우뭇가사리를 우미라고 한다. 5~6월에 우뭇가사리를 채취한다. 어촌계장의 신호에 따라 망사리에 우뭇가사리를 가득 채운 해녀들이 하나둘 뭍으로 나온다. 이때에 맞춰 남편들은 경운기나 트럭을 가지고 포구로 나간다. 이를 '물마중'이라고 한다.

우뭇가사리 철이 오기 전에도 바람과 파도가 지나고 나면 우뭇

제주 해녀들이 물질하는 곳을 '바당'이라고 한다.
이곳에서 5~6월에 우뭇가사리를 채취한다.

가사리를 비롯해 미역, 톳 등 해조류들이 갯바위에서 떨어져 바닷가로 밀려온다. 이때 해녀들은 물론이고 제주 삼촌들은 바닷가로 나와서 우뭇가사리를 줍는다. 다른 해조류는 거들떠보지도 않고 우뭇가사리만 줍는 것은 옛날 육지에서 짓는 쌀농사만큼이나 우뭇가사리가 값어치가 있기 때문이다. 하지만 이웃 마을 해안을 기웃거려서는

우뭇가사리 81

안 된다. 마을 사이에 불문율처럼 지키며 살아온 법이 있다.

우뭇가사리 채취 시기보다 앞서 영등철에 파도에 떨어져 나온 우뭇가사리나 미역 등을 '번안지'라고 한다. 바람에 밀려온 해초라 '풍태風苔'라고도 한다. 제주 우도 비양도는 우뭇가사리가 밀려온 바당을 네 구역으로 나누어 번갈아가면서 주웠다. 이를 '번안지 곰(구미)'이라고 한다. '우뭇가사리가 밀려오는 바당'이라고 해서 '우미 곰', '바당 곰'이라고도 불렀다. 돈이 되는 우미가 밀려오는 '우미 곰'은 입찰을 해서 마을 기금을 만들고, 다른 해초들은 윤번제로 돌아가면서 주웠다.

입찰을 해서 사놓은 '번안지 곰'에 운 좋게 우뭇가사리가 많이 밀려오면 이익을 많이 보지만, 감태나 미역이 올라오면 손해를 본다. 우뭇가사리만 돈이 되다 보니, 지금도 봄철 파도가 높으면 해녀들은 밀려온 우뭇가사리를 주우러 가면서 '번안지 주시레 가게 마씸'이라고 말한다.

우뭇가사리 부정 판매 사건

우뭇가사리를 좋아했던 일본은 일제강점기에 쌀과 면화뿐만 아니라 바다에서 나는 것도 많이 가져갔다. 멸치, 고등어, 삼치, 도미뿐만 아니라 갯바위에 붙은 우뭇가사리도 가져갔다. 특히 제주 우뭇가사리를 좋아했다. 그래서 일본인 도매상들이 해녀어업조합과 관리들과 결탁해 시세보다 낮은 가격에 강제로 매입을 하려 했던 것이다. 이 과정에서 1930년 성산포에서 '우뭇가사리 부정 판매 사건'이 발생했다.

우뭇가사리를 시세의 반값으로 매입한 것이 발단이었다. 이듬

해 구좌읍 하도리에서도 해녀어업조합이 지정한 일본인 상인에게 시세보다 낮은 가격에 해산물을 팔라고 강요하는 일이 발생했다. 무엇보다 해녀어업조합과 도사島司가 일본인 상인과 결탁해 해녀의 생존권을 위협하는 일에 분개했던 것이다. 그리고 1932년 1만 7,000여 명이 참여하는 대규모 항일운동으로 이어졌다. 당시 해녀들은 목숨을 걸고 우뭇가사리를 지키려 했다.

『조선일보』(1937년 4월 7일)에는 "전남에는 한천寒天의 재료인 석화채石花菜, 소응초小凝草, 어기초於期草 등 연산年産 50만 근에 10만여 원에 달하지만 제조공장이 없어 일본으로 이출移出 되었다가 한천으로 만들어져 수입되고 있다"며 목포해산물상조가 직접 제조해서 수출할 수 있는 방법을 조선총독부와 당국에 요청했다. 1939년 2월 24일 『조선일보』의 보도에 따르면, 전남의 유일한 수출품은 우뭇가사리였다. 당시 양식 적지가 흑산도·조도·제주 연안이었으며, 1940년에는 30만 근(78톤) 정도 한천을 생산해 80퍼센트를 일본으로 수출할 것이라고 했다.

조선총독부는 본국 수요를 위해 20만 근까지 증산을 목표로 보조금을 지원했다. 일제는 우리 바다에서 생산한 우뭇가사리를 가져가 한천을 만들어 조선에 수출했다. 우리 우뭇가사리를 탐하는 것은 일제뿐만 아니었다. 해방 후 미군정청 군정장관 윌리엄 딘William Dean, 1899~1981 은 정례 기자회견에서 조선 수산물 중 세계시장에 가장 인기가 높은 한천을 통제해 본국으로 독점 수출하려고 하는 것에 관한 질문을 받았다. 이에 딘 장관은 미국으로 수출한 것은 1947년 남조선 한천 생산량 60만 근 중 단지 4만 3,000근이라고 했다.

해방 후 한동안 정부가 외화 획득을 위해 수출용 한천을 직접

木浦海產物商組 寒天製造를 計畫

【木浦】全南에는 寒天의 材料인 石花菜, 小擬草, 於期草 等이, 年産 五十萬斤에 十萬餘圓에 達하는 고잇스나 그의 製造工場이 업슴으로 一旦 日本內地로 移出되엇다가 寒天으로 만들어 가지고 다시 移入되게됨으로 木浦海産物商組合에서는 本道內에서 直接製造할수업슬가 하는 것을 研究하야 오든바 去年 末부터 長城郡 長城面 壽山里에 寒天工場을 設置하야 製造試驗을 行한 結果 好成績을 니여슴으로 今冬부터 本格的 製造에 着手할모양으로 目下 朝鮮內 各地양으로 압프로는 朝鮮內에서 製造하야 直接海外에 輸出할것으 로 總督府와 道當局의 援助程度 如何로는 樺太寒天과 가티 朝

全南唯一의 輸出品 寒天原料 天草를 增産
木浦水産試驗場에서 養殖

【木浦】木浦水産試驗場에서는 輸出品의 하나로서 到處에서 歡迎을 밧는 朝鮮寒天의 原料인 天草의 養殖適地를 昨年 以來로 沿海各地에 探査하여 오든바 務安郡 黑山島 多村里, 海岸과 珍島郡 鳥島 海岸과 濟州島 沿岸 等이 草養殖의 適地을 發見하고 今年度부터 本格的으로 養殖에 着手하기로 하여 目下 具體案을 硏究 中이라는바 現在 全南에서 産出되는 天草는 三十萬斤 以內로 長城 寒天工場의 需要에도 不足하므로 今般 天草의 增産計畫은 全南 海産界인 寒天 販賣에 影響이 至大하다하야 關係方面에서는 天

당시 『조선일보』는 한천의 재료가 연간 50만 근에 달하지만 제조공장이 없어 일본으로 갔다가 한천으로 만들어져 수입되고 있다고 보도했다.
(『조선일보』, 1937년 4월 7일, 『조선일보』, 1939년 2월 24일)

사들였으며, 품질 향상을 위해 특별 관리했다. 『조선일보』(1959년 5월 29일)에는 일본이 약 40만 달러의 한천을 수입하기로 했으며, 미국과 홍콩에도 수출할 계획이라고 보도했다. 한천은 영국, 프랑스, 서독, 이탈리아, 홍콩 등 유럽 시장 개척에 나선 통상사절단이 가지고 가는 상품에도 포함되었다. 1960년대 전국에 30여 개의 한천 공장이 있었으며, 원료가 부족해 수입 품목으로 허가해줄 것을 요청하기도 했다. 1970년대 한일무역협상에도 한천이 관세 대상인지를 주요 의제로 다루었다.

하지만 미국과 유럽에서 한천 대체제가 개발되면서 서서히 내리막길을 걸었다. 그 대신에 패류 양식이 늘었다. 최근 갯바위가 하얗게 변하는 백화 현상과 해양환경 악화로 인해 점차 해조류가 사라져가는 사막화 현상으로 우뭇가사리 채취량도 감소했다. 제주 도내 생산량을 보면 2000년대 초반 2,000여 톤에 이르던 것이 최근에는 500여 톤에 불과하다.

우미냉국으로 허기를 달래다

우뭇가사리는 빨아서 넣기를 몇 차례 반복한다. 자주색은 마르면서 하얀색으로 바뀐다. 이렇게 갈무리해 놓은 우뭇가사리를 푹 삶아 걸러내서 식히면 우무가 된다. 콩을 삶아서 넣고 땅콩과 볶은 콩가루를 더한 후 깨와 소금을 넣으면 시원한 우미냉국이 된다. 여름철 물질을 마치고 마시는 우미냉국 한 그릇은 어떤 맛으로도 대신할 수 없다.

간혹 통영에 가면 여름철에 들르는 곳이 있다. 중앙시장 독아지 할매 가게다. 욕지면의 작은 섬 노대도에서 우뭇가사리를 뜯어와

통영 중앙시장에 가면 여름철에 2,000원짜리 우무콩국을 먹을 수 있고(위),
1869년에 설립된 일본 남쪽 이즈반도 바닷가의
우뭇가사리 가공공장은 지금도 운영되고 있다(아래).

5대째 여름철이면 우무콩국을 팔고 있다. 한 그릇에 자그마치 2,000원이다. 일이 있으면 노점을 비워두고 일을 보고 오면 우무와 두부가 줄어든 만큼 좌판에 1,000원짜리가 몇 장씩 올려져 있단다. 시장 입구에 자리를 잡고 평소에는 두부를 만들어 팔고, 여름에는 우무를 더한다. 즉석에서 우무콩물을 한 그릇 먹을 수 있다.

우무는 특별한 맛이나 식감이 없다. 열량이 매우 낮고 오랫동안 포만감을 느껴 다이어트 식품으로 주목을 받았다. 우뭇가사리는 가장 원시적인 가공식품이자 식량이었다. 그래서 식품이나 식품 첨가물 외에도 공업용, 농업용, 화장품용, 의약품용 등 다양하게 사용된다.

우리나라보다 우뭇가사리를 더 즐겨 먹은 나라는 일본이다. 몇 년 전 일본 슬로푸드 단체인 '슬로푸드후지'와 함께 우무 가공과 판매를 하는 곳을 방문한 적이 있었다. 대대로 일본 남쪽 이즈반도伊豆半島 바닷가의 우뭇가사리를 수집해 가공공장을 운영하는 곳이었다. 1869년부터 시작한 우뭇가사리 공장이 지금도 운영되고 있으며, 상점에서는 팥빙수·아이스크림·우무 등을 판매한다.

바다의
불로초

다시마

정약전은 다시마를 보지 못했다

"잠잘 곳은 없어도 다시마 널 자리는 있어야제. 요것으로 먹고 사는데, 자식보다 효자제." 완도 생일도에서 만난 주민이 건조된 다시마를 걷으면서 했던 말이 지금도 귀에 쟁쟁하다. 자식이 이 소리를 들으면 서운해할까? 자식이 섬에서 뭍으로 공부하러 갈 수 있었던 것도, 취직하고 결혼해 도시에서 생활할 수 있었던 것도 다시마 덕이다. 지금도 섬으로 보내는 용돈보다 섬에서 올라오는 돈이 더 많다. 그러니 서운할 것이 없겠다.

다시마는 갈조류에 속하며, 차가운 바다에 서식하는 여러해살이 대형 해조다. 잎은 황갈색에서 흑갈색 띠 모양으로 자라며 두껍고 표면은 매끄럽다. 줄기는 곧게 선 원기둥 모양이며 뿌리는 바위

다시마는 조류 소통이 원활하고 수온이 10도 이하로 유지될 때 자라기 시작한다.
큰 것은 3미터가 넘고 폭도 40센티미터에 이르는 초대형 해조류다.

를 단단하게 붙잡을 수 있도록 얽혀 있다. 가을이면 엽체葉體 표면에서 무성포자가 생성·방출되고 물속을 헤엄쳐 다니다가 갯바위에 붙는다. 그리고 실 모양 암수 배우체配偶體가 형성되어 수정이 이루어진다.

여러해살이지만 잎은 해마다 녹아 없어지고 새잎이 난다. 양식은 줄에 미역, 톳, 모자반처럼 뿌리나 포자를 붙여 키운다. 보통 2년 생 이상이어야 채취할 수 있다. 일본 홋카이도北海道, 캄차카반도, 사할린 등 태평양 연안에 분포해 있다. 우리나라와 중국에서는 다시마 양식을 한다.

『신증동국여지승람』에도 함경도, 평안도, 경상도 등 한류가 미치는 해역에 토산품으로 소개했다. 조선 후기 문신 이유원李裕元, 1814~1888의 『임하필기林下筆記』에는 "해대는 다시마이며, 미역과 비슷하지만 가늘고 길다. 곤포라고도 한다"고 했다. 이와 달리 『자산어보』를 집필한 정약전은 다시마를 흑산도에서 보지 못했을 것이다. 이청李晴, 1792~1861이 나중에 『본초서本草書』를 살펴보고 해대(미역)는 '다사마多士麻(다시마)'라고 덧붙였다. "민간에서 다사마라고 부르는 것은 부드럽고 탄력이 있으면서 길다."

서유구의 『임원경제지林園經濟志』 '정조지鼎俎志'에는 '해대'는 다시마로 '곤포昆布'와 구별했다. 그리고 해대는 "맛이 짜고 성질이 차며, 독은 없다. 의원들이 소변이 잘 나오게 할 때 쓴다. 해조나 곤포보다 효과가 좋다"고 했다. 이때 해조는 모자반 등 갈조류를, 곤포는 다시마 일종으로 소개했다.

비행기를 타고 온 다시마

다시마는 동해 원산만 이북의 차가운 바다에서 서식한다. 홋카이도가 원산지로 알려져 있다. 한해성 해조류 다시마가 어떻게 남쪽 바다 완도까지 내려온 것일까? 우리나라의 다시마는 크게 참다시마, 애기다시마, 개다시마 등 3종이다. 국립수산과학원이 발간한 『우리나라 수산양식의 발자취』(2016)에 따르면, 1967년 11월 재일 한국인이자 수산 증식 연구자의 도움으로 홋카이도수산연구소에서 비행기로 애기다시마 모조母藻와 엽체를 얻어 포자 배양을 시도했다. 하지만 성공하지 못하고, 다음 해 다시 항공편으로 같은 연구소에서 참다시마를 기증받아 성공했다.

이후 동해산 다시마의 남해 이식 양성 시험과 서해산 다시마 양식기술 개발, 전복 먹이용 다시마 양식 기술 등이 연구·개발되었다. 그 결과 1974년 어민들에게 보급될 당시 2,334톤에 불과했던 것이 2005년 10만 톤, 2020년 60만 톤이 생산되었다. 이렇게 다시마 양식이 확산될 수 있었던 것은 여름을 견딜 수 있는 다시마가 개발되어 완도 일대에서 대량생산이 가능했기 때문이다. 또 여름철 이후에도 다시마를 생산해 전복 먹이로 공급할 수 있는 양식법도 큰 몫을 했다.

최근에 해수 온도 상승으로 다시마 양식지가 북상하고 있어 고수온에 견딜 수 있는 일명 '슈퍼 다시마' 품종 개량을 시도했다. 2021년 강원도 사근진 앞바다에서는 토종 용다시마 양식에 성공했다는 소식도 들렸다. 용다시마는 겉이 미끈한 다시마와 달리 표면이 고기비늘처럼 볼록볼록 생겼다. 무엇보다 다시마 효능의 핵심이라고 할 수 있는 후코이단이 2배가량 많다. 그동안 남획과 서식지 파괴로 멸종된 다시마를 깊은 바다에 설치한 양식 줄로 높이를 조절하는 방식으로 복원에 성공했다.

다시마는 초가을부터 겨울까지 자란 다음 포자를 내보내고 녹아 줄기와 잎은 없어지고 뿌리만 남는다. 다음 해 늦가을부터 자라기 시작한 2년생 다시마가 상품 가치가 높다. 다시마 포자는 유영하며 물속을 다니다 수온이 내려가면 수정하고 정착해 잎을 만들기 시

강원도 사근진 앞바다에서는 깊은 바다에 설치한 양식 줄로 높이를 조절하는 방식으로 용다시마 양식에 성공했다.

작한다. 양식은 채묘한 포자를 수정해 어린 잎이 나타날 때 바다 양식장으로 내보낸다. 양식하는 방법은 직접 다시마 줄기를 굵은 줄(친승)에 꽂는 방법과 가는 줄에 끼워 굵은 줄에 감는 방법이 있다. 전자는 식용 다시마 양식에서 많이 사용하며, 후자는 전복 먹이를 위한 대량 양식에서 사용한다.

땅 농사와 바다 농사

완도는 김, 미역, 다시마를 아우르는 우리나라 3대 해조류 어장을 갖추고 있다. 지금은 미역은 기장이, 김은 진도와 해남과 고흥에서 많이 양식하지만 다시마는 생일도와 평일도를 중심으로 완도에서 약 70퍼센트 이상 생산된다. 평일도 주변에는 금당도, 생일도, 충

부산 기장은 다시마 산지로 유명한데, 이곳 다시마는 2~5미터까지 자란다.
겨울철 두 달 동안 일해서 1년을 먹고산다고 해도 과언이 아니다.

도, 신도 등 크고 작은 섬 사이로 흐르는 물길이 소통이 잘되고, 한류와 난류가 교차해 다시마 양식을 하기에 적합하다. 특히 수온이 10~25도 사이로 양식에 최적지다. 소득이 수천만 원에서 수억 원에 이른다. 해조류 양식을 할 수 있는 좋은 장소다. 다시마 양식을 많이 하기 전에는 섬 내만에서 지주를 세워 김 양식을 했다.

완도 다시마 양식은 논밭의 가을걷이가 끝나면 시작된다. 땅 짓는 농사는 갈무리를 했지만, 그보다 더 중요한 바다 농사가 시작되는 것이다. 상인들 사이에서는 완도에서도 생일도 다시마의 품질을 높게 친다. 바다도 땅처럼 오랫동안 한 작물을 반복해서 오래 키우면 비옥도가 떨어진다. 생일도는 주변 다른 섬에 비해 10년 정도 늦게 다시마 양식이 시작되었다. 더구나 김 양식도 오래 하지 못했다.

다시마   93

바다가 거칠다 보니 양식기술이 발달해 김 양식을 할 즈음에는 이미 다른 지역에서 대규모 양식이 시작되어 경쟁력도 없었다. 교통도 불편해 바다를 제대로 이용할 수 없었다. 뒤늦게 시작한 다시마가 품질이 좋아 효자 노릇을 톡톡히 한다.

부산 기장도 다시마 산지로 유명하다. 기장 바다는 미역과 함께 다시마가 빼곡하다. 겨울에 한두 번 솎아내고, 봄이면 다시마를 수확한다. 이곳 다시마는 2~5미터까지 자란다. 기장군 이동마을은 다시마로 먹고사는 마을이다. 이 마을 해안을 '바둑개'라고 부른다. 검은 돌밭이 펼쳐져 붙여진 이름이다. 미역을 널고 다시마를 널었던 그곳에 물양장物揚場(소형선 부두)을 만들어 건조장으로 이용하고 있다. 비를 피해 건조한 다시마를 다시 건조기에 넣고 완전히 습기를 제거해서 보관한다. 생일도와 마찬가지로 두 달 동안 일해서 1년을 먹고산다고 해도 과언이 아니다.

잠자리는 없어도 다시마 자리는 마련한다

모두 잠든 새벽, 생일도 용출리 해변과 금곡리 다랭이논에 불빛이 분주하다. 도깨비불이 아니다. 불을 켜고 낮에 채취한 다시마를 건조하는 주민들이다. 아침까지 건조장에 다시마를 너는 것을 마쳐야 한다. 물론 날씨가 좋아야 한다. 그리고 오후 3시가 되면 건조된 다시마를 걷는다. 검고 윤기가 흐르는 다시마다. 다시마 색이 가격을 결정한다. 마른 다시마를 3~4킬로그램 단위로 묶어서 평일도 금일읍 수협 수매장에 보내자마자 다시 다시마 양식장으로 나간다. 평일도는 전국에서 유일하게 다시마를 경매하는 섬이다. 5~6월 이곳 섬 주민들의 일상이다.

장마가 오기 전까지 채취와 건조를 마쳐야 한다. 건조는 말할 것도 없고 채취도 날씨가 도와주어야 한다. 하루에 건조를 마치지 못하면 위판 가격이 절반으로 떨어진다. 채취할지 말지도 날씨에 따라 결정한다. 다시마는 바다가 키우고 하늘이 가격을 결정한다.

5~6월이면 생일도와 평일도 바닷가는 검은 색칠을 한 것처럼 바뀐다. 바닷가는 물론 산 위에도 온통 검은빛으로 반짝인다. 다시마 건조장 때문이다. 그 양이 엄청나 건조기를 이용하기도 어렵다. 모두 햇볕에 말리기 때문에 공간이 필요하다. 자연히 다시마 널고 말리는 일을 할 사람도 많이 필요하다. 코로나19 이전까지는 외국인 노동자가 많은 집은 20명까지, 양식 규모가 작은 집은 7~8명이 일했다. 코로나19로 일할 사람이 없어 인건비는 오르고, 소비가 이루어지지 않다 보니 재고가 쌓여갔다. 가장 많은 다시마를 생산하는 생일도나 평일도는 주민 절반이 다시마 양식을 한다.

한때 우뭇가사리와 톳을 채취해 섬살이를 책임졌던 '갱번'도, 식량을 책임졌던 고구마밭이나 다랭이논도 모두 다시마 건조장으로 바뀌었다. 다시마 농사를 짓는 사람들은 '누울 자리는 없어도, 다시마 널 자리는 마련한다'고 했다. 몽돌밭이면 족했던 다시마 건조 장소가 해안을 지나 이제 산 위로 올라가고 있다.

다시마는 주로 국물의 감칠맛을 내는 데 쓰지만, 삼겹살·과메기·회 등을 싸 먹기에도 좋다. 부각이나 튀각으로 해먹기도 한다. 요리에 쓸 때는 윤기가 있고 도톰하며 바다 냄새가 나고 표면에 흰 분이 묻은 것을 고르는 것이 좋다.

또한 칼로리가 매우 낮고 섬유질이 많아 조금만 먹어도 포만감을 느낄 수 있다. 장운동도 활발하게 해서 변비와 비만을 한번에 해

5~6월이면 다시마 건조 때문에
생일도와 평일도 바닷가는 검은 색칠을 한 것처럼 보인다.
건조된 다시마를 묶고 있는 생일도 서성리 주민들.

결하는 다이어트 식품으로도 유명하다. 이는 다시마 성분의 20~30퍼센트를 차지하는 알긴산 덕분이다. 다시마에는 칼슘, 칼륨, 마그네슘 등 미네랄 50여 종도 포함되어 있어 피부 노화를 억제하는 효과가 있다. 바다의 불로초가 따로 없다.

최근에는 다시마에 포함된 후코이단도 인기다. 미역이나 다시마처럼 미끌미끌한 점진물에 함유된 다당류를 말한다. 생리 작용을 활성화해 종양을 억제하고 바이러스 면역체계를 향상하며 콜레스테롤을 줄이는 효과도 뛰어나다. 이에 완도군은 후코이단을 활용해 건강보조식품과 기능성 화장품도 만들고 있다.

제2부

갯벌은 단단하다

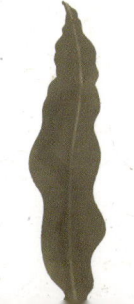

바다의
우유

굴

구조개랑 먹고 살어리랏다

"우리 아가씨. 왔어?"라며 할머니 한 분이 박씨에게 굴을 내민다. 무덥던 여름의 기억이 가시기도 전인데, 벌써 굴이라니……. 그녀는 10여 년째 백령도 물범지킴이를 자처하며 섬을 드나들고 있다. 그녀는 겨울을 백령도 굴 맛으로 시작한다. 알굴이 커봤자 2센티미터가 넘지 않고 굴의 길이와 폭도 아주 작다. 대부분 1센티미터 내외다. 바위에서 직접 한 알 한 알 조새로 쪼아서 모은 굴이다. 이런 굴을 '석화石花'라고 한다. 바닷물을 먹고 자란 굴이니 그 맛이 그 맛이라고 할지 모르지만, 굴밭과 굴 공장의 맛과 향은 다르다.

동서양을 막론하고 굴만큼 오래된 바다 음식이 있을까? 인간이 굴을 먹기 시작한 기록은 기원전 95년 무렵, 로마인 세르주스 오라타 Sergius Orata 의 양식에서 출발한다. 동양에서는 중국 남북조 시대의 송宋 나라에서, 420년 무렵 대나무에 끼워서 양식을 했고, 일본은 1670년 히로시마에서 처음으로 시작되었다고 한다. 우리나라는 1450년 무렵 공물용으로 양식을 했다. 부산의 영도, 전라도 서남해안의 많은 섬, 태안 안면도, 시흥 오이도 등지에서 확인된 선사 유적 '패총貝冢(조개무지)'을 보면 굴 유적이 80퍼센트를 넘는다. 당시 굴을 먹고 버린 흔적들이다.

『고려도경』에 굴은 서민들이 즐겨 먹는 수산물이라고 소개되었다. 「청산별곡」에도 '나마자기 구조개랑 먹고, 바라래 살어리랏다'는 대목에 '구조개'는 '굴'과 '조개'라고 한다. 『신증동국여지승람』에는 조선팔도 중 강원도를 제외한 곳의 토산물로 기록되어 있다. 『자산어보』에는 굴을 '모려牡蠣'라고 하고, 그 모양이 "정해진 법식이 없이 조각구름 같기도 하다"며 "껍질은 매우 두터운데 종이를 겹쳐서 바른 것처럼 첩첩이 붙어 있다"고 했다. 갯바위에 다닥다닥 붙은 굴을 살펴보면 꼭 '돌꽃' 같다. 특히 굴에는 단백질, 칼슘, 철분 등 여러 영양소가 풍부하기 때문에 '바다의 우유'라고 불린다.

굴은 우리나라 모든 연안에서 생산되는 이매패류二枚貝類다. 예부터 알려진 굴 산지는 낙동강 하구·광양만·해창만·영산강 하구 등이며, 북한에도 함경도 황어포·영흥만·평안도 압록강 하구 등 기수역이 주요 산지였다. 초기 전남 해창만과 섬진강 하구 등에서 '투석식 굴 양식'이 발달했고, 그 후 경남 가덕만과 진교만 부근에서 '걸대식 굴 양식'으로 진화했다. 연안에 나무로 지주를 세우고 굴 패각 貝殼(껍데기)을 걸어서 양식하는 방법이다. 최근 무분별한 갯벌 파괴와 간척 사업, 연안 오염으로 굴 양식장은 크게 감소했다.

인간이 굴을 먹기 시작한 기록은 기원전 95년 무렵,
로마인 세르주스 오라타의 양식에서 출발한다.
장 프랑수아 드 트루아Jean-François de Troy의 〈굴이 있는 저녁 식사〉(1735).

우리나라 굴 생산량은 2022년 기준 31만 톤이다. 중국의 620만 톤에 이어 두 번째로 많은 굴을 생산하는 국가다. 김 양식과 함께 오래된 양식 품종이며 우리나라의 양식산업을 이끌고 있다. 통영을 중심으로 거제와 고성 등이 굴 양식 주산지로 전체 생산량의 85퍼센트가 넘는다. 겨울철이면 남해안을 중심으로 하루 2만 2,000여 명이 굴 까기(박신) 작업을 하고 있다. 특히 통영과 고성은 생산자 1,000여 명, 박신 작업 1만 3,000여 명, 가공·유통 6,000여 명 등 2만여 명이 굴 산업에 종사한다.

시어머니, 며느리, 손자며느리의 '삼대 조새'

전남 무안군 해제반도와 함평군 사이 함해만에 '돌머리'라는 예쁜 이름의 마을이 있다. 이곳에는 마을 공동 굴밭이 있다. 마을어업을 하는 공동어장이라 어촌계가 관리한다. 여행객들도 수시로 드나드니 관리하는 주민까지 배치했다. 물때에 맞춰 어머니들이 굴을 까서 나오면 저울로 무게를 달아서 기록한다. 이곳 굴은 맛이 좋다고 소문이 나서 작업하기가 바쁘게 팔려나간다. 일일이 무게를 적는 것은 판매량의 일정 비율을 마을 기금으로 적립하기 위해서다. 굴밭을 관리하고, 마을 운영과 노인 잔치와 봄꽃놀이 등에 사용된다. 그러니까 마을 기금을 굴밭에서 마련하는 것이다. 굴은 대부분 돌에 붙은 '석화굴'이다. 물론 이 굴은 돌을 갯벌에 넣어 만든 굴밭에서 자란다.

인천의 큰 섬 덕적도 옆에 소야도라는 작은 섬이 있다. 20여 년 전 처음 이 섬을 찾았을 때 마을 어귀에서 할머니 네 분을 만났다. 막 까온 굴을 어촌계장이 저울로 달고 있었다. 이 굴은 모두 쾌속선에 실려 인천으로 보내진다. 노인들은 한 달이면 몇 차례 굴을 까는데, 마을 기금도 떼지 않고 오롯이 할머니들 통장으로 들어와 벌이가 쏠쏠하다. 대부분 칠순이 넘은 분들이다. 이들에게는 구차한 공공일자리보다 굴을 까는 일이 더 의미가 있다. 어촌에서 마을어업만큼 좋은 일자리는 없다. 마을 공동어장이 최소한의 사회안전판이다.

충남 태안군 개미목마을에도 좋은 굴밭이 있었다. 조차가 큰 내만이라 걸대식으로 굴 양식을 한다. 겨울철이면 마을 어귀 양지바른 곳에 굴막을 짓고 굴을 가져와 까서 팔았다. 서해안고속도로

시어머니 조새는 닳고 닳아
굴 노동의 고단함이 묻어 있고,
손자며느리 조새는 전혀
닳지도 않았는데 반질반질하다.

가 생긴 후 수도권 사람이 많이 찾아와 굴을 사갔다. 그곳에서 '삼대 조새'를 만났다. 시어머니, 며느리, 손자며느리가 같은 굴막에서 굴을 까는 모습이라니……. 재미있는 것은 세 여인의 조새 모양새다.

조새는 손잡이인 '몸둥이', 껍질을 벗길 때 사용하는 날카로운 쇠붙이인 '방아쇠', 굴을 꺼내는 '전지개'로 구성되어 있다. 각 몸둥이를 보니 머리가 허옇게 쉰 시어머니 조새는 닳고 닳아서 윤이 나고 손가락 모양으로 파였다. 손자며느리 조새는 전혀 닳지도 않았는데 반질반질하다. 시어머니가 늘 곁에 두고 굴 까는 법을 알려주었으리라. 며느리는 굴막보다 바깥일이 더 많아서인지 약간 파인 흔적은 있지만 몸둥이에 흙이 묻어 있다.

2007년 겨울 서해안 기름 유출 사고로 그 굴밭은 큰 피해를 입고 사라졌다. 가장 마음이 아픈 굴 이야기는 소록도 박물관에서 보았던 조새다. 부족한 먹거리를 찾기 위해 뭉뚝한 손으로 역시 뭉뚝한 조새를 움켜쥐고 갯바위를 오가며 굴을 깠다. 한센인들은 그곳에서 굴을 까고 그렇게 번 돈으로 자신들이 살 집을 지었다.

늦게 피는 돌꽃이 맛있다

큰 굴과 작은 굴, 그 차이는 굴의 먹이 활동 시간이 결정한다. 굴이 좋아하는 먹이는 플랑크톤으로 특히 규조류를 좋아한다. 하루 24시간 밥상이 차려진 곳에 사는 굴과 6시간씩 나누어 두 차례 혹은 그보다 더 적은 시간만 먹이를 섭취할 수 있는 굴의 차이다. 바닷물고기처럼 헤엄을 치며 먹이를 찾아 움직일 수 없고, 갯지렁이나 낙지처럼 땅속으로 들어갈 수도 없다. 그 자리에서 물이 들면 먹고 물이 빠지면 입을 다물어야 한다. 입수관 入水管 과 출수관 出水管 으로 물을 빨아들이고 뿜어내며 영양분을 섭취한다. 그러니 조차가 큰 서해안과 남해안의 굴의 크기가 다를 수밖에 없다. 서해안도 조차가 큰 인천과 작은 전라도 어촌 마을의 굴 크기가 다르다. 늦게 옹골차게 바다맛을 품을 수밖에 없다.

양식 기술에서도 이러한 차이가 잘 드러난다. 서해안 초기 굴 양식은 돌을 집어넣은 투석식이었다. 지금도 옹진군 섬 주변이나 경기만, 가로림만, 함해만 등 내만에 있는 어촌에는 돌을 집어넣어 만든 굴밭을 볼 수 있다. 또는 갯벌에서 자라는 굴을 볼 수 있다. 부착성이 강한 유생들이 갯벌 위 나뭇가지나 돌에 붙어 자라면서 서로 엉겨 만들어진 것이다. 서해안이나 남해안의 내만에 기둥을 세우고 빨랫줄처럼 줄을 걸어 그곳에 가리비나 조개껍데기에 포자가 붙은 줄을 걸어 양식을 한다. 갯벌이나 돌보다 수심이 있는 곳에 설치하지만 역시 썰물에는 고스란히 햇볕에 노출된다.

여기에 비하면 통영이나 거제, 고성 등지에서 굴 양식을 하는 수하식은 면적이나 규모가 엄청나다. 스티로폼으로 된 하얀색 부표를 띄우고 굵은 줄 끝에 닻을 놓아 고정한다. 그리고 준비된 포자가 붙은 패각 줄을 주렁주렁 매달아 양식한다. 24시간 물속에 잠겨 있으니 하루 종일 먹이 활동을 한다. 그래서 1년 정도 자라면 팔 수 있을 크기로 자란다.

내가 본 굴 중에서 알이 가장 작은 굴은 백령도에서 맛본 굴이다. 콩돌해변의 손톱보다 작은 돌만큼이나 작다. 섬진강 강굴을 제외하고 바다에서 자란 굴로는 통영의 수하식 양식 굴이 가장 크다. 알굴의 크기가 10센티미터가 되는 것도 있다. 여기에 비하면 백령도

서해안이나 남해안에서는 기둥을 세우고 빨랫줄처럼 줄을 걸어
그곳에 가리비나 조개껍데기에 포자가 붙은 줄을 걸어 양식하는 굴 양식이 성행한다.
여수 가막만의 걸대식 굴 양식장(위)과 통영의 수하식 굴 양식장(아래).

굴은 크기가 1~2센티미터쯤 될까? 이런 환경은 식감과 맛에도 영향을 준다. 빨리 그리고 크게 자라게 만드는 식재료는 육류나 채소류나 깊은 맛이 덜하다. 어디서 어떻게 자라느냐가 중요한 이유다. 조선시대 식객으로 불리는 허균許筠, 1569~1618은 『도문대작屠門大嚼』에서 "동해안에서 나는 굴은 크고 좋은데, 맛은 서해안에서 나는 것보다 못하다"고 했다.

보리가 패면 먹어서는 안 된다

요즘은 굴을 냉동해서 사철 먹을 수 있지만, 옛날에는 제철에만 싱싱한 굴을 먹었다. 그래서 어른들은 '굴은 보리가 패면 먹어서는 안 된다'고 했다. 일본에서도 '벚꽃이 지면 굴을 먹지 마라'고 했고, 서양에서도 영어로 '알R 자가 들어 있지 않는 달은 먹지 마라'는 말이 있다. 해당되는 달은 5월May에서 8월August까지다. 이때가 굴 산란철로 난소에서 분해된 독소가 나오는 때다.

굴을 오래 두고 먹는 음식으로 굴젓이 있다. 굴젓 하면 '어리굴젓'을 꼽는다. 소금만 넣는 것이 아니라 고춧가루를 더하는 것이 특징이다. 굴과 소금을 버무려 사나흘 숙성을 한 다음 쌀뜨물이나 밀가루로 풀을 쑤어 식힌 후 고춧가루를 풀어 섞는다. 갈무리해 10여 일 지나면 먹을 수 있다. 소금에다 고춧가루까지 넣었으니 상하는 것을 완전히 막았으리라. 짭짤함과 얼큰함이 입맛을 돋운다. 그래서 어리굴젓이라는데, 오래 두고 먹는 것이 아니라 얼간해서 먹기에 어리굴젓이라 했던 건 아닐까?

반대로 고흥 등 전남 서남해 어촌 마을에 전하는 '진석화젓'이 있다. 소금과 굴을 섞어 1년 정도 숙성한 젓갈이다. 조선 후기 의관인 유중림柳重臨, 1705~1771이 편찬한 『증보산림경제增補山林經濟』(1776) 에도 소개되어 있다. 이런 젓갈용 굴은 작고 날개(서산 지역에서는 날감지라고 부른다)가 많을수록 양념이 잘 스며든다. 이 날개는 외투막 안에 있는 아가미로 물날개라고도 한다. 남해안 굴의 날개가 5겹 정도인데, 서해안의 굴은 더 많다.

진석화젓은 손이 많이 가고 시간을 두고 기다려야 하는 음식이라 그 명맥을 잇는 사람이 줄어들었다. 진석화젓은 굴을 먹는 것이 아니라 장을 먹기 위한 것이다. 그 맛이 진간장과 비슷하다. 그냥 먹어도 좋지만 파와 마늘과 깨를 넣고 양념해도 좋다. 또 김장이나 무침이나 국을 끓일 때도 이용했다.

굴젓과 달리 인상적인 음식이 '피굴'이다. 전남 보성군 벌교읍 장도라는 섬에서 맛보았다. 장도는 여자만에 있다. 바닷물이 빠지면 온통 갯벌로 둘러싸인다. 벌교 꼬막보다 장도 꼬막이라고, 꼬막으로 유명한 곳이지만 굴도 좋다. 굴을 살짝 삶아 하나씩 꼬막처럼 까서 알굴을 빼내고, 뽀얀 국물도 받아둔다. 국물에 있는 부유물이나 부스러기를 가라앉혀 맑은 국물만 따라낸다. 알굴에 국물을 넣고 먹기 전 가는 파를 잘게 썰어 넣고 소금으로 간을 한다. 겨울철부터 이른 봄까지 동치미처럼 두고 먹는다. 피굴은 통영의 큰 굴이나 백령도의 석화굴이 아니라 갯벌에 들고 나는 바닷물에 단련된 적당한 크기의 굴로 만든다. 갯벌에 박아 놓은 나뭇가지에 굴 유생이 붙어 자라다가 갯벌에 떨어져 자란 굴들이다. 향이 강하고 살이 단단한 굴이다.

최근 '굴 정식' 식당이 전국에 하나둘 생기면서 알이 큰 굴이 많이 소비된다. 대부분 코스 요리로 굴전, 굴무침, 굴튀김, 굴구이, 굴밥, 굴회, 굴국 등 큰 굴로 만들어 가격에 따라 가짓수를 더하고 뺄

굴을 오래 두고 먹는 음식으로 굴젓이 있는데, 굴젓 하면 '어리굴젓'을 꼽는다.
전남 서남해 어촌 마을에는 '진석화젓'이 있고,
굴젓과 달리 인상적인 음식은 '피굴'이 있다.

다. 최근에는 굴김, 굴 스테이크, 굴 라면, 굴 스낵 등을 개발해 상품화하고 있다.

이제 커다란 구이용 굴이 시장에 나올 때다. 맛은 좋은데 껍데기가 문제다. 알굴이 1톤이면 굴껍데기는 10톤이란다. 껍데기는 분리수거도 안 된다. 통영시 용남만 마을 앞과 길가에는 굴 가공공장인 박신장에서 나온 껍데기가 산더미처럼 쌓여 있다. 굴껍데기는 산업폐기물이다. 경관을 해치고, 냄새도 지독하다. 석회비료로 사용하지만 처리량이 극히 일부다. 최근 토사와 섞어서 성토제로 만들어 공유수면 매립에 사용한다는 소식도 들린다. 껍데기는 없이 굴만 얻을 수 없다. 선사시대 흔적들이 지금껏 남아 있는 이유다. 과학으로 해결이 안 되는 일도 있다. 지혜로운 소비가 필요하다. 날씨가 추워진다. 굴을 넣은 매생잇국이 생각난다. 이제 굴이 제철이다.

입 앙다문
갯벌의 참맛

꼬막

참꼬막과 새꼬막

아침 일찍 전남 보성군 벌교 꼬막 섬 장도 어촌계장과 통화를 했다. 그는 오래전부터 꼬막이 없다며 걱정이 많았다. 혹시나 했지만 역시나 한숨부터 흘러나왔다. 참꼬막이 전혀 나오지 않는다며 명절 상에 올릴 꼬막도 캐지 못했다고 하소연을 했다. '벌교 꼬막은 장도 꼬막'이라고 할 정도로 주산지였다. 전남 고흥군 점암면 여호리 꼬막밭에서 만난 할머니는 영감님 제사에도 똥꼬막(새꼬막)을 올렸다며 "하나씨(할아버지)도 이해하시겠제"라며 웃으셨다. 참꼬막만 아니라 이제 새꼬막도 귀하다. 덩달아 값도 많이 올랐다.

"요렇게 참꼬막은 껍떡이 두껍고 나이테가 있고, 새꼬막은 털이 부하고 껍떡이 포개져 있어. 참꼬막은 껍떡이 딱 맞아서 뻘을 덜 먹고, 새꼬막은 사이가 벌어져 뻘이 있제. 그래서 잘 씻어야써. 해감도 잘해야 하고. 참꼬막은 뻘이 없어. 비싼 요것은 제사상에 올라가요."

　　　　명절을 앞두고 벌교시장에서 만난 꼬막전 안주인이 손님에게 새꼬막과 참꼬막을 보이며 설명하는 말을 엿들었다. 참꼬막은 4년 정도 자라야 하고 새꼬막은 2년이면 상품으로 유통된다. 꼬막은 11월 말에서 다음 해 4월 말까지가 제철이다. 참꼬막은 자연산이고 새꼬막은 양식이었다. 이제는 참꼬막도 양식을 준비한다.『자산어보』에는 참꼬막을 '감蚶', 새꼬막을 '작감雀蚶'이라고 했다. 감은 '달콤한 조개'라는 뜻이고, 작감은 '참새가 물에 들어가서 된 조개'라는 뜻이다. 꼬막은 "밤만 하고 껍데기는 조개와 비슷하며 둥글다. 고깃살은 누렇고 맛이 달다"고 했다.

　　　　꼬막도 암수가 있다. 겉으로는 알 수 없고, 껍데기를 까면 암컷은 생식소 색깔이 담홍색이고 수컷은 유백색이다. 수컷이 방정放精을 하면 때를 맞춰 암컷이 방란放卵을 한다. 이렇게 체외수정이 이루어진다. 수정이 된 후 콩알보다 작은 종패가 종묘로 성장하면 중간 육성장에서 관리한다. 작은 종패를 바로 갯벌에 뿌리면 폐사율이 높기 때문이다. 썰물에도 물이 빠지지 않도록 둑을 쌓고 그물을 쳐서 어린 꼬막을 섭취하는 생물이 들어오지 못하게 관리한다.

　　　　참꼬막은 겉면에 부챗살처럼 도드라진 방사륵放射肋이 18줄이고, 새꼬막은 31줄이다. 참꼬막은 뻘배를 타고 손으로 뻘을 저어서 한 알 한 알 줍거나, 갈퀴처럼 생긴 도구(주민들은 '횡망'이라 부른다)로 긁어서 잡는다. 물이 빠지면 드러나는 갯밭에 자란 탓이다. 겨울 찬바람과 여름 무더위를 견디고 수온 변화에 적응해야 밥상에 올라온다. 그래서 껍데기도 두껍고 단단하다. 새꼬막은 참꼬막보다 수심이 깊

참꼬막은 껍질이 단단하고 사이가 벌어지지 않아 뻘을 덜 먹으며 껍데기에 있는 세로줄이 18개다.

은 곳에서 자라 형망桁網을 배에 매달아 끌어서 잡는다. 서식하는 장소도 다르고 잡는 방법도 다르다. 물론 맛도 다르고 값도 다르다. 그리고 참꼬막, 새꼬막, 피꼬막을 '꼬막 삼총사'라고 불린다.

새꼬막 최대 산지는 여수 화정면 소댕이마을이다. 역시 여자만에 기대어 사는 마을이다. 한때 우리나라 새꼬막의 70퍼센트를 공급한 마을이다. 여자만은 수심이 낮고 꼬막이 자라기에 좋은 갯벌과 내만의 풍부한 플랑크톤 등 먹이와 수온이 서식하기 좋은 조건을 갖추었다. 매년 10월에서 다음 해 4월까지 새꼬막을 채취한다. 하지만 최근 꼬막의 폐사율이 높아지고 양도 줄었다. 이웃한 장도와 비슷한 상황이다.

바다 농사는 육지에서 하는 농사와 달리 약을 칠 수도 없고, 갈아엎고 다른 품종으로 바꿀 수도 없다. 고추가 시들시들하면 원인을 찾아 약을 치고 거름을 주지만, 바다 농사는 그 원인을 쉽게 찾을 수 없다. 그렇다고 고추 모종을 뽑아내고 배추를 심듯이 품종을 바꿀 수도 없다.

갯발을 튼다

서남해안에 있는 여자만, 광양만, 가막만, 득량만 등 내만은 꼬막, 새조개, 바지락, 키조개 등 패류의 주산지였다. 특히 여자만은 새꼬막과 참꼬막의 산란장이었다. 여자만 벌교에서는 '뻘배 1척에 대학생 2명'이라고 했다. 광양만은 먼저 여수 연안에 정유공장과 화학공장이 들어오고, 광양 연안에 광양제철과 관련 산업체들이 세워지면서 해양생태계가 무너졌다. 여자만과 득량만과 가막만도 연안에 인구가 증가하면서 생활폐수가 늘고 기후변화가 갯벌 생태계를 바꿔놓았다. 최근에는 일부 지역을 제외하고 꼬막이 사라졌다.

10여 년 전이다. 벌교시장 옆 철교 아래에서 배를 탔다. 여자만 가운데 있는 꼬막 섬 장도로 오가는 '장배'가 닿는 포구다. 배는 장도와 지주도 사이 갯벌 한가운데 바지선 옆에 닻을 내렸다. 그리고 익숙한 솜씨로 물을 끓이고 밥을 짓고 라면도 끓이며 이른 점심을 준비하면서 물이 빠지기를 기다렸다. 1시간 후 장도에서 뻘배를 타고 바지선으로 오는 어머니들이 보이기 시작했다. 줄잡아 30명은 되는 듯했다. 갯벌 위를 달리는 어머니들의 모습이 당당하고 장엄했다. 마을 공동어장에서 꼬막을 채취하기 위해 들어오는 어머니들이다.

설 명절이 다가오면 여자만과 득량만 갯발을 튼다. 이것을 '영을 튼다'고 한다. 날짜가 잡히면 집집마다 한 명씩 참가해야 하고, 참

물이 빠지기 시작하자 어머니들이 뻘배를 타고 꼬막을 채취하기 시작했다.
집집마다 가족 수보다 뻘배가 더 많다.

꼬막 117

가하지 못하는 집은 일당에 해당하는 궐전闕錢(돈)을 내야 한다. 참가하는 사람에게는 일당이 지급된다. 그리고 채취한 꼬막을 팔아서 생긴 소득은 연말에 결산하고 어촌계원이 똑같이 나눈다. 그래서 꼬막밭을 여는 날이면 서울이든 부산이든 어디서 일을 보고 있더라도 열일 제쳐두고 참가한다.

정월 보름을 며칠 앞두고 고흥군 과역면 내백마을에서 개를 텄다는 소식을 듣고 달려갔다. '개를 튼다'는 말은 마을 주민들이 마을어장에서 꼬막, 바지락, 굴 등 특정한 해산물을 채취하는 것을 허락한다는 의미다. 갯벌 한가운데 바지선에 5~6명이 물이 빠지기를 기다리고 있었다. 건너편 갯바위에도 10여 명의 어머니가 뻘배와 함지박을 옆에 두고 기다리고 있었다. 1시간 후 어머니들이 갯벌을 휘저으며 꼬막을 주웠다. 몇몇 남자들은 뻘배에 갈퀴처럼 생긴 횡망을 붙여 밀어서 꼬막을 채취했다. 실로 오랜만에 보는 모습이었다.

많을 때는 80여 명이 나와서 채취한 꼬막이 3톤에 이르기도 했다. 이곳에서 채취한 꼬막은 벌교시장이나 광주 남광주시장으로 들어갔다. 참꼬막은 보성 장도와 고흥 선정마을과 내백마을이 주산지였다. 장도도 예전에는 고흥에 속했으니 벌교시장 꼬막은 고흥 꼬막이라 해야 한다고 어촌계장이 목소리를 높였다. 이날 채취한 꼬막은 170킬로그램이었다.

꼬막밭이 사라지면

장도만 아니라 다른 꼬막밭에서도 몇 년 동안 참꼬막은 구경하기 어려웠다. 그래서 더욱 새꼬막 양식에 매달리고 있다. 하지만 새꼬막도 자꾸 감소한다. 꼬막에 의지해 살았던 보성과 고흥의 바닷마

참꼬막은 물이 빠지면 드러나는 갯벌에서 자란다.
횡망을 이용해 참꼬막을 긁는 모습.

을은 고령화가 되었지만, 공동어장의 역할도 마을 소득도 줄었다. 마을 공유자원의 가치가 사라지면 공동체성도 약화될 수밖에 없다.

여자만이나 득량만에 기대어 사는 집에는 뻘배가 적어도 2척 이상이다. 뻘배는 갯벌에서 자가용이자 트럭이다. 꼬막을 캐러 가거나 낙지를 잡을 때나 그물을 털 때도 뻘배를 타고 나간다. 적어도 30~50년은 뻘배를 탔다. 이 보성 뻘배 어업이 2015년 국가중요어업유산으로 지정되었다. 하지만 참꼬막이 사라지면서 뻘배를 타고 꼬막을 잡는 어머니들의 모습도 보기 어려워졌다. 육지 농사가 그렇듯이 꼬막 양식도 북상 중이다. 충남 태안군 천수만에서 새꼬막 양식은 오래전에 시작되었고, 경남 남해군 강진만에서도 꼬막 양식을 시도했다. 최근에는 경기도 화성시 서신면 백미리 어촌 마을에서 새꼬막 양식을 시작했다.

우리 갯벌에서 꼬막이 사라지는 동안 중국은 우리 종패를 사다가 자신들의 갯벌에 뿌렸다. 그렇게 1990년대 후반에 꼬막 양식을 준비했다. 당시 우리는 꼬막 채취에만 열중이었다. 심지어 어린 꼬막을 수출하는 데 급급해 정작 양식에는 소홀했다. 꼬막보다는 어류 양식이나 해조류 양식이 대세였다. 하지만 어류 양식은 사룟값과 어장 오염이라는 현실에 부딪혔다. 여기에 비하면 패류 양식은 투자 비용 대비 효과가 높다. 또 갯벌이 발달한 남해와 서해에 잘 맞는다. 기후변화와 수온 상승 등 대책은 요란했지만 생태환경 변화에 대응하는 기초연구는 소홀했다. 이게 어디 꼬막뿐일까?

꼬막은 삶아서 바로 먹어야 한다

꼬막은 삶는 방법도 중요하지만, 무엇보다 삶아서 바로 먹어야 한다. 갖은 양념을 곁들인 꼬막무침과 꼬막전도 좋지만 따뜻할 때까지 먹는 것만 못하다. 너무 뜨거운 물에 삶으면 꼬막 알이 품고 있는 붉은 물(헤모글로빈)이 빠져나가서 작아지고 짭조름한 맛도 덜하다. 물이 팔팔 끓을 때 찬물을 약간 붓고 꼬막을 넣어 한쪽으로 젓고 꼬막이 입을 벌린다 싶을 때 바로 건져내면 좋다. 꼬막밭에서 막 건져 올린 꼬막을 삶던 내백마을 어머니도 꺼낸 뒤 바로 찬물을 부었다. 처음 보는 모습이다. 꼬막을 까기도 좋고 훨씬 탄력이 있다고 한다.

꼬막 생산량은 많이 줄었지만 그래도 벌교는 꼬막 산지임이 틀림없다. 여수, 순천, 고흥, 보성, 장흥 등 여자만과 득량만에서 채취한 새꼬막이 벌교에 모여 유통된다. 꼬막 맛을 제대로 보기 위해서는 벌교를 찾아야 한다. 시장 골목과 벌교천 건너편에 꼬막 정식집

꼬막은 삶아서 바로 먹어야 맛있다.
꼬막을 이용해서 만든 꼬막비빔밥과 녹차꼬막전.

이 자리를 잡았다. 벌교뿐만 아니라 서울, 부산, 광주, 여수 등 전국에 문을 열었다.

　메뉴도 다양하다. 꼬막무침, 꼬막비빔밥, 꼬막탕수육, 꼬막된장국 등을 넘어서 꼬막파스타, 꼬막감바스도 등장했다. 귀하니 더 먹고 싶다. 참꼬막을 찾는 사람들은 입맛을 다시며 벌교의 꼬막 시장을 둘러보지만 참꼬막은 가격만 물어보고 새꼬막을 놓고 흥정한다. 이러다가 참꼬막이 전설이 되고 마는 것은 아닐까?

바지락
못지않다

동죽

물총을 쏘는 것 같다

국립장성숲체원에는 '맨발치유숲길'이 있다. 삼나무와 편백나무 숲에 마련된 길이다. 기분을 좋게 하는 지오스민geosmin 성분이 풍부한 부드럽고 푹신한 흙으로 되어 있다. 갯벌에도 그런 길이 있다. 모래가 많고 펄이 적당하게 섞여 발이 빠지지 않거나, 빠져도 발목 정도 빠지는 갯벌이 그런 길이다. 이런 갯벌에는 십중팔구 동죽이 많이 서식한다. 또 갯지렁이와 칠게도 많다. 따라서 갈매기는 물론 도요새류와 물떼새류 등 물새들도 먹이 활동을 하는 것을 쉽게 볼 수 있다.

동죽은 백합목 개량조갯과 연체동물이다. 지역에 따라 불통, 물통, 물총, 동조개, 고막 등으로 불린다. 모래가 많은 조간대 갯벌에서

동죽은 백합목 개량조갯과의 연체동물로 식물성 플랑크톤과 유기물 등을 먹는다.
물을 뱉어내는 모습이 물총을 쏘는 것 같아 '물총'이라는 별명이 붙었다.

백합과 함께 서식한다. 동죽은 폭이 길이보다 약간 길며 같은 길이의 다른 조개보다 높이가 있는 둥근 삼각형 모양이다. 껍데기는 서식 환경에 따라 흰 갈색, 회갈색, 흑갈색을 띤다. 껍데기의 둥근 검은 선은 나이를 나타낸다. 어민들은 동죽이 있는 타원형의 구멍을 금방 찾는다. 입수관으로 바닷물을 마신 후 출수관으로 물을 뱉어내는 모습이 물총을 쏘는 것 같아 '물총'이라는 별명이 붙었다. 이때 아가미로 플랑크톤을 여과해 섭취하며 바닷물을 정화한다.

  동죽은 봄부터 가을까지 산란하며, 식물성 플랑크톤과 유기물 등을 먹는 '여과濾過 섭식자攝食者'다. 껍데기는 바지락보다 얇아 종종 고둥에게 속살을 내주는 아픔을 겪기도 한다. 조간대에서 조하대潮下帶(수심 40~60미터까지의 연안 구역) 20미터 내외에서 서식한다. 우리나라에는 신안군 증도, 영광군 백수, 고창군 만돌과 하전, 서천군 유부도, 옹진군 장봉도, 강화군 주문도·볼음도 등에 서식한다. 서해만 아니라 남해안 하동·남해·통영·사천 지역의 모래가 많은 갯벌에서 종종 볼 수 있다.

물총칼국수와 동죽봉골레파스타

"동죽은 고창에서 가져와유. 면은 하루 전에 반죽해서 숙성시켜 놓고유." 대전에 있는 물총칼국숫집이다. 우산을 들고 줄을 서서 기다릴 만큼 여유롭지 못했다. 점심을 거르며 딸아이 이삿짐을 쌌다. 자취하는 살림살이라 많지는 않았지만 빗속에 옮기느라 신경이 많이 쓰였다. 지난번 이사할 때 들렀던 집이다. 그때 맛이 좋아 주저 없이 들어섰다. 점심시간이 훨씬 지났는데도 손님이 제법 많다. 동죽을 이곳에서는 '물총'이라 부른다. 서울, 대전, 부산 등 전국에 유명한 물총칼국숫집이 많다. 특히 6·25 전쟁 직후 식량 원조용 밀이 유통되었던 대전은 제분공장이 많아 일찍부터 칼국수가 발달했다.

칼국수 하면 바지락만 생각했다. 그전에는 백합을 이용했다. 그만큼 고급 조개가 흔했다. 백합에서 바지락으로, 바지락에서 동죽으로 바뀌는 사이 우리 갯벌은 절반으로 줄었다. 백합은 귀해졌고, 바지락도 만만치 않다. 그 덕에 흔한 동죽도 조연을 넘어 이제는 엄연한 주연이다. 물총칼국수 덕분에 칼국수계에서 대상을 받을 만큼 성장했다. 맛도 바지락이나 백합보다 떨어지지 않는다. 속을 달래는 데 이만큼 시원한 국물이 있을까? 그동안 바지락칼국수만 찾았던 것이 미안하다. 백합과 바지락에 치여 가슴앓이한 탓일까? 국물이 정말 시원하다.

물총칼국수는 국물이 정말 시원하고,
동죽봉골레파스타도 인기다.

동죽은 전북 고창의 혼합 갯벌이나 인천 옹진군의 모래 갯벌 등지에서 많이 서식한다. 백합이 지천이던 시절에는 거들떠보지도 않았다. 하지만 새만금방조제 물막이 공사가 끝나고 백합이 사라진 갯벌에서 마지막까지 부안 계화도, 김제 심포, 군산 하제 지역 어민들의 생계를 책임졌다. 그래서 동죽을 보면 더 애틋하다.

동죽파스타는 어떤가? 칼국수뿐만 아니라 동죽파스타도 인기다. 정확하게는 동죽봉골레파스타다. 칼국수도 그렇지만 동죽도 해감을 잘해야 한다. 해감은 동죽을 채취할 때 동죽이 놀라면서 입수관으로 흡입한 모래나 흙을 출수관으로 내보내는 것을 말한다. 백합보다는 바지락이, 바지락보다는 동죽이 해감을 잘해야 한다. 해감하는 방법은 사람마다 약간의 차이가 있지만 원리는 비슷하다. 깨끗한 물에 껍데기를 잘 씻어낸 후 큰 그릇에 동죽이 충분히 잠길 만큼 물을 담고 굵은 소금을 바닷물 정도의 염도보다 약간 높게 한다. 여기에 동전이나 숟가락을 넣어 해감하기도 한다.

조리하기 1~2시간 전에 해감을 시작하는 것이 좋다. 해감할 때 동죽이 뱉어낸 이물질을 다시 흡입하지 않도록 체를 받쳐 바닥에 가라앉도록 하는 것이 좋다. 동죽을 삶아 물과 함께 알을 까서 냉동 보관하면 1년 내내 맛있는 동죽탕을 맛볼 수 있다. 또 동죽은 조개 중에서 가격이 저렴하고 부드러워 생동죽을 까서 젓갈을 담아도 좋다. 잘 익은 젓갈은 풋고추와 무쳐 놓으면 훌륭한 반찬이 된다.

검은머리물떼새가 유부도를 찾는 이유

갯벌에서 종종 송곳으로 구멍을 뚫은 것 같은 조개껍데기를 볼 수 있다. 큰구슬우렁이(골뱅이)에게 속살을 먹힌 조개들이다. 죽은 조개는 패각근貝殼筋이 제 역할을 하지 못하고 입을 벌리게 된다. 이때 작은 좁쌀무늬고둥이 떼로 모여들어 만찬을 즐기기도 한다. 동죽이나 바지락이 고둥들의 표적이다.

그런데 진짜 동죽 사냥꾼은 따로 있다. 검은머리물떼새다. 검은 턱시도를 입은 것 같아 '갯벌의 신사'로 불리는 검은머리물떼새는 천연기념물이다. 특히 굴을 좋아해 '오이스터캐처 oystercatcher'라는 이름이 붙었다. 주황색의 길고 튼튼한 부리를 지니고 있어 '조개 사냥꾼'으로도 불린다. 동죽은 껍데기가 얇아 적은 노력으로 맛있는 속살을 얻을 수 있다. 동아시아에서는 1만여 마리가 서식하는 것으로 알려져 있다. 사람의 간섭이 적고 먹이가 풍부한 외딴 섬에 둥지를 틀고 알을 낳는다. 그러나 간척이나 연안의 오염으로 자꾸 서식지가 줄어들고 있다. 동죽이 많았던 부안, 김제, 군산 등 새만금 갯벌이 사라지면서 생존의 위협을 받는 물새 중의 하나다. 특히 새만금 갯벌은 주민들이 백합만 취하고 동죽은 거의 잡지 않아서 조개를 즐겨 먹는 물새들에게는 천국이었다. 최근 새만금 인근 유부도에서 검은머리물떼새를 비롯한 많은 도요새류가 확인된다.

금강 하구에 있는 유부도는 백합, 동죽 등이 많이 서식한다. 과거에 소금을 생산한 폐염전도 있어 먹이를 찾기 쉽고 만조 때는 쉴 곳도 있다. 방해하는 사람들도 없으니 새들에게는 천국이다. 이곳을 산란장으로 삼는 이유다. 검은머리물떼새는 태안 황도의 작은 돌섬에서도, 신안 염전의 후미진 저수지 구석에서도 확인할 수 있다. 모두 조개가 많고 인기척이 거의 없는 곳이다.

유부도는 충남 서천군에 속한 섬이다. 유부도 일대 갯벌은 서천과 군산이 접하고 있다. 유부도에는 전라도와 충청도에서 들어온

금강 하구에 있는 유부도는 백합, 동죽 등이 많이 서식해서
'조개 사냥꾼'으로 불리는 검은머리물떼새가 자주 찾는다.

20여 가구가 백합을 잡아 생활한다. 한때 소금 농사를 했지만 지금은 백합과 동죽을 캐서 생활한다. 동죽은 호미로 캐지만 백합은 독특한 어구漁具인 '그레'를 이용한다. 유부도 갯벌은 보전 가치가 높아 2008년에 습지보호지역으로 지정되었고, 2010년에 람사르습지로 등록되었다. 특히 2021년에는 서천 갯벌, 고창 갯벌, 신안 갯벌, 보성·순천 갯벌 등이 유네스코 세계자연유산에 등재되었다.

황금갯벌이 조개무덤이 되다

　동죽을 생각하면 가슴이 아린다. 마른 갯벌 위에 하얗게 모습을 드러낸 죽은 동죽껍데기가 생각나서다. 그 모습을 처음 본 곳은 일본의 이사하야시諫早市 갯벌이었다. 일본 규슈의 나가사키현, 사가

현, 구마모토현으로 둘러싸인 아리아케해 有明海 의 내만에 있다. 지형과 지질이 새만금과 닮아 있어 간척할 때 모델로 삼았다고 한다. 방조제 안쪽 육상화되어가고 있던 갯벌에서 보았던 모습이다.

다음으로는 시화호의 우음도 어디쯤에서도 똑같은 조개껍데기를 보았다. 마지막으로 본 곳은 김제시 진봉면 민가섬이다. 새만금 방조제가 만들어지기 전에는 물이 빠지면 갯벌을 따라 민가섬까지 걸어갔다. 방조제가 완공된 후 가장 먼저 육상화가 진행되었다. 동진강과 만경강이 합해지는 곳으로 영양분이 풍부해 백합과 동죽 등 조개가 많았던 곳이다. 그 덕분에 김제시 진봉면 심포마을, 거전마을, 안하마을 등 심포리 주민들이 먹고살 수 있었다.

물길이 막히고 몇 년 후 다시 그곳을 찾았을 때다. 어민들은 볼 수 없었다. 차를 가지고 들어온 여행객들이 패러글라이딩과 캠핑을 하면서 즐기고 있었다. 갯벌에 검은머리물떼새 몇 마리가 살아 있는 조개를 찾아 '뻑뻑뻑' 울면 종종걸음으로 오가고 있었다.

1960년대와 1970년대 초반 우리나라 최대의 패류 산지는 인천 송도 갯벌이었다. 백합과 함께 다량의 자연산 동죽이 서식해 5,000여 어민들이 생계를 유지했던 곳이다. 고잔, 한진, 척천, 동막 어촌계가 갯벌에서 백합, 모시조개, 동죽을 채취했다. '조개골'이라 불리는 마을이 있을 정도였다. 하지만 세월이 흘러 남동산업단지, 송도국제도시는 이곳을 조개무덤으로 만들었다.

동죽이 사는 갯벌은 어민들에게 마을어업을 할 수 있는 공동어장이며, 아이들에게 갯벌 생태교육을 할 수 있는 최적의 장소이며 생태 여행지다. 동죽은 백합처럼 오래 보관할 수 없고 바지락보다도 빨리 상한다. 그래서 보관 시설이 좋지 않았던 때는 백합이나 바지

인천 송도 갯벌은 한때 우리나라 최대의 패류 산지였다. 고잔, 한진, 척천, 동막 등 어촌 마을 어민들은 백합, 모시조개, 동죽을 채취해 생계를 유지했다. 1970년대 어민들이 송도 갯벌에서 조개를 채취하고 있다.

락에만 주목을 했다.

동죽은 현지에서 조개젓갈이나 칼국수에 이용했다. 지금은 겨울철에도 선도가 좋은 동죽이 유통된다. 다행히 인공수정이 잘되고 성패成貝로 성장하는 시간이 짧고 잘 자라 백합이나 바지락을 대신한다. 동죽은 갯벌에서 수질까지 정화하고 새들의 먹이가 되기도 한다. 이 모두 건강한 갯벌이 보전될 때 가능한 일이다.

조개의
귀족

백합

웬만해서는 입을 열지 않는다

20여 년 전 이맘때다. 전북 부안에 있는 잘 알려진 식당을 찾았다. 백합 요리를 시켜놓고 기다리니 백합회, 백합탕, 백합구이, 백합 콩나물찜, 백합전 등이 푸짐하게 나오더니 백합죽으로 마무리한다. 그전에도 부안을 자주 방문했지만, 한 발 더 깊게 발을 들여놓은 것이 그 무렵이다. 한창 새만금방조제 물막이 공사가 진행되고 있었다. 그리고 물막이 공사를 끝낸 이후로도 10여 년 동안 새만금을 오갔다.

모두 매머드급 방조제를 싫어한 것 같았다. 공사를 반대하는 삼보일배와 매향제埋香祭 행사도 이어졌다. 때로는 주민들이 때로는 시민사회가 나서서 새만금사업 중단을 외쳤다. 반면 찬성 목소리를 내는 주민과 단체도 있었다. 시시비비의 대상이던 새만금 갯벌은 그

모래가 많은 갯벌에 서식하는 백합은
웬만해서는 입을 열지 않아 부부 화합의 상징으로 여긴다.

렇게 무참히 사라졌다.

    백합은 서해 모래 갯벌에서 서식한다. 강과 바다가 만나는 하구의 모래 갯벌에 특히 많다. 암갈색 조개껍데기에 무늬가 백이면 백 모두 다르다고 해서 백합이라고 했다는 말도 있다. 껍데기가 두껍고 단단하며 웬만해서는 입을 열지 않아 잘 상하지 않는다. 그래서 부부 화합의 상징으로 여기며, 일본에서는 혼례 음식으로 사용했다고 한다. 입만 벌리지 않는다면 상할 일이 없다며, 어민들은 무거운 돌을 백합이 담긴 자루에 얹어 놓기도 한다.

    냉장고가 없던 시절 문지방에 백합자루를 놓고 오머가며 밟고 다녔다는 이야기를 부안 계화도 어민에게서 들었다. 옹진 장봉도에서는 백합을 '상합(생합)'이라고 한다. 백합이든 상합이든 조개 중에서 '으뜸'이라는 의미다. 『자산어보』에는 백합을 '비합杜蛤'이라고 했으며, "앞이 넓고 뒤는 좁아지며, 껍데기는 나무 주걱木杜과 비슷하다. 껍데기를 주걱으로도 사용한다"고 했다. 또 "껍데기가 2개 합쳐진 조개를 합蛤이라 한다"고 했다.

백합은 모래가 많은 펄 갯벌에 서식하는 백합과 이매패류다. 백합을 잡는 어구를 '그레, 끄레(끄렝이), 끌개'라고 한다. 한쪽에 날을 세운 폭 2.5센티미터에 길이 50센티미터 남짓 되는 쇠를 긴 줄에 묶어 허리에 걸고 뒷걸음질을 하면서 갯벌을 긁어 백합을 찾는다. 그레는 크게 3가지 모양이다. 호미나 갈고리를 이용해서 잡기도 한다. 신안 증도, 영광 백수, 고창 심원·부안, 김제, 군산, 옹진 장봉도, 강화 볼음도·주문도에서 같은 방식으로 백합을 잡았다.

백합은 언제부터 양식되었을까?

백합 양식이 시작된 것은 1950년대 후반이다. 국가가 갯벌개발 계획 품목으로 지정해 국고를 지원하며 양식을 장려했다. 그리고 1960년대 중반 일본으로 수출이 활발해지면서 양식 백합이 자연산 백합보다 많이 생산되었다. 백합 양식이 가장 활발했던 곳은 충남이 전체 생산량 3,500여 톤의 3분의 1을 차지했고, 다음은 전남과 전북이었다. 자연산이 많이 생산된 곳은 전북으로 전체 생산량 1,400여 톤의 2분의 1을 차지했고, 다음은 경남과 전남이었다.

충남 백합양식장은 당진·아산·서산 등이었고, 전북 자연산 백합 산지는 부안 계화도와 김제 심포, 군산 하제 등 새만금 갯벌과 고창 곰소만 등이었다. 백합 양식은 초기에는 어촌계나 마을 공동어장에 조성되었지만, 수출이 되고 돈이 되면서 1960년대 후반에는 기업

백합은 조류가 잘 소통하면서 담수가 유입되는 곳에서 양식이 되며, 이런 곳에 자연산 백합도 많이 서식한다.

체는 물론 개인 경영자도 크게 늘었다.

백합 양식 장소는 파도나 홍수의 피해가 적고 조류가 잘 소통하면서 담수가 유입되는 곳이 좋다. 이런 곳에 자연산 백합도 많이 서식한다. 한강 하구의 섬 주변 갯벌, 금강과 동진강과 만경강 하구 계화도 등 새만금 갯벌과 유부도 일대, 영광 백수 갯벌, 고창 곰소만 갯벌, 증도 갯벌 등이다. 모두 지반이 평평하고 가는 모래 60~80퍼센트, 사질沙質 20~40퍼센트가 혼합된 곳이다. 갯벌의 노출 시간은 5시간 이내로 먹이가 되는 식물성 플랑크톤이 풍부한 곳에 많이 서식한다.

백합 산지였던 경기 인천, 안산 시화호, 화성 화흥호, 충남 삽교와 서산 지구, 영광 염산 가음, 경남 하동 갈사만 등이 방조제가 만들어지고 간척되어 공장이나 농지로 변했다. 마지막 남아 있던 새만금도 막혔다. 그 결과 1974년 60제곱킬로미터에서 백합 5,423톤을 일본으로 수출했지만, 2001년 면적이 1.5제곱킬로미터로 줄었으며 생산량도 55톤으로 급속하게 감소했다. 한때 수산물 수출 품목 1위를 차지한 '황금조개'는 환경오염과 간척사업으로 서해안에서 자취를 감추었다.

갯벌이 무너졌다

봄, 여름, 가을 심지어 겨울까지 부안 계화도 어머니들은 그레를 들고 망태기를 등에 지고 갯벌로 나갔다. 9가지 어패류가 많다는 '구복작', 백합 씨알이 굵고 큰 '삼성풀', 마을에서 가장 멀리 있는 '만전연풀' 등 넓고 너른 갯벌이라 귀하고 소중함을 몰랐다. 화수분처럼 나가면 가득가득 백합을 캤던 황금어장이었다. 백합뿐만 아니라 동죽, 소라, 개불, 맛조개, 바지락, 모시조개 등 다양했다.

계화도 어머니들은 오직 백합만 캤다. 동죽이 올라오면 발로 갯벌에 묻었다. 새만금방조제로 물길이 막히자 조개의 천국은 무너졌다. 수천 년 밀물과 썰물이 만든 갯벌이 일순간에 무너졌다. 조간대 상부는 육지로 변해갔다. 칠게는 구멍에 반쯤 몸을 맡긴 채 눈을 감았다. 갯벌에는 까맣게 올라온 백합들이 입을 벌리고 죽어갔다. 맛조개도 흰 살을 내놓고 힘들어했다. 어민들은 물길을 따라 점점 깊은 곳으로 나가야 했다. 마지막 새만금방조제 물막이 공사가 끝난 얼마 후 많은 비가 내렸다. 그렇게 우리나라 최대 백합 산지였던 부안, 김제, 군산의 갯벌은 무너졌다.

계화도 갯벌 양식도 주민들이 아니라 돈지마을과 계화도 사이

새만금방조제로 물길이 막히자
갯벌에는 까맣게 올라온 백합들이 입을 벌리고 죽어갔다.
새만금사업 이전 부안 계화도와 고창 곰소만 갯벌에서 백합을 채취하는 어민들.

에서 외부 회사에 의해 시작되었다. 주민들은 그레만 가지고 나가면 지천에서 백합을 잡는데 양식을 해야 할 이유가 없었을 것이다. 백합이 황금조개로 소문이 나면서 대량생산을 해서 수출할 욕심으로 백합 양식을 시작한 것이다. 하지만 1975년 종패를 너무 많이 뿌린 데다가 서식 환경이 오염되어 집단 폐사한 후 양식은 중단되었다. 그 후 최근까지 대부분의 백합은 새만금 일대에서 나오는 자연산 '생합'이었다.

새만금 갯벌이 육지가 되면서 백합 생산량이 급감하자, 부안 변산면 도청리와 위도면 치도리 일대에서 백합 양식을 시도하고 있다. 최근에는 기후위기를 맞아 고수온에서도 잘 자라는 돌백합을 보급해 양식한다. 우리 백합에 비해 껍데기가 두껍다.

백합이 사라지자 마을공동체가 무너졌다

최근에 백합을 다시 만났다. 북한 땅이 바라다보이는 강화 주문도, 볼음도, 아차도 모래 갯벌에서다. 모두 한강 하구에 있는 갯벌들이다. 이곳은 희귀한 물새들이 찾는 서식지이며 생물 다양성이 뛰어난 갯벌이다. 동만도, 서만도, 아염, 사염 등 무인도는 검은머리물떼새와 저어새와 노랑부리백로의 서식지다.

금강을 사이에 두고 새만금과 이웃하고 있는 서천 유부도 주민들도 백합을 채취해 먹고산다. 이 중 서천 갯벌은 유네스코 세계자연유산에 등재된 '한국의 갯벌'에 포함된 곳이다. 볼음도는 2003년 습지보호지역으로 지정되었다. 주문도 갯벌에서 그레로 주민들과 백합을 캘 때 자꾸 부안 계화도 어머니들이 생각났다. 볼음도에서 백합을 잡고 나서 후릿그물로 숭어를 잡아서 배 위에 모여 뒤풀이하는 모습을 보니 꼭 계화도 갯벌에서 본 그 모습이다.

주문도에서 백합을 캐면서 자꾸만 새만금 갯벌에서 만난 여성 세 분이 떠올랐다. 동네에서 백합을 잘 잡기로 소문난 분들이다. 백합을 잡아 아이를 키웠다는 당시 부녀회장 추귀례, 백합만 보면 눈물이 난다는 순덕 이모, 백합을 그리워하다 백합을 따라 바다로 가버린 유기화 등이다. 이들뿐만 아니라 계화도 여자들은 모두 갯벌에 기대어 가족을 먹여 살렸다.

계화도 어머니들은 백합밭을 잃고 우울증에 시달렸다. 하루 벌어 하루 사는 일당벌이를 찾아다니기도 했다. 농사짓는 것보다 갯일이 익숙했고, 무한한 갯밭을 가지고 있는 탓에 논밭을 마련할 필요도 느끼지 못했다. 심지어 백합을 더는 잡지 못하자 마을을 떠난 사람들도 있었다. 예전처럼 오순도순 백합을 잡으며 정을 나누던 마을공동체도 무너졌다. 다툼도 많아지고 삭막하게 변해갔다. 오직 백합이 사라졌을 뿐인데, 그 충격은 너무 컸다.

새만금은 부안에서 군산에 이르는 우리나라 최대 하구 갯벌 지역이었다. 2009년 갯벌을 세계자연유산으로 등재한 북해 와덴해 Wadden Sea 전문가들조차 감탄했다. 일찍이 갯벌을 매립해 개발한 일본에서 온 연구자들은 우리 갯벌을 얼마나 부러워했던가? 호주와 시베리아로 이동하는 철새를 모니터링하는 전문가들도 도요물떼새가 머무는 철이면 새만금을 찾았다. 모두 이구동성으로 힘을 보탤 테니 꼭 새만금을 지켜달라고 당부했다.

이들보다 더 절실한 사람들은 백합을 캐던 여성들이었다. 30~40대 젊은 여성부터 팔순을 앞둔 어머니까지 '그레' 하나로 자식을 키우고 삶을 지탱했다. 백합만 사라진 것이 아니었다. 활기 넘

어민들에게 갯벌은 그레를 들 힘만 있으면 평생 직장이었다.
그러나 갯벌이 사라지자 마을은 삭막하게 변해갔다.

치던 어촌도 사라졌다. 매년 정월에 모여서 지내던 풍어제도 잊힌 지 오래다. 아직 손을 놓을 수 없는 사람들은 새로운 일터를 찾아 고향을 떠났다. 백발의 노인들은 힘을 잃고 허드렛일을 찾아 이곳저곳을 기웃거린다. 갯벌은 그레를 들 힘만 있으면 퇴직하지 않고 일할 수 있는 직장이었다. 연금이나 통장처럼 매일매일 찾아 쓰던 갯벌이 사라지고 난 계화도 마을 풍경이다. 시간이 약이라고 10여 년이 지나니 이제 나이도 들고 익숙해져 간다. 경운기를 태워준 노부부가 그랬다. 백합잡이로 용돈벌이와 생활비가 충분했다고. 백합이 노부부에게 효자였고, 보험이었다. 어떤 사회보장제도가 노부부의 삶을 이렇게 오롯이 지켜줄 수 있겠는가?

다시 그레를 들고 갯벌로 나갈 수 있을까?

'죽 한 그릇 먹는데 바지락국에 반찬 좀 봐유. 전라도 맞구먼.' 바다가 없는 곳에 사는 그는 부안 채석강 인근 한 식당에서 백합죽과 반찬을 보고 입이 떡 벌어졌다. 배추김치와 무김치는 기본이고, 호박나물에 오징어젓갈, 멸치볶음, 우뭇가사리까지 더했다. 여기에 입에 착 감기는 바지락국이라니 할 말이 없다. 화려함보다 실효성과 실증성을 더한 느낌이다.

그런데 백합죽 앞에서 한동안 수저를 들지 못했다. 채석강에서 백합을 만나니 만감이 교차했다. 부안이란 이름만 들어도 생각나는 조개다. 그곳의 가을 백합은 유독 굵었다. 눈을 감으면 그레를 들고 갯벌을 긁어 백합을 캐는 어머니들의 얼굴이 떠올랐다. 언제나 부안

새만금의 백합은 만경강과 동진강이 키우고 변산이 길렀다.
서해안의 별미 백합죽과 백합탕.

백합 141

여행은 내변산과 외변산을 둘러보고 백합죽으로 마무리했다.

새만금의 백합은 만경강과 동진강이 키우고 변산이 길렀다. 하지만 강은 병들고 갯벌은 사라졌다. 백합도 물새도 사라졌다. 집집마다 몇 개씩 걸려 있는 그레는 녹이 슬었다. 어민들은 생전에 다시 그레를 들고 갯벌로 나갈 수 있을까? 부안 계화도 어머니가 끓여준 백합죽이 그립다.

조개탕이 그렇듯이 맛있는 백합탕을 끓이는 방법은 의외로 간단하다. 신선한 백합을 듬뿍 넣고 청양고추를 약간 넣어 끓이면 된다. 신선한 백합을 찾는 묘수는 무엇일까? 단연 '발품'이다. 장봉도는 '갯티길'이라는 걷는 길과 솔숲과 해수욕장이 좋다. 섬 여행도 하고 백합탕과 백합칼국수도 맛보면서 직거래할 주민을 찾으시길 권한다. 갯벌 체험을 한다며 갯벌을 파헤치는 일은 삼가면 좋겠다. 거기는 어촌의 논밭처럼 어민들의 텃밭이다.

어촌의 곳간을
책임지다

바지락

풍요와 다산과 순산의 상징

우리나라를 대표하는 조개를 꼽으라면 단연 바지락이다. 인천의 장봉도에서 부산의 가덕도까지 바지락을 만날 수 있다. 바지락은 백합목 백합과에 속하는 조개다. 굴, 홍합, 꼬막, 대합 등과 함께 중요한 양식 패류로 꼽는다. 모래 갯벌을 제외하고 어느 갯벌에서나 붙임성 좋게 잘 자라는 탓에 일찍부터 양식 품목으로 사랑을 받았다. 특히 모래와 돌과 흙이 섞인 갯벌에서는 흔히 볼 수 있다. 하지만 바지락 소비가 증가하면서 생산량이 부족해 수입량이 계속 늘고 있다. 그렇지만 전남 고흥, 전북 고창, 충남 태안 등 품질 좋은 바지락은 부산항을 통해 일본으로 수출된다.

바지락은 물이 빠진 갯벌에서 호미로 긁어서 채취하는 참바지락과 물이 빠지지 않는 깊은 곳에서 형망을 배에 연결해 긁어서 잡는 물바지락으로 구분한다. 값도 차이가 있다. 종이 다른 것은 아니다. 서식지와 잡는 방법에 따라 구분할 뿐이다. 물바지락보다 참바지락이 비싸다. 갯벌에서 '바지락 바지락' 하고 밟힐 정도로 조개가 많았던 적도 있었다. 그래서 바지락이라고 했다는 말도 있다. 바지락은 반지락, 반지래기, 빤지락이라 부르기도 한다. 바지락은 모래나 진흙 속의 식물성 플랑크톤을 먹고 자란다. 이 과정에서 바닷물을 정화한다. 즉, 물이 들어오면 표층으로 입수관을 내밀어 부유물을 여과해 섭취하고 출수관으로 물을 뱉어낸다. 바지락은 인간에게 먹을 것만 주는 것이 아니다.

『자산어보』에는 바지락을 '포문합布紋蛤'이라고 했고, 속명으로 '반질악盤質岳'이라고 했다. "큰 놈은 지름이 0.2척 정도다. 껍데기가 매우 엷고 가로세로로 가는 베細布와 같은 자잘한 무늬가 있다. 조개의 양쪽 볼이 다른 조개에 비해 높게 튀어나와 있기 때문에 살도 알차서 크다. 색은 희거나 검푸르고, 맛이 좋다."

정약전이 이야기한 세포細布는 '올이 고운 삼베나 무명'을 말한다. 바지락껍데기에 부챗살처럼 도드라진 방사륵과 조개의 성장 속도 차이로 생기는 성장륵成長肋(조개 나이테)이 교차하면서 만들어진 무늬를 표현한 것이다. 서양에서는 여성의 성기를 닮아 탄생의 상징, 풍요와 다산과 순산을 도와주는 것으로 해석했다. 중국의 미인 백수소녀白水素女는 조개 속에서 등장한다. 설화 속의 미인 조개 아씨와 고둥아씨도 마찬가지다. 또 대형 조개를 타고 시집을 가는 나라도 있다.

서유구의 『임원경제지』 '정조지'에는 조개는 "맛은 짜고, 성질

서양에서 조개는 여성의 성기를 닮아 풍요와 다산과 순산을 상징한다. 이탈리아의 화가 산드로 보티첼리Sandro Botticelli는 〈비너스의 탄생〉에서 비너스가 조개껍데기 위에 서 있는 모습을 그렸다.

은 차며, 독은 없다. 오장을 적셔주고 소갈병을 그치게 하며 위장을 열어준다"고 했다. 송나라 때 장우석掌禹錫 등이 집필한『가우본초嘉祐本草』를 인용한 내용이다. 물론 바지락을 특정한 것은 아니다. 진해 진동만에서 유배 생활을 한 김려金鑢, 1766~1822가 쓴『우해이어보牛海異魚譜』(1803)에 '반월합半月蛤'이라는 패류를 소개한 내용이다. 이 반월합을 바지락으로 추정하며, 백합은 오늘날 모시조개를 말한다. 진해, 거제, 통영 등에서는 바지락을 포함한 조개를 '개발'이라고 부른다. 그래서 조개를 캐기 위해 갯벌에 나가는 것을 '개발하러 간다'고 표현한다.

비가 오지 않으면 흉년이 든다

바지락은 번식이 쉽고, 성장이 빠르다. 어릴 때를 제외하면 대부분 한곳에 머물며 자라기 때문에 양식하기 좋은 수산물이다. 그래서 마을 공동 소득을 위해 양식한다. 갯벌 속 깊은 곳으로 들어가지 않고, 낮은 곳에 사는 조개라서 '천합淺蛤'이라고 했다. 개조개나 왕우럭조개처럼 힘들여 파지 않아도 되니, 힘이 없는 나이 든 어민들도 호미 하나면 바지락을 얻는 데 어려움이 없었다. 호미는 어느 집에나 몇 자루는 가지고 있고, 쉽게 구할 수 있으니 누구나 바지락을 채취할 수 있다. 어민들에게는 소득을, 갯벌 체험객들에게는 즐거움을 주는 조개다. 마을 공동어업과 아이들의 체험 학습으로 이보다 좋을 수는 없다.

바지락은 수명이 8~9년에 이르며, 다 자란 것은 크기가 6센티미터나 된다. 보통 시장에서는 3년 이상 자란 것을 찾기 어렵다. 수온 변화와 해양환경 탓에 종종 성장하지 못하니 상품 가치가 있을

바지락은 대부분 한곳에 머물며 자라기 때문에 양식하기 좋은 수산물이다.
나이 든 어민들도 호미 하나면 바지락을 얻는 데 어려움이 없다.

때 팔려는 것이다. 바지락이 잘 자라려면 적당히 육수(민물)가 있어야 한다. 특히 겨울 가뭄이 심하면 봄 바지락 농사는 기대하기 어렵다. 그래서 비가 오지 않고 가물면 바지락도 흉년이 든다. 섬을 개간하거나 파헤쳐 흙이 바다로 유입되어도 바지락 농사를 망치기 일쑤다.

바지락 양식이 가장 활발한 곳은 전남 고흥이다. 내나로도 덕흥마을은 '바지락 마을'로 알려져 있다. 한때 덕흥마을 부녀회에서 바지락으로 큰 소득을 올려 주목을 받았다. 내나로도와 외나로도를 잇는 다리인 나로대교가 놓이기 전에는 바지락 어장 덕에 철부선鐵艀船(쇠로 만든 짐배)이 운항되기도 했다. 이곳은 참바지락뿐만 아니라 물바지락도 유명하다.

고흥군 남양면 내로마을 갯벌에 100여 명의 주민이 바지락을 캐느라 정신이 없다. 바닷물이 많이 빠지는 날에 맞춰 '반지락개'를 텄기 때문이다. 한 집에서 바지락을 캘 수 있는 양은 20킬로그램으로 정했다. 내로마을 갯벌은 서쪽으로는 두원면 예회마을과 성두마을, 북쪽으로는 우도마을과 경계다. 이들 마을도 모두 갯벌에 의지해 바지락, 낙지, 꼬막, 굴을 캐서 살아온 갯마을이다.

10여 년 전 이곳 갯벌에서 명절맞이 꼬막밭을 틀 때도 지켜보았다. 바지락이나 꼬막을 채취해 마을 기금을 만들고 연말이면 집집마다 나눈다. 마을 공동어장이기 때문이다. 바지락을 캐는 날이면 주문한 물량에 따라 한 가구에 1~2명씩 나와서 공동 작업을 한다. 또는 가구마다 채취량을 정해 바지락을 캔다. 갯벌에서 일을 할 때도 채취할 품목을 정하는 것도 마을 회의에서 결정한다. 이곳뿐만 아니라 바닷마을이나 섬마을은 기성회비, 장학금, 전기요금, 각종 마을 사업기금 등을 바지락밭에서 얻은 수입으로 해결했다.

바지락이 잘 자라는 혼합 갯벌은 바닷가 사람들에게 논밭과 같다. 그래서 갯밭, 갯바탕이라고 한다. 어느 마을은 가구 수만큼 똑같이 나누어 바지락 농사를 짓기도 한다. 이런 마을은 집값이 다른 마을보다 비싸다. 집에 바지락밭이 딸려 있기 때문이다.

바지락 밥상을 차리다

바지락은 남녀노소 누구나 좋아한다. 어느 계절에나 어울리며, 탕·무침·구이·회·젓갈 등 어떤 요리에나 맛을 내는 데 필요한 팔방미인이다. 특히 내로마을 바지락은 고흥에서도 품질 좋기로 소문난 참바지락이다. 모내기 철에 끓인 바지락국은 사골이 따로 없다. 뽀얗게 우러난 바지락 국물로 미역국을 끓여 산후조리를 했다. 바지락

모내기 철에 끓인 바지락국은 사골이 따로 없고,
바지락 국물로 끓인 미역국은 산후조리에 좋다.

은 반찬이 없을 때 쉽게 요리해 먹는 음식이었기에 특별한 요리 비법이 필요하지 않다.

바지락은 갈색이 도는 것보다 검은빛이 도는 것이 좋다. 또 바지락 요리를 할 때는 해감을 잘해야 한다. 참바지락과 물바지락은 해감 시간이 다르다. 물바지락이 2배의 시간이 필요하다. 또 모래가 많은 갯벌에서 자란 바지락과 펄이 많은 갯벌에서 자란 바지락의 해감 시간도 다르다.

고흥 해창만의 섬마을 바지락 밥상이 차려졌다. 봄에서 여름으로 가는 길목의 바지락이 가장 여물고 몸 안에 진한 육수를 품는다. 이 무렵 바지락짓갱이라는 음식을 만들어 먹는다. 바지락짓갱은 먼저 바지락 살만 솥에 넣고 물을 적당히 붓고 끓인다. 너무 익히면 질기다. 육즙이 나올까 말까 살짝 익힌다. 여기에 깨와 밥을 더해야 한다. 옛날에는 돌확이나 절구에 넣고 찧었지만 요즘은 믹서로 갈아서 사용한다. 여기에 두부를 넣어 사치를 부린다. 마지막으로 파를 썰어 올린다. 잔칫집은 물론 상갓집에서도 국밥 대신 손님들에게 내놓는 음식이다.

바지락짓갱과 함께 살짝 삶은 바지락으로 산과 들에서 나오는 시금치, 톳, 머위, 취 등과 무쳐 고흥 봄 밥상이 차려졌다. 고흥에서는 봄 바지락이면 미슐랭 스타 식당이 부럽지 않은 밥상을 차릴 수 있다. 바지락꼬지는 고흥 나로도 사람들에게 최고급 요리다. 바지락 살을 곶감처럼 꼬챙이에 60~70개 끼워서 말린 다음 양념을 해서 굽거나 쪄서 먹었다. 양념한 바지락꼬지는 종종 잔칫집에서 먹을 수 있었다.

손과 팔을
1만 번 넣어야 잡힌다

가리맛조개

물가에서 캐는 마

요즘 여자만 어머니들은 겨울철 참꼬막으로 상했던 마음을 가리맛조개로 달래고 있다. 순천시 별량면, 보성군 벌교읍, 고흥군 남양면과 과역면을 품은 여자만은 참꼬막 주산지였다. 하지만 몇 년 전부터 시나브로 참꼬막이 줄기 시작하더니 이제는 명절 상에 올릴 참꼬막을 채취하기도 힘들다. 그 대신에 여름철 가리맛조개는 여전히 여자만을 지키며 터줏대감 역할을 톡톡히 한다. 그 덕에 뻘배를 타고 갯벌을 종횡무진 오가는 어머니들의 목소리가 갯바람을 타고 포구까지 이어진다. 대부분 우리나라 가리맛조개는 여자만에서 생산된다.

가리맛조개는 강 하구 조간대 갯벌에 서식하며, 다 자라면 10센

가리맛조개는 무더운 여름철에 바닷물이 빠지면 뻘배를 타고 나가 잡는다.
막 잡아온 가리맛조개를 바닷물에 깨끗이 씻고 있는 순천시 별량면 어민들.

티미터에 이른다. 갯벌 약 60센티미터까지 수직으로 구멍을 파고 들어가기에 어민들이 가리맛조개를 잡기 힘들어한다. 해마다 봄과 여름에 잡아 탕이나 구이로 먹으며 제철은 봄에서 여름으로 가는 6~7월이다. 무더운 여름철에 바닷물이 빠지면 뻘배를 타고 나가 잡는다. 가리맛조개와 생김새가 비슷한 '돼지가리맛조개'가 있다. 가는 모래 갯벌에 서식하며 큰 구멍 하나, 작은 구멍 하나가 있어 구멍이 돼지코처럼 생겼다. 봄에서 가을까지가 제철이다. 입수관과 출수관이 가리맛조개에 비해 크고 껍데기 밖으로 길게 나온다.

『현산어보를 찾아서』에서는 이 명칭을 풀면서 가리맛의 '맛'을 땅속에 '마麻'로 푼다면 '가리'는 물을 의미하므로 땅속에서 자라는 마에서 왔을 것으로 해석했다. 즉, '물가에서 캐는 마'라는 의미로 가리맛 혹은 갈맛이라고 했을 것이라는 해석이다. 흔히 가리맛, 가리맛조개, 대맛(대합), 죽합 등 맛조개류를 이야기할 때 '맛이 있어 맛이라 했다'고 하는 해석과 다른 접근이다.

맛조개와 가리맛조개

『전어지佃漁志』, 『난호어명고蘭湖魚名考』 등에는 가리맛조개를 '정蟶'이라고 소개했다. 『자산어보』에도 맛조개를 '정蟶', 속명은 '마麻'라고 했다. 그리고 "크기는 엄지손가락만 하고, 길이는 0.6~0.7척이다. 껍데기는 무르고 연하며 색은 희다. 맛이 좋다. 갯벌 속에 숨어 있다"고 풀이했다. 여기에 이청은 다음과 같이 덧붙였다.

"『정자통正字通』에 민閩·오粵 지역 사람들이 펄밭에서 양식한 곳을 '정전蟶田'이라 한다고 했다. 진장기陳藏器는 '정은 바다 갯벌 속에서 난다. 길이는 0.2~0.3척이고, 크기는 엄지손가락만 하며, 양쪽 머리를 벌린다'라고 했는데, 곧 이것이다."

조선시대 실학자 이긍익李肯翊, 1736~1806 의 『연려실기술燃藜室記述』 별집 제5권 '사대전고事大典故'에도 중국 사신이 '정장蟶腸'을 찾았다는 내용이 있다. 역시 가리맛류 조개로 추정된다. 조선 전기 문신 이승소李承召, 1422~1484 의 시가와 산문을 엮은 『삼탄집三灘集』 제8권에도 '정합蟶蛤'이라고 기록되어 있다.

고문헌에 나온 '정'을 '맛조개'와 '가리맛조개'로 해석한다. 하지만 맛조개는 모래 갯벌에서 서식하는 백합목 죽합과이며, 가리맛조개는 펄 갯벌에 서식하는 백합목 작두콩가리맛조갯과다. 모양도 맛조개는 길이가 10~15센티미터에 폭이 2센티미터 이내로 가는 대나무를 닮았지만, 가리맛조개는 길이는 10센티미터, 폭은 2~3센티

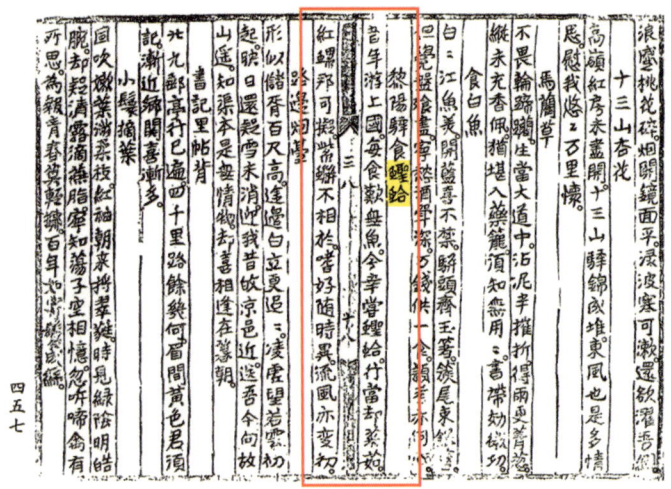

이청이 『자산어보』에서 언급한
"길이는 0.2~0.3척이고, 양쪽 머리를 벌린다"고 했던 것은 가리맛조개에 가깝다.
이승소의 『삼탄집』에는 가리맛조개가 '정합'으로 기록되어 있다.

미터로 짧고 뭉툭하다.

    이청이 『정자통』을 인용한 '정'의 '길이'나 '양쪽 머리'라는 표현으로 보아 가리맛조개에 가깝다. 맛조개는 입수관과 출수관이 하나로 보이지만, 가리맛조개는 입수관과 출수관이 따로 분리되어 양쪽 머리를 벌리는 것처럼 보인다. 결정적으로 정약전이나 이청 모두 '정'은 갯벌 속에 있다고 했다. 『자산어보』에서 지적한 것처럼 '정'인 가리맛조개는 껍데기가 무르고 검은색 표면이 잘 벗겨져 흰색이 드러난다.

    다만 흑산도에서 갯벌이 발달해 가리맛조개가 서식하는 곳을 찾기 어렵고 길이도 정약전과 이청이 말한 것과 다르다. 서유구의 『난호어명고』에는 '정'은 "작은 대나무 대롱 같고 살에는 2개 다리가 있는데 껍데기 밖으로 나와 있다"고 했다. 작은 대나무 대롱 같다는 표현에는 논란이 있지만, '2개 다리'라는 표현은 맛조개보다 가리맛조개나 돼지가리맛조개에 어울린다.

가리맛조개는 여자만 순천 갯벌이나 벌교 갯벌, 득량만 보성 갯벌처럼 미세한 펄이 발달한 폐쇄형 만에 많이 서식한다. 따라서 흑산도처럼 갯바위 해안이나 모래 갯벌이 발달한 외해外海에서는 가리맛조개를 찾기 어렵다. 특히 정약전이 말년에 머물렀던 신안군 우이도는 모래가 발달해 가리맛조개가 서식한다.

간척과 매립으로 가리맛조개의 주요 서식지가 사라지면서 생산량도 줄었다. 최근에는 수온 변화까지 더해 자원량이 급감하자 전남에서는 인공 종묘와 이식 과정을 거쳐 자원 증식을 꾀하고 있다. 같은 갯벌에서 자라는 꼬막은 성패로 자라는 데 4~5년이 걸리지만, 가리맛조개는 2~3년이면 충분해 경쟁력에서도 앞선다.

입에서 단내가 나야 잡힌다

가리맛조개를 뽑을 때 가장 먼저 하는 일은 가리맛조개가 있는 구멍을 찾는 것이다. 구멍을 보는 눈이 있어야 헛손질이나 헛심을 들이지 않는다. 그러고 나서 뺨이 갯벌에 닿을 정도로 손과 팔과 어깨를 갯벌 속에 집어넣는다. 여름철에는 뺨에 닿는 갯벌 열기가 가마솥에 불을 지필 때 얼굴로 다가오는 열기 못지않다. 그래도 가리맛조개를 뽑으려면 반나절 이상을 한증막 같은 갯벌에 머물러야 한다.

가리맛조개를 뽑다 말고 점심을 먹겠다고 펄밭에서 나올 수는 없다. 그러니 밥과 반찬을 갖추고 먹을 수 없다. 미숫가루를 탄 물을 얼리거나, 떡이나 빵이면 충분하다. 비닐봉지에 꼭 싼 끼니를 펄배

가리맛조개를 뽑을 때는 손과 팔과 어깨를 갯벌 속에 집어넣어야 한다.
그리고 가리맛조개가 담긴 자루를 뻘배에 싣고 갯벌을 헤치고 나와야 한다.

위에 올려두고 간단하게 해결한다. 물도 마음껏 먹을 수 없다. 그러니 기력은 금세 바닥난다.

기진맥진하며 가리맛조개를 뽑고 나도 끝이 아니다. 더 힘든 일이 남았다. 몸무게의 2~3배나 되는 가리맛조개가 담긴 자루를 뻘배에 싣고 몇 킬로미터나 되는 갯벌을 헤치고 나와야 한다. 한 발은 뻘배에 올리고 한 발로 갯벌을 밀쳐야 한다. 뻘배가 오가는 길이 따로 있어서 아무 데로 갔다가는 낭패를 보기 십상이다. 바닷물이 자박자박 있을 때는 눈썰매를 타듯 매끄럽게 나아갈 수 있지만, 물이 빠진 갯벌에서는 정반대다.

또 그 길이 마르면 뻘배가 잘 미끄러지지 않고 너무 물이 많아도 힘주어 밀기가 어려우므로 상황에 따라 대처하는 경험이 중요하다. 뻘배 타는 모습을 보면 절로 숙연해지는 이유다. 그래서 이런 갯벌에서는 뻘배를 탈 줄 모르면 아예 갯벌에 나갈 생각도 하지 말아야 한다. 가리맛조개를 뻘배에 가득 싣고 나오면 입에서 단내가 날 정도로 기력이 쇠진할 수밖에 없다.

갯사람들에게 손발인 뻘배는 널배라고도 불린다. 갯벌에 처놓은 그물에 든 망둑어, 게, 숭어를 잡거나 꼬막을 캐거나 가리맛조개를 뽑거나 짱뚱어 낚시를 할 때 자동차처럼 이용한다. 이 뻘배 어업은 2015년 국가중요어업유산으로 지정되었다.

갯벌에서 뽑다

가리맛조개를 잡기 위해 뻘 속에 팔을 몇 번이나 집어넣었을까? 10여 년 전만 해도 100킬로그램을 잡기도 했지만, 요즘은 양이 줄어 50킬로그램 정도다. 가리맛조개는 '잡는다'고 하지 않고 '뽑는다'고 말한다. 뭍에서 보는 것과 달리 펄 속의 가리맛조개는 화살만큼이나 빠르다. 가리맛조개가 서식하는 구멍으로 손이 들어오면 순식간에 팔 길이보다 깊은 곳으로 들어가 버린다. 그래서 재빨리 손을 넣어 뽑아야 한다.

가리맛조개 1킬로그램은 큰 것이 약 60개에 이른다. 100킬로그램이면 6,000번, 50킬로그램이면 3,000번을 갯벌에 손과 팔을 넣어야 한다. 실패한 것까지 하면 1만 번에 이를 수도 있다. 허리까지 빠지는 갯벌에서 뻘배 위에 큰 함지박을 싣고, 뻘배를 직접 타고 이동하면서 가리맛조개를 뽑는 일은 극한직업이다. 이것이 남도 갯마을 어머니들의 여름살이다. 해녀들이 물속으로 들어가야 갑갑한 마음이 열리듯 갯마을 어머니들은 펄밭에 들어와야 편안하다. 힘듦과 편안함은 마주 보는 것이 아니라 때로는 같은 길, 같은 방향에 있음을 배운다.

가리맛조개는 살이 통통하게 오른 4월부터 6월까지가 제철이고 구워 먹는 것이 으뜸이다. 가리맛조개를 불판에 올리고 껍데기가 벌어진 다음 국물이 졸기 전에 먹으면 좋다. 단 가리맛조개 살 가장자리에 붙은 것은 떼어내고 먹어야 한다. 가리맛조개를 삶아 채소를 넣고 초무침을 해도 맛있다. 부드러운 가리맛조개 살과 아삭거리는 채소가 잘 어울리고 아이들 입맛에도 맞다. 바지락회무침과 비슷해 남으면 밥과 비벼 먹어도 좋다. 된장국에 넣으면 살이 실해 씹는 맛이 꼭 고기 같다. 해물탕에 넣으면 고급스러운 맛이 난다. 일본에서는 초밥 재료로 이용한다.

다른 조개류와 마찬가지로 가리맛조개도 해감을 잘해야 한다. 바닷물을 퍼다 하룻밤 담가놔도 되고 바지락처럼 소금을 조금 넣은

가리맛조개는 살이 통통하게 오른 4~6월에 구워 먹으면 좋다.
된장국에 가리맛조개를 넣으면 살이 실해 씹는 맛이 꼭 고기 같다.
가리맛조개구이와 가리맛조개무침.

민물에 담가놔도 된다. 맛조개보다 통통해 씹는 맛이 좋으며, 육즙이 많아 달콤하다. 순천시 별량면 마산리·구룡리, 보성군 벌교읍 영등리·장암리·대포리·호동리 일대의 가리맛조개가 좋다. 제철에 이곳 식당을 찾으면 가리맛조개구이나 가리맛조개 된장국을 맛볼 수 있다. 가리맛조개 철이 되면 순천시 웃장이나 아랫장, 벌교읍 시장에서 구입할 수 있다.

갯벌에서
건져낸 보석

개조개

육즙도 많고 살도 가득하다

보통 '개'라는 접두사가 붙으면 좋은 쪽보다는 반대 의미가 강하다. 그런데 개조개는 다르다. 조개 중에 으뜸이라고 해도 손색이 없다. 껍데기는 두껍고 거칠다. 백합이나 바지락이 모두 광택을 띠지만, 수더분한 시골 마을처럼 담백하다. 하지만 속을 보면 겉과 정반대다. 우선 다 자란 개조개껍데기 안쪽은 보랏빛이다. 행여 조갯살에 보랏빛이 묻어나면 어쩔까 하는 걱정마저 든다. '내자패內紫貝'라고도 한다. 대합이라는 별칭에 어울리게 다 자란 조개는 어른 손으로 쥐기 힘들 만큼 크다. 껍데기만 큰 것이 아니라 속살도 튼실하다. 육즙도 많고 살도 가득하다.

개조개는 산란 전인 3~4월이 가장 맛이 좋을 때다. 일제강점기

개조개는 조개 중에 으뜸이라고 해도 손색이 없을 정도로
속살이 튼실하며 육즙도 많고 살도 가득하다.

에는 개조개를 '마가패瑪珂貝'라고 불렀다. 당시 황해도 연평도 바다에서 마가패 어린 조개를 채취해 무의도, 영종도, 만도 바다에 뿌려서 양식을 시도했다. 채취도 쉽지 않고 양도 바지락보다 적은 귀한 조개였다. 『자산어보』에는 개조개를 '공작합孔雀蛤'이라고 했다. "큰 놈은 지름이 0.4~0.5척이며 껍데기가 두껍다. 앞쪽에 가로무늬가 있고 뒤쪽에 세로무늬가 있는데, 상당히 거칠다."

　서식지는 모래와 자갈이 섞인 펄 갯벌이다. 조간대에서 수심 40미터까지 분포한다. 봄부터 가을까지 산란하지만 주로 늦봄에서 초여름이 주 산란기다. 수명은 10년 정도로 장수하며, 1년에 2개의 나이테가 만들어진다. 분포 지역은 거제, 통영, 여수, 태안이 유명하다. 일반적으로 패류는 봄철이 적기지만 개조개는 연중 포획한다.

웬만한 물때에 잘 드러나지 않는 깊은 곳에 서식하므로 잠수기 어업으로 채취하거나, 형망을 배에 매달고 끌어서 잡는다. 또 물이 많이 빠지는 영등철에 마을 주민들이 공동으로 채취한다.

개조개는 특유의 향과 감칠맛이 뛰어나 수요가 증가해 연안어업의 중요 소득원으로 경제적 가치가 높다. 그러나 지나친 남획으로 1997년 이후 어획량이 감소했다. 지방이 적고 단백질이 풍부하며 살이 많아 고급 음식점에서부터 일반 가정까지 널리 식용된다. 구이, 볶음, 조림, 국, 찌개, 탕 등 다양한 조리법을 이용할 수 있다. 다만 오래 끓이면 질겨지니 주의한다. 경남 지역에서는 제사상에 반드시 올라가는 재료라고 하며, 다진 조갯살에 갖은 양념을 해서 볶아 쌈장으로도 먹는다.

개조개를 캐는 영등철

물이 가장 많이 빠지는 영등사리다. 여수 국동에서 배를 타고 소경도로 향했다. 조개를 캐러 가는 사람이 많다. 물이 많이 빠지는 봄철에 여수 시민들에게 인근 무인도를 개방한다. 약간의 뱃삯을 받아 도선渡船을 운영하는 선장과 마을에서 나눈다. 이들을 뒤로하고 소경도에 내렸다. 바지락을 캐는 것은 평소에도 할 수 있지만, 개조개는 영등사리에만 가능하다. 그만큼 깊은 곳에 살기 때문이다. 바지락에 비해 값도 비싸고 귀해서 영등철이면 도시에 나간 자식들도 들어와 개조개를 캐기도 한다.

개조개는 수관水管을 길게 내밀어 바닷물에서 먹이를 흡수해 섭취하고 뱉는다. 이 과정에서 갯벌에 타원형 구멍을 남긴다. 바지락보다 큰 구멍을 보고 서식지를 확인하지만 큰 돌을 들어내고 파야

물이 빠졌을 때 조개를 채취하는 것을 통영이나 거제에서는 '개발'이라고 하는데, 개발은 바닷물이 가장 많이 빠지는 영등사리에 이루어진다.

하기에 수월치 않다. 개조개를 캐려면 호미자루와 날이 바지락 캐는 호미보다 길어야 수월하다. 개조개를 즐겨 먹는 통영이나 거제에서 사용하는 호미가 전라도에서 사용하는 호미보다 크고 긴 것도 이런 이유 때문이다.

물이 빠지자 주민들이 하나둘 갯벌로 나오기 시작했다. 갯벌에서 호미질에 나오는 것은 대부분 바지락이다. 개조개를 캐는 것이 목적이지만 바지락이 나오는 것을 어떡하냐며 주워 담는다. 어촌계장도 눈을 감는다. 예전 같다면 어림도 없는 일이다.

비슷한 시기, 통영시 용남면 연기마을 갯벌에도 주민들이 삼삼오오 모여 있다가 물이 어느 정도 빠지자 첨벙첨벙 들어가기 시작했다. 해간도와 연기마을 사이에는 개조개가 많이 서식하는 갯밭이 있다. 연기마을 앞에는 견내량을 사이에 두고 거제도가 있다. 임진왜란 때 한산대첩의 격전지다. 이곳은 개조개보다는 국가중요어업유산으로 지정된 트릿대로 채취하는 돌미역이 유명하다.

바닷가에는 마을 주민들이 일구는 바지락밭이 있고, 좀더 깊은 곳은 개조개가 서식한다. 그리고 더 깊은 곳에 자연산 돌미역이 자란다. 바지락밭은 어촌계원들을 중심으로 각각 개인 밭을 일구고 있지만, 개조개만큼은 정해진 시기에만 마을 주민들이 공동으로 채취할 수 있다. 이렇게 갯벌에서 조개를 캐는 것을 통영과 거제 바닷마을 사람들은 '개발한다'고 표현한다. 이들 지역에서 개발의 중심은 개조개다.

뱃머리를 노랗게 칠한 잠수기 어선

"어, 시원하다." 사내 2명이 큰 대접을 들고 흡입하듯 국물을 마신 후 나가면서 하는 소리다. 어제 진하게 한잔한 얼굴이다. 그들이 마신 국물은 큰 조개 5개와 작은 조개 3~4개가 들어 있는 맑은 조개탕이다. 큰 조개는 개조개, 작은 조개는 바지락이다. 개조개는 잠수부가 10미터 이상 물속에서 채취해온다. 1년 내내 채취하지만 봄철이 살도 차고 맛도 좋을 때다. 거제시 장목면 장목항에 있는 잠수기 수협에서는 오후 4시면 개조개 경매가 이루어진다.

그곳 선창에 허름한 조개탕집은 주민들이 즐겨 가는 맛집이다. 반찬은 단순하다. 이번에는 톳무침, 감자조림, 배추 물김치, 돌나물 물김치, 부추전이다. 지난번에는 국물을 자작하게 잡고 모자반과 살짝 삶은 콩나물을 무쳐 넣은 몰(모자반)섵치국을 내놓았다. 조개탕에 만족하니 반찬은 크게 문제되지 않았다.

잠수기 어선의 뱃머리를 노랗게 칠한 것은
불법으로 깊은 바다에 사는 개조개를 약탈해가는 어선이 많기 때문이다.

개조개는 거제와 통영뿐만 아니라 여수와 태안 등에도 서식한다. 그렇지만 장목면의 개조개를 꼽는 것은 그곳이 잠수기 어업이 가장 활발한 까닭이다. 그렇지 않으면 물이 많이 빠지는 영등철에만 구경하는 귀한 조개다. 선창에는 뱃머리를 노랗게 칠한 잠수기 어선이 줄지어 있다. 멀리서 봐도 잠수기 어선은 금방 확인할 수 있도록 한 조치다. 그만큼 불법으로 깊은 바다에 사는 조개를 약탈해가는 어선이 많다.

잠수부는 어선에서 공기압축기를 통해 호스로 공급하는 산소를 받아 물속에서 오랜 시간 조업을 한다. 흔히 '머구리'라고 부른다. 채취하는 조개는 대합, 개조개, 키조개, 왕우럭조개 등이다. 잠수기 어업은 배를 운전하는 선장, 잠수부를 돕는 선원과 잠수부 등 3명으로 이루어져 있다. 옛날에는 잠수부, 기관장, 식사를 준비하는 화장火匠, 잠수부를 돕는 선원, 잠수부를 따라 노를 젓는 사공 등 5명으로 구성되었다. 거제나 통영에서 조개라고 칭하는 것은 개조개를 말한다. 식당 차림표에도 '조개탕'이라고 적혀 있다. 사내들이 감탄한 시원한 국물은 개조개와 함께 바지락을 꼭 넣어야 한다. 조개탕집 안주인이 알려준 비법이다.

통영의 개조개 사랑

개조개는 바지락처럼 쉽게 캘 수 있는 조개가 아니다. 잠수기처럼 특별한 도구를 장착하고 물속 깊은 곳으로 잠수하거나, 자연스럽게 바닷물이 많이 빠지는 때를 기다려서 채취해야 한다. 서해안에서는 바닷물이 많이 빠지는 영등철에 맛볼 수 있다. 거제나 통영은 일제강점기 이후 잠수기 어업이 활발해지면서 개조개 채취가 본격적으로 이루어졌다.

이렇게 귀해서일까? 개조개를 제사상에 올리기도 했다. 개조개 살을 다져서 갖은 양념으로 볶은 다음 껍데기에 담아 올렸다고 한다. 이를 유곽油炉이라고 하는데, 일명 '개조개유곽'이다. 깨끗하게 손질한 개조개 살을 다지고, 여기에 두부, 버섯, 당근, 양파, 방풍, 방아잎, 청양고추 등 채소와 된장, 다진 마늘과 깨소금 등을 준비한다. 개조개 살을 참기름이나 들기름으로 설 볶은 다음 준비한 채소와 양념을 더해 볶는다.

이렇게 준비한 것을 개조개껍데기에 참기름을 두르고 담아 껍데기를 맞춰 덮는다. 마지막으로 화롯불에 올려 굽는다. 조선시대 요리서인 『음식디미방飲食知味方』에 '대합구이'로 소개되어 있다. 통

개조개 사랑이 대단한 지역은 통영이다.
개조개 육즙이 가득하고 살이 많아 탕을 끓여도 좋고, 구이로도 손색이 없다.

영에서는 통제영統制營 음식으로 알려져 있으며, 지금은 통영 다찌집에서 내놓는다.

　개조개유곽은 제사뿐만 아니라 잔치에도 곧잘 등장했다. 유곽은 개조개뿐만 아니라 소라, 대합 등을 재료로 이용했다. 반면에 경상북도에서는 이를 쌈장으로 사용했다. 역시 개조개 사랑이 대단한 지역은 통영이다. 개조개 육즙이 가득하고 살이 많아 탕을 끓여도 좋고, 구이로도 손색이 없다.

채소처럼
맛이 달다

홍합

속살이 붉다

　날씨가 쌀쌀해지면 얼큰하고 텁텁한 국물이 생각난다. 우리나라뿐만 아니라 지중해에서도 인기가 있는 조리라면 떠오를까? 홍합이다. 유럽에서는 홍합을 조리할 때 물을 넣지 않는 홍합스튜가 있다. 이때 올리브유를 쓰기도 하고 버터를 이용하기도 한다. 그리고 화이트와인을 넣어준다.

　대서양이 한눈에 들어오는 프랑스 남서해안의 작은 포구 도시에서 생긴 일이다. 맛있는 고등어와 대구 요리를 앞에 두고 할머니가 홍합을 먹는 것만 지켜보고 있었다. 백발의 멋진 할머니가 홍합을 한 냄비 시켜놓고 한참 동안 속살을 꺼내 먹었다. 옛날 포장마차에서 소주 한 잔 털어 넣고 홍합 국물을 마시던 생각에 침을 꼴깍 삼

『자산어보』에 홍합은 "맛은 달고 좋으며, 국이나 젓갈에 좋다. 그중에 말린 것이 사람에게 가장 보탬이 된다"고 했다.

켰다. '국물이 더 맛있는데…….' 내 마음을 읽었는지 할머니는 수저를 들고 뽀얀 국물을 떠먹었다.

　인류가 홍합을 먹기 시작한 것은 신석기시대부터다. 부산 동삼동의 조개무지에서 발견된 42종의 패류 중 굴과 홍합이 가장 많았다. 오늘날 지구상에는 250여 종의 홍합이 서식한다. 이 중 우리나라에서 볼 수 있는 것은 홍합·지중해담치·동해담치·털담치·비단담치 등 13종이며, 식탁에 자주 오르는 종은 진주담치와 홍합이다. 담치는 담채에서 비롯되었고, 홍합의 암컷 속살이 붉어서 홍합이라고 했다. 수컷은 속살이 흰색이다.

　홍합은 담치목 홍합과에 속하는 조개다. 『자산어보』에는 홍합을 '담채淡菜'라고 적고, 담채·소담채小淡菜·적담채赤淡菜·기폐箕蜌

로 나뉘었다. 이 중 기폐는 키조개로 홍합과 종이 다르다. 담채는 "맛은 달고 좋으며, 국이나 젓갈에 좋다. 그중에 말린 것이 사람에게 가장 보탬이 된다"고 했다. 또한 "코털을 뽑다가 피가 나서 어떤 약으로도 지혈이 안 될 경우, 담채 털을 태워서 바르면 신묘한 효과를 본다"고 했다. 『본초강목』에는 홍합을 '각채殼菜, 해폐海蚌, 동해부인東海夫人'이라고 했다. 지역에 따라 부르는 이름도 달라 동해에서는 '섭', 남해에서는 '담채'라고 했다.

서유구의 『난호어목지蘭湖漁牧志』에는 "홍합은 동해에서 난다. 해조류가 자라는 위쪽에 분포하며, 맛이 채소처럼 달고 담박하므로 조개류이면서도 채소와 같은 채菜 자가 들어가는 이름을 얻었다"고 했다. 바다에서 나는 해산물이지만 염분이 거의 없고, 오히려 홍합 속의 칼륨이 체내에 축적된 나트륨을 제거해주는 특성이 있다.

그러나 홍합은 늦봄에서 여름 사이에 산란하기 때문에 가급적 피하는 것이 좋다. 삭시톡신saxitoxin이라는 독소 때문이다. 『세종실록』(1450년 윤1월 14일)에는 "옥포玉浦 등지의 바닷물이 누렇고 붉게 흐리더니, 사람이 홍합紅蛤을 캐 먹고 죽은 자가 7인이나 됩니다"는 기록이 있다. 그러자 세종은 "홍합은 본시 독이 있는 물건이므로…… 죽은 자가 많은 것은 또한 모두 홍합 때문이 아닌지도 모르니 나이 많은 노인에게 물어서 아뢰라"고 명한다.

진주담치와 홍합

진주담치는 서유럽이 원산지로, 제2차 세계대전 이후 배의 바닥에 붙거나 선박평형수ballast water에 유생으로 포함되어 국내로 유입된 것으로 추정한다. 선박평형수는 화물을 내린 배가 빈 배로 이

어민들은 작은 칼을 손에 쥐고 홍합을 깐다.
이때 어깨가 무거워지고, 수없이 손과 발이 마비된다.

동할 때 배의 균형을 유지하기 위해 물탱크에 채우는 바닷물이다. 유럽이나 지중해에 화물을 운반한 배가 그곳에서 화물 대신 평형수를 싣고 부산이나 마산으로 들어오는 과정에서 딸려왔을 것이다.

진주담치는 껍데기가 얇고 크기는 홍합의 절반이며, 연안의 갯바위에서 쉽게 볼 수 있다. 마산만과 거제, 여수의 가막만 일대에서 대규모로 양식한다. 겉은 검은빛에 광택이 나며 매끄럽다. 반면에 홍합은 겉은 진회색이며, 따개비나 해초 등 부착생물이 붙어 지저분해 보인다. 우리가 먹는 홍합의 99퍼센트가 진주담치라면 과장일까?

진주담치가 홍합이라는 이름으로 둔갑하면서 식탁에서만 아니라 연안의 가까운 갯바위도 점령했다. 우리의 홍합은 옹진군의 이작도·울도·굴업도, 태안의 가의도·격렬비열도, 여수의 거문도 일대, 신안의 흑산도·홍도 일대, 울릉도 등 먼바다의 외딴 섬으로 밀려났다. 이름도 '참홍합' 혹은 '참담치'로 바뀌었다.

마산만의 홍합밭 주변에 사는 주민들은 찬바람이 불면 겨우내 작은 칼을 손에 쥐고 앉아서 홍합을 깐다. 어깨가 무거워지고, 수없이 손과 발이 마비되고 나서야 몸이 적응을 한다. 그때야 비로소 상처 내지 않고 홍합을 까는 기술을 터득한다. 그 홍합이 없었으면 어떻게 자식들을 가르쳤으며, 시집장가를 보낼 수 있었을까? 홍합에게 큰절이라도 해야 할 판이다.

홍합이 '오손 생물'인 이유

홍합은 갯바위에 붙어 자라는 부착생물이다. 이렇게 바위, 선박, 말뚝, 생물체의 표면에 부착해 사는 생물을 '오손汚損 생물'이라고 한다. 배의 바닥에 붙어 속도를 저하시키거나, 해수관에 붙어 흐름을 막고, 어구 등에 붙어 제구실을 하지 못하게 한다. 이런 갯바위나 딱딱한 것에 붙어 생활하기 위해 홍합처럼 이매패류 연체동물이 분비하는 것이 수염이라고 부르는 '족사足絲'다.

이 족사는 부착력이 매우 강해 개체들이 모여 생활할 때 서로 붙잡는 역할도 한다. 족사는 발의 일종으로 끝에 둥근 부착판이 있다. 갯바위에 붙어 생활하며 바닷물에 들어 있는 플랑크톤을 먹고 자란다. 조간대 하부에 무리 지어 생활하는 담치류는 갯지렁이나 단각류의 생활 터전이기도 하다. 바닷물이 빠져도 이 저서생물들이 생활하기 충분한 습기를 저장하며, 거친 파도가 칠 때도 안전한 서식지가 된다. 또 다양한 영양염류를 침전시켜 먹이도 공급해준다.

자연산 홍합은 서해 옹진군 섬, 보령 외연열도, 신안 흑산군도,

충남 보령 녹도는 주민들이 모두 참여해 홍합을 채취해 소득을 나누고 있다.
한 집에서 1명씩 70여 명이 갯바위에서 홍합을 채취한다.

여수 금오열도, 제주 추자군도, 울릉도와 독도 등 거의 모든 해안에서 서식한다. 특히 충남 보령 녹도는 매년 겨울이면 주민들이 모두 참여해 홍합을 채취해서 소득을 나누고 있다. 물이 많이 빠지는 사리에 맞춰 한 집에서 1명씩 70여 명이 녹도마을 어장인 무인도로 나가 갯바위에서 홍합을 채취한다. 그전에는 각자 채취해 경쟁적으로 수확하고 팔다 보니 소득도 제대로 올리지 못하고 갈등이 생기기 시작했다.

    결국 마을에서 공동으로 채취해 소득을 나누기로 결정했다. 홍합을 채취할 시기와 장소를 정한다. 채취해온 홍합은 세척하고 껍데기에 붙은 부착생물을 제거한 후 자루에 담아 다음 날 첫 배로 대천항으로 운반된다. 이렇게 자원을 관리하며 채취한 탓에 녹도 홍합은 실하다는 소문이 나면서 오히려 더 많은 소득을 올리고 있다. 겨울 한철 홍합으로 소득을 올린다. 녹도 주민들은 겨울에 홍합을 채취하기 위해 뭍으로 나가는 일이 없다. 홍합뿐만 아니라 굴도 채취해서 겨울을 보낸다. 서해와 달리 동해에서는 물때와 관계없이 파도가 없으면 해녀들이 물질해서 홍합을 채취한다.

음식이며 천연 조미료다

소금이 귀한 동해안에서 홍합은 최고의 요리 재료였다. 남해의 어느 섬에서는 꼬챙이에 꿰어 말려 놓고 제사상에 올리고, 두고두고 밑반찬으로 이용했다. 이렇게 고마운 조개가 또 어디 있단 말인가? 통영에서는 홍합 삶은 물을 졸여 합자젓을 만들었다. 나물을 무치거나 국을 끓일 때 한 수저씩 넣으면 그만이다.

홍합 요리를 하려면 우선 굵은 소금을 뿌려 껍데기를 바락바락 문질러 씻는다. 그래도 미심쩍다면 밀가루를 뿌린 후 주물러주면 껍데기가 깨끗해진다. 그리고 봉우리 밑에 붙은 '족사'를 잡아당겨 떼어내야 한다. 가장 손쉽게 많이 하는 요리는 홍합탕이다. 갈무리한 홍합이 잠길 만큼 찬물을 붓고 다진 마늘을 넣고 팔팔 끓인 후, 매운 고추를 넣어 얼큰하게 먹는다. 포장마차나 술집에서 안주가 나오기 전에 내놓는 메뉴다.

요즘 웰빙식으로 홍합밥을 즐기는 사람이 있다. 건홍합을 사용할 때는 30분 이상 물에 불려야 한다. 홍합만 넣어도 좋지만 콩나물, 버섯, 은행을 함께 넣으면 더욱 맛깔스럽다. 마무리는 양념장에 참기름을 곁들여 쓱쓱 비벼 먹는다. 북한에서는 생홍합을 참기름에 볶다가 간장으로 간을 한 후, 불린 쌀로 밥을 짓는 것을 '섭조개밥'이

홍합은 음식이며 천연 조미료다.
오롯이 제 한 몸을 바쳐 어떤 양념으로도 낼 수 없는 맛을 낸다.
홍합밥과 홍합전.

라고 했다.

　미역국에 소고기 대신 홍합을 넣어도 잘 어울린다. 미역에 소금, 맛술, 다진 마늘, 참기름을 넣고 버무려 밑간을 한 다음 볶는다. 여기에 찬물을 부으면 육수와 어우러진다. 홍합은 오래 끓이면 질겨지기 때문에 미역이 충분히 끓으면 넣는다.

　얼마 전 여수 향일암에서 홍합탕을 찾아 길을 나섰다가 홍합전을 맛보았다. 홍합에 달걀 노른자를 입히고 노릇노릇 익어갈 무렵 잘게 썬 부추와 당근을 얹으면 완성이다. 마른 홍합을 다져서 밀가루와 달걀과 섞어서 부치기도 한다. 간장과 물엿과 홍합을 넣고 끓이다가 깨소금을 넣는 홍합조림도 좋다.

　꼬치에 꿰어 반건조시킨 홍합에 양념장을 발라가며 구운 홍합꼬치구이는 간식이나 술안주로 좋다. 참기름을 두르고 홍합 다진 것을 넣고 끓이다 쌀을 넣고 죽을 쑤기도 한다. 이를 '섭죽'이라고 한다. 참기름은 비릿한 맛을 제거하고 구수한 맛을 더해준다.

　홍합은 음식이며 천연 조미료다. 바로 따온 홍합이라면 더 말할 필요가 없다. 뽀얗게 우러나는 국물은 백합에 비할 바가 아니고 멸치 국물처럼 자극적이지도 않다. 오롯이 제 한 몸을 바쳐 어떤 양념으로도 낼 수 없는 맛을 만드는 자연 조미료다.

제3부

갯벌은
다채롭다

갯벌을
날다

짱뚱어

눈이 톡 튀어나왔다

　짱뚱어도 기쁜 소식을 들었던 것일까? 벌교 갯벌을 박차고 뛰어오르는 모습이 평소보다 높고 활기차다. 지느러미를 펼치고 한껏 몸매를 자랑하더니 다시 뛰어오른다. 칠게도 말뚝망둑어도 예전 같지 않다. 이곳 갯벌은 순천 갯벌, 신안 갯벌, 고창 갯벌, 서천 갯벌과 함께 '한국의 갯벌'로 유네스코 세계자연유산에 등재되었다. 우리나라 갯벌의 42퍼센트를 보유하는 전남이 중심이 되어 10년간 준비해온 성과물이다. 세계자연유산은 '제주 화산섬과 용암동굴'이 2007년 첫 등재된 이후 두 번째다.
　짱뚱어는 농어목 망둑엇과에 속하는 갯벌 생물이다. 흔히 우리가 망둑어라고 부르는 것은 문절망둑이다. 이 외에 말뚝망둑어·날망

짱뚱어는 펄에서 먹이 활동을 하며 펄에 구멍을 뚫고 서식한다.
갯벌의 토박이 짱뚱어와 칠게.

둑·갈망둑·도화망둑·사백어 死白魚 등 다양하며, 민물에 사는 망둑어도 있다. 망둑어는 바닷물고기 중에 비교적 늦게 지구상에 등장했다. 배지느러미는 바닥에 잘 붙도록 흡반으로 진화했다. 짱뚱어는 조간대 펄에서 먹이 활동을 하며 펄에 구멍을 뚫고 서식한다. 눈은 머리 위로 툭 튀어나왔고 가슴지느러미를 이용해 갯벌 위를 걸어다닌다. 우리나라 서해, 일본 규슈 아리아케해, 중국, 타이완 등에서 발견되고 있다.

짱뚱어는 갯벌에 동전만 한 구멍을 Y자로 뚫어 서식지를 마련한다. 암컷이 구멍 벽에 알을 붙이면 수컷이 산란할 때까지 곁에서 알을 지킨다. 보통 산란 후 일주일 이내에 부화한다. 3~4년이면 성체 成體로 자라 산란을 한다. 일반 망둑어가 1~2년에 성체가 되는 것에 비하면 길다. 짱뚱어는 성체로 자라도 크지 않다. 이렇게 수명이 짧고 산란과 부화 기간도 짧은 것은 열악한 환경에 서식하며 종족을 유지하기 위한 생육과 번식 전략이다. 또 썰물에 갯벌 위를 기어다니며 생활할 수 있도록 피부로 호흡할 수 있다.

『자산어보』에는 '철목어 凸目漁', 속명은 '장동어 長同魚'라고 했다. 그리고 "큰 놈은 0.5~0.6척이다. 형상은 대두어 大頭魚 와 유사하지만 색이 흑색이다. 눈이 볼록하며 물에서 놀지 못한다. 갯벌에서 뛰어다니기를 좋아하며 물을 스쳐 지나가기만 한다"고 했다. 『난호어목지』에는 "눈이 툭 튀어나와 마치 사람이 멀리 바라보려고 애쓰는 모양 같아서 망동어 望瞳魚 라 한다"고 했다. 튀어나온 눈 덕분에 사방을 볼 수 있어 적이 나타나면 순식간에 구멍 속으로 숨는다. 그 행동이 너무 빨라 '탄도어 彈塗魚'라고 했다. 어쩌면 눈이 툭 튀어나온 것은 갯벌과 하늘에서 호시탐탐 노리는 적에 대응하기 위한 진화의 결과일지 모른다.

짱뚱어는 잠꾸러기

짱뚱어와 흡사한 말뚝망둑어가 있다. 서식지와 모습이 짱뚱어와 비슷하며 지역에 따라 짱뚱어라고 부르기도 한다. 『자산어보』와 『난호어목지』에서 소개한 철목어나 탄도어 모두 짱뚱어나 말뚝망둑어로 추정한다. 두 어류 모두 갯벌을 긁어 플랑크톤을 섭취하며, 겨울에는 펄 속에서 잠을 잔다.

말뚝망둑어는 빨판이 있어 물이 들어오면 돌, 방조제, 말뚝, 배 등에 올라와 붙기를 좋아한다. 짱뚱어는 겨울잠을 자는 특성 때문에 '잠뚱이(잠꾸러기)'라는 말에서 비롯된 것이라고 한다. 모두 첫서리가

매립과 간척으로 사라진 갯벌에서 짱뚱어 어획량은 급격히 줄어들었다.
그래서 10여 년 전부터 인공수정을 통해 부화와 산란을 시켜
벌교 갯벌에 방류를 해왔다.

내리면 펄 속으로 들어가 겨울잠을 자다 봄꽃이 필 때 나온다. 말뚝망둑어는 갯벌을 뛰어다니지만, 짱뚱어는 기어다닌다. 특히 짱뚱어는 암컷을 유혹하기 위해 수컷이 높이 뛰어오르고 입을 크게 벌리며 수컷끼리 경쟁을 한다. 이동하지 않고 한 장소에서 생활하기 때문에 치어를 방류해 자원을 관리하기 좋다. 또 오염이 되면 사라지기 때문에 지표종 指標種(특정한 환경 조건을 나타내는 생물)으로 이용하기도 한다.

짱뚱어는 영산강 하구, 지금은 공업단지로 바뀐 삼호 지역이 최대 서식지였다. 금호방조제가 물길을 막으면서 서식지가 사라졌다. 또 건강식품으로 주목을 받으면서 수요가 증가해 많이 잡기도 했다. 짱뚱어를 포함한 망둑어는 2006년 2,081톤에서 2020년 232톤으로 무려 89퍼센트가 감소했다. 전남의 생산량은 그중 28퍼센트, 생산액은 56퍼센트를 차지한다. 이 중 짱뚱어는 25톤 내외로 추정한다. 매립과 간척으로 사라진 갯벌은 대부분 망둑어 서식지였다.

짱뚱어 어획량은 정확한 통계가 없어 알 수 없다. '한국의 갯벌'이 유네스코 세계자연유산으로 지정되면서 해야 할 시급한 일 중에 하나가 이렇게 갯벌에 서식하는 생물종을 조사하고 어획량을 모니터링하는 것이다. 전남해양수산과학원에서는 10여 년 전 짱뚱어 인공부화에 성공해 자원 증식에 나서고 있다. 건강한 암수 짱뚱어를 5~6월에 포획해 인공수정을 통해 부화와 산란을 시켜 벌교 갯벌에 방류를 해왔다.

눈치 백 단 짱뚱어

처음에는 그냥 반찬거리 정도로 잡아서 탕을 끓여 밥상에 올렸다. 짱뚱어를 잡아서 돈을 벌 생각을 하지 않았다. 지금은 짱뚱어를 전문으로 잡는 훌치기 낚시꾼들이 원정을 다니며 잡는다. 바다 낚시의 손맛이 뱅어돔 낚시라면, 갯벌 낚시의 손맛은 짱뚱어 낚시라고 할까? 짱뚱어를 잡는 훌치기 낚시는 물이 빠진 갯벌에서 이루어진다. 낚싯바늘 4개를 갈고리 모양으로 묶어서 낚싯대에 매달고 뻘배를 타고 조심스럽게 갯벌로 들어간다. 짱뚱어는 머리에 툭 튀어나온 눈으로 사방을 볼 수 있고 30미터 밖에서도 움직임을 감지한다. 따라서 낌새를 알아차리지 못하게 멀리서 미끼가 없는 낚시를 던져 재빨리 당겨서 낚아채야 한다.

짱뚱어가 사는 구멍을 찾아 손으로 잡기도 한다. 벌교 호동마을 어머니들이 대대로 익혀온 맨손 짱뚱어잡이다. 망둑어류가 그렇듯이 갯벌에 Y자로 구멍을 뚫고 서식한다. 펄 위에 구멍이 2개인 것은 적을 속이기 위한 생존 전략이자 서식지를 보전하기 위한 방법이다. 구멍은 하나는 막고, 갯벌로 이어진 구멍은 발로 밟아 퇴로를 차단하고 손을 집어넣어 잡는다. 산란철에는 암수 2마리가 한꺼번에 잡히기도 한다.

보통 짱뚱어 1킬로그램(30마리 정도) 가격은 약 4만 5,000원에 유통된다. 한 마리 값이 1,500원이다. 소고기 값보다 비싸 '갯벌의 소고기'라는 별칭을 얻기도 했다. 짱뚱어가 소득이 되면서 마을 주민들이 외지 사람들이 들어오는 것을 막자 돈을 주고 짱뚱어 낚시를 하는 사람들도 있다. 훌치기 낚시에 능한 사람들은 한 물때에 500~600마리는 금방 잡기 때문에 그 소득이 쏠쏠하다. 그렇다고 매일 짱뚱어를 잡을 수 있는 것은 아니다. 갯벌에 물기가 없으면 짱뚱어들은 구멍 속에 들어가 생활한다. 바닷물이 갯벌까지 들어오는 세물(12일과 27일)에서 아홉물(1일과 16일) 사이가 짱뚱어를 낚시하기 좋다.

짱뚱어는 30미터 밖에서도 훌치기 낚시꾼들의 움직임을 감지하기 때문에
미끼가 없는 낚시를 던져 재빨리 당겨야 한다.
또는 짱뚱어를 손으로 잡기도 한다.

짱뚱어탕으로 가을을 맞는다

망둑어류 중에서 식용으로 인기가 높은 것은 짱뚱어와 문절망둑과 풀망둑이다. 문절망둑과 풀망둑은 서해와 남해 하천 하구 펄 갯벌과 조수潮水(밀물과 썰물) 웅덩이에서 서식하며, 짱뚱어는 서해와 남해 펄 갯벌에서 서식한다. 비린내가 적고 식감이 좋은 풀망둑과 문절망둑은 회나 무침으로 조리한다.

짱뚱어는 회, 탕, 전골, 튀김 등 조리법이 다양하다. 그만큼 인기가 높다. 특히 짱뚱어탕은 순천, 벌교, 고흥 등에서 가을철 보양식으로 즐겨 먹는다. 순천만과 벌교 갯벌에서 많이 서식한 탓에 향토 음식으로 자리를 잡았다. 신안 증도, 매화도, 병풍도 갯벌에도 짱뚱어가 많이 서식한다. 지도읍이나 증도에서도 짱뚱어탕을 맛볼 수 있다.

짱뚱어탕에는 반드시 '애'가 들어가야 한다.
그것은 짱뚱어가 겨울잠을 잘 때 영양분을 저장해두는 곳이 '애'이기 때문이다.

된장을 풀어서 만든 짱뚱어탕의 맛을 결정하는 것은 짱뚱어 '애'다. '애'는 엄지손톱만 하다. 손질을 할 때 내장을 꺼내 '애'를 떼어서 모아두어야 한다. 홍엇국에 홍어 '애'가 반드시 들어가야 하는 것처럼 짱뚱어탕에도 '애'가 들어가야 한다. 짱뚱어가 겨울을 날 때 영양분을 축적해두는 곳이 바로 맛을 결정하는 '애'라고 한다.

또 빼놓을 수 없는 것이 짱뚱어회다. 짱뚱어를 회로 먹을 수 있냐고 반문할지 모르지만 사각사각 씹히면서 다른 회에서 느낄 수 없는 맛이 있다. 짱뚱어는 '농어목'에 속한다. '망둑엇과'에 속하지만 횟감으로 최고라는 '돔'과 같은 부류인 것이다. 그렇지만 씹히는 맛이나 색깔이 돔보다 한 수 위인 것 같다. 흠이라면 한 마리에 두 점밖에 나오지 않는다는 점이다.

어물전에서
뛸 만하다

망둑어

미끼도 없이 잡는 '공갈 낚시'

가장 춥던 지난겨울 한 노인이 낚싯대 3개를 선창에 펼쳐놓고 쪼그리고 앉아 있었다. 밀물이라 물때는 나쁘지 않은데 망둑어가 물까 싶었다. 그냥 쳐다보기 뭐해서 '손맛 좀 보셨어요?'라며 말을 걸었다. 노인은 낚시찌를 보며 '3마리 잡았어요, 지금은 망둥이밖에 안 물어요'라며 말을 이었다. 감성돔은 남쪽 먼바다 따뜻한 섬으로 가야 하지만 초겨울에 방조제와 다리 위에서 쉽게 손맛을 즐길 수 있는 것은 망둑어 낚시뿐이다. 특별한 기술도 필요없이 나뭇가지에 줄을 매달고 미끼도 없이 잡았다. 그래서 '공갈 낚시'라고 했다.

태공들은 망둑어 낚시를 인정하지 않지만 시화방조제에서 영암방조제까지, 인천 송도 갯벌에서 남해 갯벌까지 어디에서나 즐거

망둑어는 헤엄을 치기도 하고, 갯벌 위를 걸어다니며, 급할 때는 뛰어간다.
망둑어를 잡는 건간망.

움을 주는 고마운 생선이다. 여기서 그쳤다면 김려가 『우해이어보』에서 망둑어를 노래하지 않았을 것이다. 어떤 환경에서도 생존하는 강인한 생명력은 접어두자. 민초들의 호주머니를 걱정하는 착한 가격, 육질의 쫄깃한 씹힘과 고소한 식감이 오늘날 망둑어를 당당히 밥상의 주인공으로 올려놓았다.

망둑어는 세계적으로 1,875종이 알려졌으며, 우리나라에는 60여 종이 서식한다. 많은 사람에게 알려진 짱뚱어도 망둑엇과에 속한다. 여러 종의 망둑어가 있지만 문절망둑과 풀망둑이 식용을 대표한다. 지역에 따라 운저리(문저리), 망둥이, 범치, 문절이, 고생이, 무조리, 문주리 등으로 부른다. 문절망둑을 이르는 말이다. 풀망둑보다는 문절망둑이 밥상 위에서 인기다.

서해에서는 건간망建干網(말뚝을 박고 둘러치는 그물)을 이용해 망둑어를 잡는다. 겨울과 봄에는 숭어가 들고 가을에는 망둑어를 잡는다. 망둑어는 갯골과 물길을 따라 이동하다가 그물에 갇혀 잡힌다. 겨울잠을 자야 하기에 여름에 갯벌이나 모래 갯벌에서 부지런히 갯지렁이, 게, 새우, 갯벌 바닥 유기물 등 저서생물이나 작은 물고기를 잡아먹는다.

망둑어는 헤엄을 치기도 하고, 갯벌 위를 걸어다니며, 급할 때는 뛰어간다. 배 앞쪽에 변형된 둥근 지느러미가 두 갈래로 나뉘어 있어 빠르게 흐르는 물에 휩쓸리지 않고 빨판처럼 바닥에 딱 붙을 수 있다. 이렇게 민첩한 망둑어도 잠에는 장사가 없다. 잠이 많은 사람을 두고 '누가 업어가도 모른다'고 한다. 망둑어가 꼭 그렇다. 밤에는 몸과 꼬리를 물에 담그고 머리만 내놓고 깊은 잠에 빠진다. 손놀림이 잽싼 사람은 그냥 줍는다.

잠자는 문어 혹은 잠자는 날치

김려는 『우해이어보』에 망둑어를 '수문睡鯊'이라고 기록했다. 그가 유배 생활을 했던 진해에도 망둑어가 많았다. 수문이란 '잠자는 문어'라고 해야 할까, '잠자는 날치'라고 해야 할까? 망둑어가 뛰는 것을 좋아하니 날치에 빗대었는지 모르겠다. 숭어가 뛰니 망둑어도 뛴다는 말이 무색하다. 그 기록에 '가리(가래)'를 만들어 잡았다고 했다. 가래로 숭어를 잡는 것을 보았지만 망둑어를 잡는 것은 직접 보지 못했다. 개웅(갯골)이나 수심이 낮은 곳에 납작 엎드려 있는 망둑어를 잡는 모습은 숭어를 잡는 것과 다르지 않을 것 같다. 더구나 녀석들이 무리를 지어 있는 모습도 숭어와 닮았다. 꼭 이런 모습을 노래한 시가 있다. 김려가 「우산잡곡 牛山雜曲」에 쓴 시다.

> 검푸른 진흙 펄 바닷가 후미진 구석에 黲泥岸圻海門隈
> 밤새도록 솔가지 횃불 몇 개씩 켜 있더니 五夜松明數點開
> 대나무 통발을 긴 자루로 높이 들고서 長柄高挑編竹桶
> 어촌 아이들 문절망둑 잡아 돌아오는구나. 村童捕得睡鮫回

『자산어보』에는 어떻게 소개되었을까? 문절망둑 또는 풀망둑을 '대두어 大頭魚'라고 했다. "큰 놈은 2척이 조금 못 된다. 머리가 크고 입이 크지만 몸통이 가늘다. 색은 황흑이고 맛이 달고 진하다. 밀물과 썰물이 오고가는 곳에서 논다. 성질이 둔해 사람을 무서워하지

망둑어는 겨울잠을 자기 위해 가을철에 먹성이 몇 배로 증가해 살이 토실토실한데, 그래서 망둑어를 가을에 말리는 것이다.

않기 때문에 낚시로 잡기가 매우 수월하다. 겨울에는 갯벌을 파서 겨울잠을 잔다. 자기 어미를 먹기 때문에 무조어無祖魚라 불렀다." 무조어는 '조상을 알아보지 못하는 물고기'라는 뜻이다.

순천에서는 문저리, 무안이나 신안에서는 운저리라고 부른다. 한자어로 옮기면서 생겨난 이름으로 생각된다. 망둑어는 닥치는 대로 먹어대는 육식성 어류로 30센티미터가량 자란다. 두해살이로 몸뚱이에 비해 대가리가 큼직하다. 자세히 살펴보면 독특한 면상을 하고 있어 도깨비처럼 보이기도 한다.

어엿한 물고기를 이름에 올렸지만 제대로 대접을 받지 못했다. 그런데 다른 물고기들이 잡히지 않으니 망둑어 가치나 몸값도 뛰고 있다. 숭어 못지않게 사랑을 받고 있다. 겨울잠을 위해 가을철에는 먹성이 몇 배로 증가해 살이 토실토실하다. 그래서 '봄 보리멸(멸치) 가을 망둑'이라고 했다. 가을에 망둑어를 잡아서 말리는 것도 이런 이유 때문이다.

회로 먹으면 맛이 좋다

김제 심포항의 횟집 수족관에는 어디서 가져왔는지 우럭 몇 마리가 행세를 하고 있고, 햇볕이 잘 드는 물에 망둑어가 가득하다. 잡은 지 얼마 되지 않았는지 물기가 채 가시지 않았다. 새만금의 물길이 막히고 나서 숭어가 자리를 잡더니 이제는 망둑어다. 비슷한 모습을 시화호에서도 보았다. 지역 어민들이 반찬으로 좀 잡았을 뿐 식당에서 식재료로 쓰거나 말린 망둑어를 팔기 위해 잡는 것도 최근 일이다. 망둑어로서는 대접을 받아 좋아해야 할지 모르겠다.

김려는 문절망둑을 죽으로 만들어 먹으면 "향기가 그윽해 쏘가

김려는 망둑어를 "회로 먹으면 더욱 맛이 좋다"고 했다.
망둑어회와 망둑어회무침.

리와 같고, 회로 먹으면 더욱 맛이 좋다"고 했다. 남해 사람들은 '문절망둑을 먹으면 잠을 잘 잔다'고 했다. 실제로 김려는 우환으로 불면증에 시달릴 때 문절망둑을 먹고 효과가 있었다고 한다. 그리고 고기의 성질이 차서 마음의 화를 내리게 하고 폐를 건강하게 하기 때문일 것이라고 처방전까지 적었다.

망둑어는 고추 크듯 큰다. 고추가 여물 무렵이면 망둑어도 여물어 맛이 최고로 좋다. 풋고추가 비린내를 가실 만할 때쯤 망둑어도 맛이 들기 시작한다. 이때 잡은 망둑어를 손질해 된장에 찍어 먹으면 고소하다. 한때 창원 마산만 봉암 갯벌에는 망둑어 횟집이 줄지어 있었다. 그 맛이 고소하고 좋아 '꼬시래기'라고 불렀다. 통영 사람들은 고소하고 맛있는 음식을 먹어보고 '아, 꼬시다'고 감탄했다. 망둑어를 많이 먹는 지역은 갯벌이 발달한 곳이다. 대표적으로 경기도 화성 남양만, 전남 순천만 등이다.

경기도 안산 대부도·구봉도, 옹진군 영흥도·선재도에서 망둑어를 나무에 꿰어 줄줄이 매달아 놓은 모습을 쉽게 볼 수 있다. 보성 벌교, 순천 화포에서는 망둑어를 손질해 담장 옆 채반에 널어놓은 모습을 종종 볼 수 있다. 막 잡은 망둑어의 아가미에 손을 넣어 가위로 자른 다음 내장을 꺼내 소금물에 깨끗하게 씻어내고 해풍에 건조시킨다. 망둑어를 말려서 보관해두고 겨우내 반찬으로 꺼내 먹기도 한다. 먹거리가 흔해져 요즘은 전문식당이나 바닷가 시장에서 구경할 수 있다.

망둑어와 막걸리

관광 명소로 각광을 받고 있는 증도에 딸린 작은 섬 화도가 있

마른 망둑어를 물에 불려 양념을 얹어 찐 망둑어찜은 막걸리와 함께 먹으면 좋다.
우리나라 최초의 습지보호지역인 무안 갯벌.

다. 그곳이 MBC 드라마 〈반갑습니다〉(2007)의 세트장이 되면서 유명해졌다. 꽤 시간이 흘렀지만 지금도 찾아와 그때 드라마에 나온 집을 구경하는 사람들이 종종 있다. 최근에는 펜션들이 지어졌다. 드라마 출연진들의 밥집으로 알려진 후 유명해진 식당 '반올림'에서는 직접 잡은 망둑어를 말려 조림이나 찜으로 내놓는다. 밥상이 대부분 그곳 바다와 땅에서 나는 것으로 만든 로컬푸드다. 2007년 증도가 아시아에서 최초로 슬로시티로 지정된 후 더 많은 사람이 찾는다.

　마른 망둑어는 찜으로 좋다. 미리 반나절을 물에 불린 망둑어를 양념을 얹어 찐다. 먹기 전에 추가 양념을 하면 더욱 좋다. 따뜻할 때 막걸리와 함께 먹으면 좋다. 또 망둑어구이는 맥주 안주로도 훌륭하다. 조림으로 먹으려면 싱싱한 망둑어가 좋다. 비늘과 내장을 긁어내고 막걸리로 주물주물 해서 냄새를 제거한 다음 무를 납작하게 썰어 깔고 망둑어를 올려놓는다. 쌀뜨물을 조금 부어 비린내를 잡기도 한다. 그리고 갈치조림을 하듯 자작하게 끓여 양념을 얹어 먹는다.

　일몰이 좋고 해안도로가 아름다운 섬달천 다리에서 망둑어 낚시를 하는 사람을 만났다. 벌써 몇 마리 잡아 소주잔을 기울이고 있었다. 씻지도 않고 내장만 제거한 후 된장을 얹어 먹고 있었다. 칼로 쓱쓱 문지른 후 뚝 잘라서 내게 권했다. 움찔하며 뒤로 물러났지만 강권에 못 이겨 한 점을 입에 넣었다. 고소했다. 어디서 구했는지 깻잎에 싸서 먹으니 비릿한 맛도 없었다.

　망둑어 요리 중 으뜸은 회무침이다. 우리나라 최초의 습지보호지역 무안 갯벌이 있는 해제반도의 주민들은 망둑어를 즐겨 먹었다. 무안 갯벌로 가는 길목에 봉오제라는 곳이 있다. 그곳에 망둑어 요리 전문집이 있다. 무를 채 썰어 망둑어와 무쳐 내오면 먹다가 따뜻한 밥에 비벼서 마무리한다. 제주의 물회가 그랬듯이 황토밭에서 양파나 고구마 작업을 하다가 허기를 달랠 때 쉽게 만들어 먹을 수 있는 음식이었다. 더 늦기 전에 한 번 더 다녀와야겠다.

외계인을
닮았다

개소겡

장어처럼 길다

만난 적은 말할 것도 없고 본 적도 없다. 그저 몇 편의 영화에서 그려낸 캐릭터를 보고 상상한 것일 뿐이다. 이를 갯벌을 지키는 이 생물에 투사해 평하는 것이니 얼마나 억울할까? 대갱이를 두고 하는 말이다. 실물을 본 것은 네 번쯤 된 것 같다. 세 번은 여자만에서, 한 번은 일본의 아리아케해에서다. 어민들이 잡아서 식재료로 사용하기 위해 건조대에 걸어 놓은 것을 보았고, 영광 염산·무안 몽탄·목포 항동·보성 벌교·순천 등 어시장에서도 보았다. 식당에서 반찬으로 올라온 것을 본 것은 순천과 벌교에서다.

대갱이는 개소겡을 일컫는 전라도 말이다. 농어목 망둑엇과 바닷물고기다. 순천에서는 북제기, 운구지(웅구지)라고도 한다. 몸은 원통형에 장어처럼 길다. 다 자라면 30센티미터에 이른다. 머리는 둥글납작하며 눈은 보이지 않을 만큼 작다. 비늘도 작고 피부에 묻혀 있다. 펄 속에 살면서 눈과 비늘이 퇴화되었기 때문이란다. 입은 머리에 비해 크고 큰 송곳니 한 쌍에 이빨이 드러나 있다. 펄 갯벌에 서식하며 우리나라 서해 남부(전라도), 일본 남부, 인도, 필리핀 등 아열대 지방에 분포한다.

『자산어보』에는 '해세리海細鱺'라고 했으며, 속명은 '대광어臺光魚'라고 했다. 그 특징으로 "길이는 1척 정도다. 몸통은 손가락처럼 가늘고, 머리는 손가락 끝과 같다. 색은 홍흑이고 가죽은 매끄럽다. 갯벌에 숨어 산다. 말리면 맛이 좋다"고 했다.

개소겡이 잡히는 지역은 군산, 영광, 신안, 장흥, 보성, 고흥, 순천, 여수 등으로 서남해 지역이다. 짱뚱어가 서식하는 곳에 개소겡도 산다. 생각보다 적잖은 곳에서 잡히지만, 일반인들에게 생소한 것은 이 녀석을 잡아서 밥상에 올리는 곳이 드물기 때문이다. 게다가 밥상에 올라온 것을 보고 개소겡을 떠올릴 수 없기 때문이기도 하다. 지역 바다에서 현지 주민들이 직접 잡고 건조한 후 재래시장에서 팔고 있다. 적은 수량이지만 꾸준히 사랑받고 있는 품종임을 알 수 있다.

딸아이가 갯벌을 처음 다닐 때 개소겡을 보고 울음을 터뜨렸으니 무섭긴 한 모양이다. 이 역시 텔레비전이 만들어낸 결과다. 식당에서 먹는 백반에 반찬으로 개소겡을 내놓는 곳은 순천과 벌교다. 순천의 한 유명한 한정식 밥상에서 어김없이 개소겡무침을 만났다. 지역성이 가장 확실한 식재료다. 처음 먹어본 사람은 북어포인가, 노가리를 무쳐낸 것인가 생각한다. 이번에도 그랬다. 서울에서 온

개소겡은 망둑엇과 바닷물고기로 몸은 원통형에 장어처럼 길다.
머리는 둥글납작하며 눈과 비늘은 보이지 않을 만큼 작다.

손님에게 맛을 보라고 했더니 북어포를 찢어서 무친 것 같다고 했다. 해산물로 개소갱·양태(장대)·주꾸미·꼬막, 젓갈로 진석화젓·갈치속젓·토화젓이 올라왔다.

순천에서도 개소갱을 즐겨 먹는 마을로는 순천시 별량면 용두, 거차, 화포 지역이다. 갯벌에 장대를 꽂고 그물을 걸어 놓으면 칠게와 함께 개소갱이 들었다. 그물이 터질 만큼 개소갱이 들어오던 시절도 있었다. 이렇게 잡은 개소갱은 내장을 제거하고 꼬챙이에 끼워서 말렸다가 반찬으로 쓰고 술안주로 올렸다. 때로는 시장 상인에게 팔기도 했다. 그 시절에는 인심도 후해 포구에서 만나는 이웃에게도 한 그릇씩 퍼주던 바닷물고기였다. 하지만 지금은 잡히는 양이 점점 줄어들고 있다.

명절 전후로 개소갱을 찾는다

순천시 별량면 학산리 우명마을, 바다가 내려다보이는 구멍가게에서 맥주를 한 병 사들고 앉았다. 물이 빠진 갯벌에서는 칠게들이 먹이 활동을 하느라 정신이 없다. 짱뚱어와 눈을 맞추며 사진을 찍다가 목이 말라 동네를 살피다 찾아낸 구멍가게다. 안주 할 만한 것을 찾다가 과자 한 봉지를 들고 나오는데 가게를 지키던 안주인이 이것도 먹어보라며 찢어 놓은 마른 생선을 한 주먹 내밀었다. 과자보다 먼저 손이 가는 것이 맥주 안주로 제격이었다. 개소갱과 첫 만남은 그렇게 시작되었다.

가게 주인은 바닷가 건조대에 줄줄이 걸어 놓은 것이 개소갱이라고 알려주었다. 베이비부머 세대들이 학교에 다닐 때 도시락 반찬으로 멸치볶음 대신에 어김없이 싸주던 것이 개소갱무침이었다. 맛

개소겡은 갯벌에 장대를 꽂고 그물을 걸어 놓으면 칠게와 함께 잡혔다.
그리고 바닷가 건조대에 줄줄이 걸어 말렸다.

을 본 친구들은 점심시간이면 달려와 가장 먼저 빼앗아 먹었다. 그만큼 맛이 좋았다. 잘 마른 개소겡을 살짝 구워서 망치로 두들긴 다음 뼈를 발라내고 찢어서 양념해서 무쳐낸다. 구이를 할 때보다 더 많이 두들겨야 부드럽고 양념도 잘 밴다. 많이 잡히던 시절에는 짱뚱어 대신 개소겡을 넣어서 탕을 끓였다. 삶아서 살을 발라낸 다음 시래기를 넣고 끓인 국이다. 그렇게 개소겡탕으로 여름을 났다.

음식은 문화 중에서도 장기 지속성이 강한 문화다. 그래서 입맛은 쉽게 변하지 않는다고 했던 모양이다. 어렸을 때 먹었던 맛이라는 말 속에서도 이를 엿볼 수 있다. 어머니의 손맛을 놀랍게 기억해내고 재현하는 딸의 음식을 볼 때도 느낄 수 있다.

종종 오일시장에서 그 기억을 만나기도 한다. 전남 무안군 일로 오일장에서도 그랬다. 일로는 1일과 6일에 장이 선다. 이곳 국밥집을 찾았다가 가는 날이 장날이라 구경에 나섰다. 그곳에서 만난 것이 개소겡이었다. 순간 의아했다. 바닷가라면 모르지만 육지 한복판에서 개소겡이라니……. 주인 말로는 찾는 사람이 많다는 것이다. 특히 명절 전후로 개소겡을 찾는 사람이 부쩍 늘어난다고 덧붙였다. 왜 명절 전후일까? 궁금해 물었다. 자식들이 찾아오면 주려고 부모가 사고, 명절이 끝나면 고향을 떠나 일터나 삶터로 나가는 자식들이 사가기 때문이다.

짚불구이로 유명한 몽탄과 가깝고 목포와 지근거리다. 담양에서 시작된 영산강은 이곳에 이르러 바다와 만난다. 목포 하구언 河口堰이라는 제방이 막기 전에는 배가 영산포까지 오르내렸다. 몽탄도 한때 바닷가였다. 숭어와 어란 魚卵이 유명했던 곳이다. 갯벌이 좋았기 때문이다. 이곳에서도 개소겡이 많이 잡혔다. 어머니들이 개소겡으로 반찬을 해주었다. 그 맛에 길들여진 자식들이 명절에 어머니 음식을 먹고 싶어했다. 감태지, 백합죽, 칠게장 같은 음식을 먹고 싶어하는 것이다.

일로 오일장은 '품바의 발생지'로 유명하다. 1950년대 상설시장이 되었지만 오일장도 함께 열린다.『동국문헌비고 東國文獻備考』(1770)에는 당시 전라도 관찰사 고재필이 1470년 큰 흉년이 들어 백성들이 굶주리자 이를 극복하기 위해 물품을 교환할 수 있는 시장을 개설했다고 기록되어 있다. 그러다가 남창장이 오일장으로 자리를 잡았다. 1894년이다. 그곳이 '안노'라는 곳으로 지금 무안군 일로읍이다. 남창장이 일로장이 되었다. 이곳에 우시장까지 있었으니 상권이 대단했다.

개소겡 라면과 와라스보 구이

짱뚱어를 일본의 갯벌에서 만난 것도 놀라운 일이었는데, 개소겡을 만난 것은 더 놀라웠다. 일본의 갯벌을 대표하는 나가사키현 이사하야시 갯벌에서다. 짱뚱어와 함께 대나무통을 이용해서 개소겡을 잡는 어민을 만났다. 짱뚱어를 포함해 잡은 것들은 지역 식당에 공급되며 운이 좋으면 저녁에 맛볼 수도 있다고 알려주었다.

일본에서는 개소겡을 초밥, 사시미, 된장구이 등 우리보다 훨씬 다양하게 이용한다. 일본어로 '와라스보 ワラスボ'라고 부르는 개소겡은 사가현의 명물로 인기가 높다. 개소겡으로 우려낸 국물로 만든 라면도 있다.

그날 저녁 이사하야만을 지키는 시민단체가 마련한 식당에서 정말 운 좋게 개소겡구이를 맛볼 수 있었다. 식사 비용도 결코 싸지

개소겡탕은 개소겡을 삶아서 살을 발라낸 다음 시래기를 넣고 끓이고, 개소겡무침은 잘 마른 개소겡을 살짝 구워서 망치로 두들긴 다음 뼈를 발라내고 찢어 양념해서 무쳐낸다.

않았던 것 같다. 다른 음식도 있었지만 일부러 '와라스보 구이'를 시켰다. 잔뜩 기대를 하고 기다렸는데 밥과 국, 개소갱구이와 염장한 새우가 더해져 나왔다. 구이로 나와 그 형체를 알아보기 힘들었지만 메뉴판에 분명 '와라스보'라고 적혀 있었다.

　이제 개소갱은 순천만에서도 귀한 생선이 되었다. 옛날에는 배로 가득 잡아 포구에서 만난 사람들에게 나누어주고 짐승에게도 삶아 먹였다. 그러나 개소갱무침은 추억이 되었다. 도시락 반찬으로 먹었던 사람들이 술안주로 즐긴다. 보기와 달리 새우를 즐겨 먹는 입맛 까다로운 개소갱은 봄에 잡아 말려야 살이 통통하니 먹을 게 있다. 배를 따서 소금물에 씻어 사흘은 말려야 한다. 잘 마른 개소갱은 뼈가 부러지도록 두들겨서 찢은 후 물엿, 참기름, 깨, 고춧가루 등과 무친다. 대구포나 북어포와 비교할 수 없다. 개소갱이 스태미나 음식으로 좋다고도 한다. 수량은 적지만 개소갱 맛을 아는 사람들은 시장에 나오는 대로 사간다.

제주 해녀가
사는 법

소라

껍데기가 빙빙 꼬여 있다

　우도에서 주문한 소라가 도착했다. 무슨 음식을 먼저 만들까? 냉장고를 뒤졌다. 며칠 전 어머니 집에 다녀오면서 사온 찌개용 돼지고기를 꺼내고, 피망과 마늘과 양파도 챙겼다. 오늘은 아이들이 좋아하는 꼬치를 만들어보자. 여기에 요즘 즐겨 마시는 고흥산 유자 막걸리로 한잔하자. 우선 아이들을 소환했다. 가족 카톡방에 '오늘 저녁은 늦지 말고 제시간에 집으로 오라'고 메시지를 남겼다. 그리고 뿔소라볶음도 준비했다.
　어류도감에 '소라'로 등록되어 있지만, 뭍에서 '뿔소라', 제주에서 '구젱기'라고 부른다. 구젱기 외에 '구제기', 전라도에서는 '꾸적'이라고도 한다. 구제기는 '굴'에서 비롯되었다. 소라는 껍데기가

소라는 빙빙 꼬인 굴처럼 생긴 껍데기를 집으로 삼고 사는 연체동물이다.
뭍에서 '뿔소라', 제주에서 '구젱기'라고 부른다.

빙빙 꼬여 있는 모양새다. 그러니까 소라는 빙빙 꼬인 굴처럼 생긴 껍데기를 집으로 삼고 사는 연체동물이다. 제주도와 달리 뭍에서는 모양과 서식지가 다른 곳에 사는 '소라'라고 불리는 연체동물이 있다. 수산물 사전에는 '피뿔고둥'이라고 등록된 바다 생물이다.

   소라와 피뿔고둥은 모두 배에 넓고 강한 발을 가지고 있어 '복족류腹足類'라고 한다. 피뿔고둥은 갯벌이 발달한 서해와 남해에서 서식하지만, 소라는 제주도를 중심으로 남해 먼바다에 수심 20미터 이내 해조류가 많은 암초 지대에 서식하며, 치설齒舌로 해조류를 갉아 먹고 생활한다. 소라는 껍데기에 뿔이 달려 있어 '뿔소라'라는 별칭을 갖고 있다. 그 덕분에 포식자들에게서 몸을 보호하고 수분 증발을 막아 조간대에서 물이 빠진 후에도 생활할 수 있다. 『자산어보』에는 소라를 '검성라劍城臝'라고 하고, 속명은 '구죽仇竹'이라고 했다. 또 "문 밖의 나선형 골이 끝나는 곳에서 가장자리 쪽 경계를 감아서 성城을 만드는데, 그 성이 칼날처럼 예리하다"고 했다.

소라의 뿔은 제주 말로 '쌀'이라고 한다. 어린 소라를 '조쿠젱이'라 하고 뿔이 건강한 소라를 '쌀구젱이', 세월이 흐르고 바닷물에 밀려 바위에 부딪혀 뿔이 닳은 소라를 '민둥구젱이'라고 한다. 민둥구젱이는 깊은 바다에서 잡히고 쌀구젱이는 얕은 바다에서 많이 잡힌다. 피뿔고둥이나 소라 모두 복족류 중에서 몸이 크며 어민 소득에 큰 도움이 된다. 특히 소라는 제주의 해녀들에게 생계수단이며, 여행객들이 즐겨 찾는 먹거리다.

칠성판을 지고 나가는 일

몇 년 전이다. 해녀학교가 있는 제주 한림읍 한수리를 지나 협재리로 가는 바닷가를 걸었다. 봄까치꽃, 제비꽃, 등대풀, 땅채송화 등과 인사를 나누었다. 저 멀리 물질을 마친 해녀들이 망사리를 짊어지고 올라오는 광경이 눈에 들어왔다. 그녀들 너머로 비양도가 아슴푸레하게 보인다. 젊은 해녀는 망사리를 불턱에 옮겨두고 할망 망사리도 짊어지고 나온다. 물질을 하는 해녀들은 칠성판七星板을 짊어지고 삶과 죽음을 함께하는 '벗'이다. 망사리 안이 '구젱이'로 가득 차 있었다. 작은 자루 속에는 문어가 꿈틀거렸다. 문어는 제주 말로 '뭉게'라고 한다.

자동차로 남쪽으로 내려가던 부부가 해녀들을 보고 내려서 구경을 하다 소라를 보고 흥정을 시작했다. 직접 돌로 깨서 바닷물에 씻어주니 숙소에서 칼로 썰어 먹기만 하면 된다. 약한 불에 식용유를 두르고 살짝 볶아도 좋다. 그런데 남편은 해녀 손에 들린 전복에 눈을 떼지 못한다. 손으로 잡기 힘들 정도로 큰 전복 한 쌍이다. 할망에게 물으니 족히 10년은 되었을 거란다. 부부 낌새를 눈치챈 해녀는 7만 원에 흥정을 마치고 덤으로 소라를 10여 개 올려주었다. 아내도 남편도 목적을 달성한 셈이다. 즉석에서 몽돌로 소라를 깨서 똥을 떼어내고 바닷물에 씻어 맛을 보라며 건넸다. 쫄깃한 식감에 바다 풍미가 입안으로 몰려왔다. 그냥 먹기 아깝다.

　소라는 생것도 좋지만 익혀 먹어도 맛과 식감은 떨어지지 않는다. 고둥류가 그렇듯이 삶을 때 된장을 약간 넣으면 맛이 더욱 좋다. 그 맛을 잊지 못하고 함덕해수욕장 인근의 식당에서 소라물회를 주문하고 수족관으로 주인을 따라갔다. 그사이 익숙한 솜씨로 소라를 칼로 푹 질러 반쯤 빼놓았다. 이유를 물으니 그렇지 않으면 소라가 구멍으로 깊이 들어가 버리기에 빼내기 어렵다는 것이다. 망치로 깨지 않으려는 것이다. 물속에 안심하고 있을 때 재빨리 잡아서 칼로 숨을 끊어 놓는 것이다. 소라의 내장이나 치마처럼 생긴 것은 떼어내기도 한다.

　소라는 삶는 시간에 따라 식감이 다르다. 또 껍데기를 깨고 버리는 문제까지 생각하면 택배 주문도 권할 만하다. 최근 일본 수출이 어려워지면서 제주 해녀들이 힘들어한다. 요리할 때 소라는 맨 나중에 넣는 것이 좋다. 먼저 채소를 볶고 간을 맞춘 다음 마지막에 소라를 넣어 살짝 볶고 매운맛을 좋아하면 청양고추를 넣는다.

　옛날에는 제주 살림을 책임졌던 것이 단연 돌미역과 우뭇가사리다. 하지만 육지의 바다에서 부드러운 미역 양식이 시작되면서 거친 돌미역은 밥상에서 멀어졌다. 우뭇가사리도 한철이고, 백화 현상

해녀의 물질은 '칠성판을 지고 나가는 일'이라고 할 만큼 고되고 위험한 일이다.
해녀의 망사리 안에 구젱이가 가득 차 있다.

으로 서식지가 줄어들고 해녀들의 수입도 줄어들게 되었다. 그런데 제주 사람들만 즐겨 먹던 소라가 육지 사람들의 입맛을 사로잡았다. 지금은 해녀들을 먹여 살리고 해안마을 사람들이 마을 어장에서 제 몫을 하는 것이 소라다. 이것마저 육지에서 양식할까 걱정이다.

　이빨이 부실한 사람에게는 소라회가 딱딱할 수 있다. 전복이나 소라, 피뿔고둥도 회로 먹으면 딱딱하다. 특히 칼질을 하면 근육이 굳어지면서 더 딱딱해진다. 하지만 중간 불에 살짝 볶으면 부드럽고 식감도 쫄깃해서 아이들도 아주 좋아한다. 우도에서 주문한 소라는 이미 삶아 놓은 것이기에 그대로 썰어서 먹어도 좋다. 돼지고기, 채소 등을 꼬챙이에 꽂아 꼬치로 만들어도 좋다.

먹어도 한 구덕, 안 먹어도 한 구덕

제주가 아니더라도 부산 영도, 거제나 통영, 여수 거문도, 완도 청산도 등에서도 소라를 맛볼 수 있다. 소라는 어느 지역이건 대부분 해녀들이 물질을 해서 건져 올린다. 그들은 제주에서 뭍으로 물질을 나왔다가 정착한 해녀들이다. '호맹이'라 부르는 갈고리를 하나 들고 몸에 납을 두르고 물속으로 들어가 채취한다. 부산 영도에서는 절영해안산책로나 동삼동 영도해녀문화전시관에 가면 직접 해녀가 채취해온 소라를 맛볼 수 있다. 운이 좋으면 물질하는 모습도 볼 수 있다.

제주 해녀들에게서 사랑을 받은 만큼 구전되는 속담도 많다. '구젱이 똥 누레 가불민 게드레기가 초지 혼다'는 말이 있다. 소라가 일을 보기 위해 껍데기에서 나오면 그 틈에 집게란 놈이 차지한다는 말이다. 남이 마련해놓은 것을 노력도 하지 않고 차지하는 현실을 빗대어 하는 말이다. 또 제주에는 '먹어도 한 구덕, 안 먹어도 한 구덕 하는 것이 멋고'라는 수수께끼가 있다. '먹어도 한 바구니, 안 먹어도 한 바구니 하는 것은 무얼까'라는 제주 말이다. 소라는 먹어도 먹지 않았을 때와 양이 똑같다.

소라만이 아니라 굴, 조개 등도 먹고 남은 껍데기를 처리하는 문제로 골치를 앓고 있다. 통영에서 굴껍데기 처리로 골머리를 앓는 것처럼 제주 해안에도 소라껍데기가 쌓여간다. 또 제주에는 '뿔 돋은 단지에 고기 한 점 있는 것'을 묻는 수수께끼도 있다. 역시 답은 '소라'다.

별 볼 일 없는 하찮은 것을 두고 '놀구젱이똥'이라고 한다. 이것은 소라 끝부분 생식기관과 맛이 좋은 살 부분 사이에 있는 배설기

예술인과 해녀들이 수명을 다한 위판장을 고쳐 멋있게 오픈한
제주 종달리 '해녀의 부엌'에서 맛본 소라꼬치와 소라회.

관에 해당하며, 숙회로 먹을 때 맛도 없고 모래가 씹힌다. 간혹 이것을 먹고 배앓이를 하는 사람도 있다. 회로 먹을 때 배설기관이나 생식기관 등 내장이나 창자는 모두 제거한다. 여기서 '놀구젱이똥'을 '날 소라의 창자'라고 하는 말이 비롯되었다.

우도로 가는 길목 구좌읍 종달리에는 한때 제주 식탁을 책임졌던 소금밭이 있었다. 그곳에서 아주 색다른 공간을 만났다. 예술인과 해녀들이 함께 수명을 다한 위판장을 고쳐 멋있게 오픈한 '해녀의 부엌'이다. 그곳에서 적잖은 값을 치르고 근사한 소라 밥상을 받았다.

'밥상을 앞에 두고 이렇게 울려서야 아무리 맛있는 밥인들 먹겠어'라고 중얼거리면서 공연에 빠져들었다. 물질은 벗의 숨비소리에 맞춰 한다고 했던가? 남편을 바다에 보내고 '살기 위해' 다시 벗을 따라 물질에 나섰다. 그런데 야속한 바다는 그 벗마저 데려갔다. 그래도 '살기 위해' 물질을 멈출 수 없었다. 연극이지만 연극이 아닌 것은 현실이기 때문이었다. 그리고 받은 밥상이 소라회, 소라미역국, 소라꼬치, 소라숙회 등이 섞여 있는 밥상이었다.

해녀들이 소라에 주목하는 것은 7~8월 금어기를 제외하면 연중 작업을 할 수 있고, 제주도 여행객이 많이 찾기 때문이다. 게다가 종패를 뿌려서 자원 관리를 할 수도 있다. 소라는 긴 뿔을 바위 틈에 내리고 거친 파도를 이겨내며 제주 바다를 지킨다. 제주를 지키는 해녀를 꼭 닮았다.

소라가 아니라
참소라다

피뿔고둥

고둥 삼총사

물고기나 해산물 이름에 접두어로 참돔, 참숭어처럼 '참'이 붙으면 일단 맛이 있다. 그렇다고 개조개, 개숭어처럼 '개'라는 이름이 붙은 것은 맛이 없다는 말은 아니다. 소라만 해도 그렇다. 흔히 우리가 알고 있는 소라의 어류도감 명칭은 '피뿔고둥'이다. 그리고 '소라'는 제주도에서 많이 볼 수 있는 '뿔소라'를 말한다. 갯벌에서 서식하는 피뿔고둥과 달리 소라는 깊은 바다 갯바위 주변에 많다. 피뿔고둥이 갯벌에 쌓인 유기물을 먹는다면 소라는 해조류를 좋아한다.

이렇게 '참'과 '개'는 산란 시기가 다르거나 많이 잡히는 시기나 장소가 다르다. 따라서 맛있는 시기가 다르거나 많이 포획되고 즐겨 섭취해 익숙한 맛일 수도 있다. 미각은 상대적이며 문화이기에

피뿔고둥은 우리가 흔히 알고 있는 소라의 어류도감 명칭이다.
갯벌이 많은 서해에서는 피뿔고둥을 '참소라'라고 부른다.

어느 쪽이 좋고 나쁘다고 평가할 수 없다. 제주 사람들에게 피뿔고둥에서 뻘 내음이 날 수 있고, 서해 사람들에게 소라는 딱딱하고 깊은 맛이 없을 수도 있다. 양쪽 다 자기들이 즐겨 먹는 '참소라'다. 맛있는 진짜 소라쯤 될까? 이 둘 말고 동해 사람들에게는 '백골뱅'이라 부르는 물레고둥이 익숙하다. 이렇게 서해 피뿔고둥, 남해 소라, 동해 물레고둥은 고둥 삼총사라 할 만큼 사랑을 받고 있다.

갯벌이 많은 서해에서 피뿔고둥을 참소라라고 부르는 것이 이상할 것 없다. 깊은 바다에서는 통발에 고등어를 넣어 소라를 잡고 물이 빠진 갯벌에서는 호미로 소라를 캐거나 줍는다. 『자산어보』에 고둥류를 '라螺'라 하고 "라사螺螄(고둥)의 무리는 모두 껍데기가 돌처럼 단단하며, 밖은 거칠고 속은 매끄럽다"고 했다. 고둥류 중 피뿔

피뿔고둥 217

고둥은 '해라海螺'라고 했다. "그 표면에는 노각 껍질처럼 자잘한 젖이 있는데, 이 젖은 골과 언덕이 있는 곳에 꼬리부터 머리까지 나란히 줄을 이룬다. 맛은 전복처럼 달며, 데칠 수도 있고 구울 수도 있다." 또 소라는 뚜껑이 단단하지만 피뿔고둥은 얇은 막으로 이루어져 있어 갯벌 위를 미끄럼을 타듯 느리게 이동한다.

10월 어느 날 밤이었다. 안면도 고남마을 앞바다에 몇 개의 불빛이 배회하는 것이 포착되었다. 처음 보면 영락없이 도깨비불이다. 이들은 소라를 잡기 위해 전등을 들고 해루질을 하는 중이다. 횃불을 들고 물이 빠진 조간대에서 밤에 먹이 활동을 하는 게, 조개, 낙지, 소라 등을 잡는 것을 말한다. 조차가 큰 서해나 남해 일부 지역, 제주도에서 가능하다. 물이 빠졌더라도 걸어다닐 수 없는 펄 갯벌보다는 모래 갯벌이나 혼합 갯벌이 더 좋다.

충청도 서해안, 경기만 일대에 해루질을 하려는 사람이 많이 모여든다. 이 과정에서 지역 주민들과 충돌이 발생하기도 한다. 재미 삼아 해루질을 하는 사람들도 있지만, 전문으로 해산물을 채취하는 사람도 적지 않다. 채취할 수 있는 대상이나 양을 정하지 않았기에 지역 어민들의 맨손 어업에 영향을 주는 것이다. 해루질로 몸살을 앓는 곳은 제주도다. 급기야 제주도는 '비어업인의 포획·채취 제한과 조건'을 고시했다. 수산자원관리법에는 어업인이 아닌 사람이 수산자원을 포획했을 때 과태료를 부과할 수 있다.

이에 대해 해루질 모임에서는 레저인의 행복추구권 제약이라며 반발하고 있다. 제주도에서는 소라나 문어 등이 해루질 대상이지만, 서해나 남해에서는 피뿔고둥과 민꽃게와 낙지 등이 대상이다. 특히 갯벌에 서식하는 피뿔고둥은 잡기도 쉽고 맛도 좋다. 낮에도 갯벌 체험을 하면서 많이 잡기도 한다. 낮에는 펄 속에 묻혀 있기 때문에 밤보다 찾기 어렵다. 동해에서는 해양레저용 슈트를 입고 바다에 들어가 홍합이나 문어 등을 잡기도 한다.

소라껍데기, 주꾸미를 유혹하다

요즘 운동, 쇼핑, 업무 심지어 회식까지 집에서 해결한다. 여행도 캠핑카, 차박 등 패턴이 바뀌고 있다. 다른 사람에게 피해를 주지 않고 자신도 안전을 챙기는 일상으로 문화가 바뀌고 있다. 이럴 때면 집을 가지고 다니는 생물들이 부럽다. 이런 딜레마는 인간에게만 국한되지는 않는 모양이다. 늘 집을 찾아야 하는 바다 생물 중에 하나가 주꾸미다. 소라처럼 딱딱한 껍데기를 가지고 있다면 좋으련만 빠르지도 않고 살갗도 부드러우니 걱정이다. 알을 낳아 온전히 부화할 때까지 몸을 보전할 곳을 찾아야 한다. 그래서 선택한 것이 소라껍데기다. 소라 구멍이 나선형으로 이루어져 안으로 몸을 숨기고 입구에 낙엽이나 그릇 조각을 끌어다 놓으면 웬만한 적들의 접근을 막을 수 있다.

그래서 몸에 맞는 소라껍데기만 보면 주꾸미는 다투어 차지하려 한다. 이를 잘 아는 어민들은 소라껍데기를 엮어서 바다에 넣어 두었다가 거두어 잡는다. 원리는 통발과 비슷하지만, 미끼를 넣지 않는다. 그냥 소라껍데기만 집어넣었다가 꺼내서 안에 들어온 주꾸미를 잡는다. 이렇게 집을 탐하다 영영 바다와 이별하는 일이 종종 발생한다.

통영, 남해, 여수, 고흥, 장흥 등 남해에서도 신안, 영광, 부안, 군산, 서천, 안산, 옹진 등 서해에서도 바닷가에 줄에 엮어 쌓여 있는

피뿔고둥 219

주꾸미는 소라껍데기 속으로 들어가
입구에 낙엽이나 그릇 조각을 끌어다 놓고 몸을 숨긴다.
서해 바닷가에는 줄에 엮어 쌓여 있는 소라껍데기를 볼 수 있다.

소라껍데기를 볼 수 있다. 최근에는 인공으로 만든 주꾸미잡이 도구들이 보급되었다. 그래도 어민들은 자연산 소라껍데기만큼 주꾸미가 잘 잡히는 것은 없다며 고집스레 옛날 방식으로 조업을 한다.

덕적도는 주변에 작고 아름다운 섬을 거느린 큰 섬이다. 인천에서 출발하는 쾌속선이 덕적도에 도착하면 작은 배를 타고 원하는 목적지로 향한다. 일종의 바다역인 셈이다. 그래서 포구에 노점을 열어 섬 산에서 뜯어온 나물, 밭에서 기른 채소, 바다에서 건져온 해산물을 놓고 팔았다. 이곳에 '덕적도 바다역 시장'을 만들었다. 주말에 열리는 장터를 주민 주도 시장으로 전환하고 장옥牆屋을 만들었다. 막 삶은 고둥부터 삶은 고사리, 햇볕에 말린 생선, 골뱅이, 대수리, 피뿔고둥에 굴까지 철 따라 다양하다. 쾌속선에서 막 내린 등산객들이 소라를 한 바구니 사들고 식당으로 들어간다. 식사를 하면서 소라를 삶아 한잔할 생각이다.

이만한 술안주도 없다

인천시 옹진군 북도면 모도의 한 식당에서 참소라 전문점을 만났다. 소라찜, 덮밥(비빔밥), 무침, 물회 등 '참소라 밥상'을 차려내는 식당이다. 소라물회를 주문했다. 모도는 시도·신도와 더불어 '신시모도'라 부르는 삼형제 섬이다. 세 섬은 다리로 이어져 있으며, 최근에는 영종도와 연도교連島橋(섬과 섬 사이를 잇는 다리) 사업이 진행 중이다. 모도에서 강화도로 이어지는 갯벌에는 참소라가 많다.

인천수산시장 젓갈집에서는 소라젓갈을 만날 수 있다. 조개젓갈도 있는데 소라라고 젓갈을 담그지 못할 이유가 없다. 제주에서는 해녀들이 잡은 뿔소라를 살짝 데쳐 진공포장을 해서 택배로 보낸다. 피뿔고둥을 삶아서 팔지는 않지만 염장을 해서 보관한 것이다. 소래시장이나 대천수산시장에는 아예 소라를 전문으로 파는 곳도 있다. 크기별로 나누어 놓고 해감이 잘된 소라를 골라준다. 주문을 받아 택배로 보낼 만큼 인기가 좋다. 통발을 놓아 전문으로 잡는 사람들이 공급해주는 소라다. 이렇게 큰 시장만 아니라 무안 망운장, 해남 남창장 등 바닷마을 오일장에도 반드시 등장하는 것이 소라다.

소라는 반찬도 좋고 간식도 좋지만 역시 술안주로 잘 어울린다. 광고처럼 '아줌마 여기 골뱅이 한 접시'라며 금방 튀어나올 것 같다. 마늘만 썰어 넣고 프라이팬에 볶아 간만 맞춰도 맛있다. 생으로 먹는 것보다 살짝 볶은 것이 감칠맛이 있다. 피뿔고둥은 야외로 나갈 때 잘 어울린다. 삶아서 먹기 좋게 손질하고, 갖은 채소를 씻어 담고

소라는 반찬도 좋지만 안주로 더 잘 어울린다.
막걸리 한두 병만 준비하면 된다.
소라회와 소라비빔밥.

초장만 준비하면 된다. 목적지에 도착해 가져온 재료를 버무리기만 하면 최고 반찬이 되고 안주가 된다. 현지에서 막걸리 한두 병 준비하면 더 바랄 것이 없다.

피뿔고둥은 펄에 서식하기 때문에 솔을 이용해 깨끗하게 세척한 후 끓는 물에 10분 정도 삶아서 살을 꺼낸다. 그리고 몸통과 내장을 분리한다. 내장과 초록빛 쓸개를 가위로 제거해야 한다. 그리고 살을 반으로 자르면 노란색을 띠는 침샘을 제거해야 한다. 사람에 따라 어지러움, 구토, 복통, 배탈의 원인이 되는 테트라민tetramine이 포함되어 있다. 참소라회는 식감과 맛이 좋다. 아삭하고 쫄깃하고 감칠맛이 진하다. 뿔소라나 전복보다 더 좋다. 다만 여름에 조심해야 할 수산물이다. 소라는 여름에 가격이 싸고 가을과 봄과 겨울에 비싸다. 피뿔고둥이 있는 곳에 골뱅이라 부르는 큰구슬우렁이나 갯고둥도 많다.

칼을
대지 마라

전복

전복은 복어다

　여름철 무더위와 가을장마까지 악조건을 견디고 이겨낸 전복이 뭍으로 나오고 있다. 여름 복달임에 맞춰 팔아야 좋은 값을 받을 수 있다. 게다가 가을장마와 폭우로 집단 폐사까지 겹쳤다. 전복이 차지하는 비중이 매우 큰 전남 지역 양식장들이 많이 힘들었다. 다행히 시련을 이겨내고 튼실하게 자란 전복을 가을걷이 중이다.

　전복은 세계적으로 100여 종에 이르는데, 토종으로 북방전복(참전복), 둥근전복(까막전복), 왕전복, 말전복 등이 있다. 전복은 미역, 다시마, 감태 등 해조류가 많은 갯바위에 붙어 산다. 스스로 수온 변화를 감지해 성숙과 산란을 조절하지만, 겨울철에 산란하고 봄철부터 여름철까지 해초들을 먹고 살이 오르기 때문에 여름부터 가을이 제철이다.

『자산어보』에는 전복을 '복어鰒魚'라고 했다. "전복의 살은 달고 깊다. 날로 먹어도 좋고 익혀 먹어도 좋지만 가장 좋은 방법은 포로 먹는 것이다. 내장을 익혀 먹어도 좋고 젓갈을 담가 먹어도 좋으며, 창근瘡根(종기)을 해소시킬 수 있다. 봄이나 여름에는 독이 많아서, 여기에 중독되면 종기가 부풀어 오르고 살갗이 터진다. 가을이나 겨울에는 독이 없다."

『우해이어보』에는 전복을 날것은 생복生鰒, 찐 것은 숙복塾鰒, 말린 것은 건복乾鰒으로 구분했다. 지금처럼 보관이나 운반 시설이 좋지 않았던 옛날에는 전복을 말려 사용했다. 말린 전복 중에서도 황갈색을 띤 큰 전복을 명포明鮑, 잿빛을 띤 작은 전복을 회포灰鮑로 구분했다. 서유구는 『전어지』에서 '전복 따는 법'을 자세하게 설명했다.

"매월 상현달이나 하현달이 뜨면서 바람이 온화하며 햇볕이 따스할 때, 여성들은 전복 채취를 생업으로 삼는다. 40~50명이 무리를 이루고 저고리와 치마를 벗고 잠방이(속곳, 물소중이) 해녀복(잠수복)만 입는다. 테왁과 망사리를 챙기고 송곳(호미)을 가지고 채취한다. 이때 전복이 눈치채지 못한 틈을 타서 재빨리 송곳으로 후벼서 딴다. 조금이라도 지체하면 돌에 단단히 들러붙어서 뗄 수가 없다."

왜 상현과 하현일까? 물질을 하는 해녀들에게 물살의 세기는 생명과 직결된다. 그래서 조류가 세지 않은 물때가 좋다. 두 번째로는 탁도濁度다. 조류가 거칠면 부유물이 함께 움직여 시야가 좋지 않다. 보름이나 그믐 물때는 조류 이동이 활발한 '사리'다. 그래서 상현과 하현의 '조금' 물때가 좋다.

『자산어보』에는 전복을 복어라고 했다.
한방에서는 몸을 보해준다며 약재로 사용할 정도였다.

조선시대 숙종 때 문신인 김춘택金春澤, 1670~1717은 「잠녀설潛女說」에서 이렇게 말했다. "전복을 따는 것은 미역을 채취하는 것에 비해 매우 어렵고 고되어 잘못하면 그 얼굴이 시커멓게 초췌해져 걱정과 고난으로 죽다가 살아난 모습을 하게 된다.……한 번 물에 잠겨 전복을 찾지 못하면 다시 물에 잠기는데 전복 하나를 따려다가 몇 번이나 죽을 뻔하기도 한다. 물 밑의 돌은 모질고 날카롭기도 하여 부딪혀 죽기도 한다."

『난호어목지』에 전복은 "동해, 남해, 서해 모두 있다. 관동 고성 등에서 나는 것은 껍질이 작고 살이 없고, 영남 울산·동래, 호남 강진·제주 등지에서 나는 것은 껍질이 크고 살이 많다"고 했다. 또 "껍데기째로 얼음에 채워 파는 것은 생복, 껍데기를 제거하고 햇볕에 말려 10미씩 대꼬챙이에 꿴 것을 건복, 얇게 다져서 종잇장처럼 펴낸 것은 추복碨鰒 혹은 장복長鰒이며 안줏감으로 좋다"고 했다.

전복은 포작인이 땄다

패총에서 발견된 전복 패각으로 보아 선사시대부터 식용으로 즐겼던 것 같다. 조선시대 해산물을 채취하는 사람으로 '포작인浦作人'과 '잠녀潛女(해녀)'가 있는데, 전복을 따는 사람이 포작인이다. 이때도 전복은 귀한 식재료요 공물이자 진상품이었다. 그래서 토호들이나 관리들의 수탈 대상이었다. 조선시대의 각 지방 관아와 중앙 관청 사이의 각종 문서를 편찬한 『각사등록各司謄錄』에 보면 충청수영이나 통영과 좌수영에 '채복선採鰒船'이 등장한다. 진상할 전복을 채취하는 배다. 포작인 중에는 종묘에 천신薦新하는 큰 전복을 구하기 위해 외딴섬에 들어갔다가 수적水賊을 만나 변을 당하는 일도 있었다. 진도에서는 전복을 따다 풍랑을 만나 일본 오키나와沖繩로 표류하는 일도 있었다.

제주 외에도 포작인이 배치된 섬들도 있다. 여수 횡간도도 그중 하나다. 포작인은 진상할 해산물만 아니라 관아에서 사용하는 것도 부담했다. 제주에서는 1년에 포작인은 20필, 잠녀는 7~8필에 해당하는 전복과 해산물을 바쳐야 했다. 제주 목사 기건奇虔, 1390~1460은 『제주풍토기濟州風土記』에 그 실상을 기록했다. 그는 재임하는 동안 밥상에 전복을 올리지 못하게 했다. 『탐라지耽羅誌』를 보면 전복은 말馬, 감귤과 함께 임금께 올리는 공물이었다. 특히 전복은 다양한 해조류를 먹고 자라 아미노산이 풍부하다.

제주에서는 포작인들이 수탈을 견디다 못해 출륙出陸하자 조

조선시대 제주에서 전복은 말과 감귤과 함께 임금께 진상하는 공물이었다.
그만큼 귀한 식재료였다.

정에서는 '출륙 금지령'을 내렸다. 그래서 얕은 바다에서 미역 등 해초를 채취하던 잠녀들이 더 깊은 곳으로 들어가 전복을 채취해 부족한 공물을 감당해야 했다. 오늘날 물질을 남자보다 여자가 많이 하게 된 사연이다.

제주도뿐만 아니라 청산도·평일도·생일도·덕우도 등 완도 지역, 가거도·만재도·태도·홍도·흑산도 등 신안 지역에도 전복을 채취하는 해녀가 있다. 전라남도만 아니라 부산 영도, 통영 사량도, 동해 울릉도, 보령 외연도 등 동해와 서해와 남해 여러 곳에 해녀가 있다. 해녀들은 미역, 우뭇가사리, 전복 등을 채취한다. 특히 전복은 해삼과 함께 마을어업의 주요 소득원이다.

자연 서식하는 곳은 점점 줄어들고 이제 인공수정해서 키운 어린 전복을 뿌려 놓았다가 자라면 채취한다. 물고기처럼 이동하지 않아 가두리를 하지 않고 곧바로 마을 어장에 살포한다. 이렇게 인공수정해서 뿌린 전복과 순수하게 바다에서 자란 전복은 맛에서 차이가 있을까? 구별하기 어렵다. 오히려 양식산이 식감이 더 좋다는 사람도 있다. 다만 자연산과 양식산 전복을 구별하려면 껍데기를 살펴야 한다. 양식산은 껍데기가 매끈하고 푸른색이 돌지만, 자연산은 껍데기에 딱지가 많이 붙어 있고 회색이다.

전복 양식의 어려움

완도는 김, 미역, 다시마 등 해조류 중심의 양식에서 전복 중심 양식으로 바뀌었다. 그렇다고 해서 해조류 양식을 멈춘 것은 아니다. 김 양식은 해남, 진도, 군산, 서천 등으로 옮겨갔지만 미역과 다시마는 여전히 완도에서 많이 양식한다. 다만 과거에 식용이었다면 지금은 전복 먹이를 위해 양식한다. 그만큼 전복 양식의 비중이 높아졌음을 의미한다. 그리고 전복이 대중화된 것은 양식 기술이 발달하면서였다.

2000년대 초반에 전복 양식을 했던 세대는 이제 고령으로 양식을 주도하기 어려운 나이가 되었다. 외국인 노동자들이 많이 들어왔지만, 주인이 해야 할 일이 따로 있다. 최근 그 자리에 하나둘 자식들이 들어와 차지하기 시작했다. 다행스러운 일이다. 청산도, 소안도, 보길도, 노화도가 대표적이다.

전복은 어린 전복을 가져다 3년을 키워야 상품이 된다. 그사이에 크기를 봐서 개체수를 나누어 분산시켜야 하고, 사나흘에 한 번씩 먹이도 주어야 한다. 다시마와 미역 철에는 먹이 생산을 위해 해

전복은 3년을 양식해야 상품이 된다.
그사이에 사나흘에 한 번씩 먹이도 주고, 크기별로 나누고, 전복 따기를 할
젊은 노동과 기술이 필요하다. 전남 완도 전복 양식장.

조류 양식도 해야 한다. 가장 일손이 많이 필요할 때는 전복을 크기별로 나누고, 출하를 위해 전복 따기를 할 때다. 이때는 품앗이로 돌아가면서 부족한 노동력을 충당한다. 필요할 때는 전복집을 만들고 양식장 틀을 만드는 일도 해야 하기 때문에 젊은 노동과 기술이 필요하다. 예전에 비해 소득이 떨어졌지만 그래도 도시에서 직장생활 하는 것보다 낫다며 실리를 찾아 귀어歸漁하는 자식들이 늘고 있다. 아쉽다면 이렇게 섬으로 들어온 젊은이들이 전복 양식 외에 다른 커뮤니티를 형성하지 못하고 기회도 없다는 점이다.

최근 여름은 전복 양식 어민들에게 악몽 같았다. 소비량이 크게 줄었기 때문이다. 게다가 3년간 잘 양식해 출하를 앞둔 전복이 집중호우로 모두 폐사했다. 하구나 연안에서 양식을 하는 어민들의 피해

가 더욱 컸다. 그러잖아도 기후위기, 연안 오염, 높은 폐사율로 전복 양식 어민들의 어려움이 큰데 엎친 데 덮쳤다.

거기에 외국인 노동자마저 구하기 어려워 인건비는 크게 올랐다. 이 상태로는 전복 양식을 지속하기 어렵다는 어민들도 생겨나고 있다. 귀어귀촌한 젊은 어민들이 답답한 것은 앞으로 반복될 재난에 뾰족한 해결책이 없다는 점이다. 게다가 그 피해를 오로지 개인이 감당해야 한다는 점이다.

전복을 먹으면 사랑에 실패한다

전복은 껍데기가 2개인 이매패류 조개와 달리 1개만 있다. 그래서 서양 사람들은 짝이 없기 때문에 전복을 먹으면 사랑에 실패한다고 먹지 않았다. 지금은 당뇨와 고혈압에 좋은 저지방 고단백 식품으로 식재료뿐만 아니라 한방에서도 찾고 있다. 전복에는 원기 회복과 피로 해소를 도와주는 영양소가 풍부하다. 중국에서는 전복을 해삼, 상어지느러미 등과 함께 최고의 강장식품으로 꼽는다. 환자나 기력이 쇠한 사람에게 전복을 권한다.

전복으로 가장 쉽게 맛볼 수 있는 것이 전복회다. 봄에서 초여름에 먹는 전복이 살이 단단해 식감이 좋다. 오돌오돌 씹히는 맛과 달콤한 감칠맛이 일품이다. 회로 먹으려면 고운 솔로 문질러 잘 씻은 다음 패각의 납작한 쪽에 숟가락이나 칼을 넣어 내장이 터지지 않게 제거한다. 청산도 해녀가 해준 이야기다. 정말 맛있는 전복을 먹고 싶다면 칼을 사용하지 말라고 했다. 전복 살을 꺼낼 때 칼 대신 빗창(전복 따는 도구)을 사용했다. 전복 살을 회로 썰지 말고 통째로 베어 먹으라고 알려주었다. 칼을 대는 순간에 전복 살은 딱딱해진다는

전복회는 오돌오돌 씹히는 맛과 달콤한 감칠맛이 일품이고,
전복죽은 전복 요리의 백미로 몸을 보호해주는 보양식이다.

것이다.

　전복 내장을 소금에 버무려 먹는 것이 게우젓이다. 버터를 바른 전복구이, 채소를 넣은 전복구이는 옛말이고 전복을 통째로 넣은 전복빵도 선을 보였다. 뭐니뭐니 해도 전복 요리의 백미는 전복죽이다. 한방에서 약재로 사용할 정도로 몸을 보해준다. 전복 창자는 전복죽을 끓일 때 넣어야 독특한 맛이 나고 향을 낸다. 또 젓갈을 담그기도 했다.

　껍데기는 공예품 재료로 사용했다. 또 바위에 붙은 김이나 파래를 채취할 때도 요긴했다. 한때 껍데기를 사가는 사람이 있어 엿장수가 엿을 주고 수집하기도 했다. 전복 양식 어민들이 여름철 복달임을 기다리는 것도 이 때문이다. 닭에 인삼을 넣고 여기에 전복까지 올린 보양식이다. 전복 된장국, 전복찜, 전복초炒, 전복 물김치 등도 있다.

작은 것이
고향을 생각하게 한다

고둥

보말도 괴기여

바다도 아니고 갯벌도 아니고 갯바위에 붙어 생존해야 하는 고둥의 삶은 애처롭다 못해 처연하다. 가뭄에 내리는 가랑비에 의지한 식물처럼 파도를 타고 올라온 바닷물 한 모금 겨우 목을 축이며 생존해야 한다. 그 대신에 거친 태풍과 파도를 견뎌야 하고, 뜨겁고 추운 갯바위 육상 생태계도 참아내야 생존할 수 있다. 섬사람들마냥 극한 환경에서 생존을 위해 최적화된 생산과 소비를 하며 살아간다. 고둥은 '복족류'라고 부르는 연체동물로 소라, 피뿔고둥, 골뱅이처럼 식재료로 인기가 있는 큰 것도 있지만 총알고둥처럼 손톱보다 작은 것도 있다.

이들을 채취해 밥상에 올리는 일은 시간과 노력에 비해 얻는

고둥은 소라·피뿔고둥·골뱅이처럼 식재료로 인기가 있는 큰 것도 있지만
총알고둥처럼 손톱보다 작은 것도 있다.

것이 적고 번거로운 일이지만 마다할 수 없는 것이 섬살이다. 또 그 정성과 손맛에 길들여진 자식들이 원하는데 번거로움이 대수일까? 지금도 먼바다 섬에는 여전히 고둥무침이 밥상을 지킨다. 아마 갯바위에서 고둥이 멸종되지 않는 한, 그 섬이 무인도가 되지 않는 한 지속될 것이다. 고둥과 함께 갯바위에서 서식하는 해산물로는 거북손(보찰), 홍합, 담치, 김, 미역, 톳, 우뭇가사리 등이 있다.

요즘 '로컬리티 locality'가 주목을 받고 있다. 식재료에서 로컬리티는 로컬푸드를 너머 '슬로푸드'의 의미를 갖는다. 땅과 바다와 물과 대기까지 건강하고 깨끗하고 공정한 음식을 밥상에 올리려는 노력이다. 음식은 단순하게 먹거리를 넘어 사회구조와 관계망으로 이루어져 생산되기 때문이다. 슬로푸드 활동이 활발한 곳 중에 하

고둥

나가 제주다. 그래서일까, 제주는 고둥을 활용하는 것도 예사롭지 않다.

가장 익숙한 것은 '보말칼국수'다. 주민이 아니라 여행객이 즐겨 찾는 음식으로 자리를 잡았다. 옛날부터 제주 사람들이 즐겨 먹었던 음식은 아니다. 육지에서 바지락칼국수가 인기를 끌면서 변형되어 제주에 들어온 음식이다. 사실 제주의 고기국수도 따지고 보면 사정은 비슷하다. 지역 음식이 형성되는 역사와 문화로 해석해도 될 것 같다. 여기에 멈추지 않고 보말해장국과 보말짬뽕을 내놓는 식당도 있다. 이쯤이면 제주 사람들이 '보말도 괴기여'라는 말이 우스갯소리가 아니다.

제주에서는 얕은 바다를 '바릇'이라고 한다. 그곳에 서식하는 게(깅이), 소라(구젱기), 문어(물꾸럭), 보말(고둥)을 채취하는 것을 '바릇잡이'라고 한다. 바릇잡이 중 대표적인 것이 '보말'이다. 바릇잡이를 어촌 체험으로 내놓는 곳도 있다. 한때 제주 해안 마을의 식탁이나 다름없었던 곳이다. 보말을 바다고둥의 제주 말로 해석하기도 한다. 하지만 제주 사람들이 말하는 보말은 먹보말이(밤고둥)와 수두리보말(구멍밤고둥)이다.

보말을 이용한 제주 음식으로 보말출레, 보말죽, 보말미역국 등이 있다. 보말출레는 보말을 삶아서 살을 꺼내 양념을 해서 간단하게 무쳐 내놓는 한두 끼 먹는 반찬이다. 말이야 간단하지만 보말을 잡고 삶고 알을 꺼내고 내장을 분리해서 무쳐 내놓기까지 손이 정말 많이 간다. 보말죽은 제주 음식을 상징할 만큼 널리 알려져 있다. 보말을 삶아 내장과 살을 분리하고 살은 기름에 볶는다. 보말을 삶은 물에 불린 쌀을 넣어 뭉근하게 끓인 다음 보말 살을 넣고 내장을 으깨어 더한 후 간을 한다. 내장까지 버리지 않고 죽을 쑤는 데 넣었다. 전복죽과 다를 바 없는 보양식이다.

고둥을 밥상에 올리는 일

전남 진도군에 있는 조도면은 유인도 36개와 무인도 141개를 포함해 177개 섬으로 이루어져 있다. 물새들이 내려앉은 것처럼 섬들이 옹기종기 새떼처럼 모여 있어 조도鳥島라고 불렀다. 하조도에는 아름다운 등대가 있고, 상조도에는 많은 섬을 볼 수 있는 전망대가 있다. 다리로 연결된 두 섬은 조도면의 중심이다. 그 사이로 흐르는 바닷물은 얼마나 빠르겠는가? 오롯이 섬으로 버티려면 해안이 바위로 이루어져야 한다. 그 바위에 다양한 해양생물이 서식한다. 특히 '진도곽'이라 불리는 돌미역이 유명하지만 팔아서 돈을 마련하려고 자기 밥상에 올리는 일은 드물다.

그 대신에 갯바위에서 주워온 고둥류나 군부나 홍합을 삶아 밥상에 올린다. 진도곽 중에 으뜸인 미역밭에 물을 주는 것을 보러 갔다가 주민이 내놓은 고둥무침 맛에 감동했던 기억이 있다. 맹골도나 관매도도 마찬가지였다. 소마도에서는 한 솥 가득 고둥을 삶아 부부가 앉아서 살을 꺼내는 것을 보았다. 부부가 먹을 반찬이기도 했지만 그 맛을 아는 자식들이 찾아 번거로움을 사서 하는 중이었다. 저 많은 고둥을 줍느라 얼마나 허리가 아팠을까?

조도면에 있는 섬에만 고둥무침이 있는 건 아니다. 옹진군 굴업도, 영광군 송이도, 여수시 금오도, 고흥군 득량도, 통영 등지에서 받은 섬 밥상에서도 고둥무침을 맛보았다. 이들 지역은 모두 먼바다에 있는 섬이라는 점과 해안이 갯바위로 이루어졌다는 공통점이 있다.

고둥을 밥상에 올리는 일은
시간과 노력에 비해 얻는 것이 적고 번거로운 일이지만 마다할 수 없는 섬살이다.
조도면 주민이 고둥을 한 솥 삶아내 살을 꺼내고 있다.

금오도를 제외하면 작은 섬이다. 갯벌이 발달한 섬에서도 갯고둥, 댕가리 등으로 된장국을 끓이기도 하고 그것을 삶아 살을 꺼내 먹기도 한다.

하지만 반찬으로 이용하는 고둥류는 갯바위에 서식하는 보말, 맵사리, 대수리(갱), 갯고둥, 팽이고둥, 눈알고둥, 개울타리고둥 등이다. 울릉도에서 맛본 밥상 중 따개비칼국수도 기억에 남는다. 그 따개비의 사전 명칭은 '삿갓조개'다. 울릉도만 아니라 남해안과 서해안 먼바다에서 삿갓조개를 된장국이나 무침에 많이 이용한다. 삶으면 곧바로 껍질과 살이 분리되고, 내장을 꺼낼 필요도 없어 좋다.

특별한 겨울 음식

통영 지역에서도 보말을 많이 활용한다. 서호시장에 나오는 홍합, 소라, 다양한 조개류나 고둥은 해녀들이 채취한 것이다. 보말도 마찬가지다. 육지에서는 부산을 제외하고 해녀가 가장 많은 곳이 통영 지역이다. 제주에서 온 출가 해녀들이다. 음식은 지역성이 강하지만 또 지역 주체의 변화에 따라 새로운 지역 음식이 형성되기도 한다. 해녀들이 부산이나 통영에 정착할 수 있었던 것은 미역, 우뭇가사리, 전복 등 경제성이 높은 해산물을 채취할 수 있었기 때문이다.

보말의 명칭도 제주도에서 사용하는 용어 그대로 사용한다. 해녀들이 채취해온 고둥은 미수동 선창에서 곧바로 거래되며 상인들이 가져간다. 통영에서 고둥이 많이 소비되는 곳은 다찌집이다. 고둥 살만 꺼내 반찬으로 만들기도 하지만 삶아서 이쑤시개와 함께 내놓기도 한다. 미역, 새우 등과 함께 다찌 요리가 본격적으로 나오기 전에 전식前食으로 내놓는다.

옹진군의 섬에서도 고둥을 밥상에서 만날 수 있다. 백령도에 가기 위해 하루 전날 인천에 도착해 숙소에 짐을 풀고 수산시장을 어슬렁거렸다. 발걸음을 멈춘 곳은 작은 고둥들을 쌓아 놓고 팔고 있는 가게 앞이었다. 고둥을 쌓아두고 그 위에 '고말', '고둥', '갱'이라는 글씨가 적혀 있었다. 각각 다른 종이다. 모두 연평도에서 건너온 것들이다. 인천 사람들에게 갱국은 특별한 겨울 음식이다. 숙취에 그만이라 속이 쓰린 술꾼들은 갱국이라는 말만 들어도 술이 깬다고 한다.

생된장과 갱을 함께 으깨서 만든다. 고둥과 된장을 갈아서 마시

보말죽은 제주 음식을 상징할 만큼 널리 알려져 있으며,
전복죽과 다를 바 없는 보양식이다. 보말죽과 고둥무침.

는 향토 음식이다. 갱은 매운맛이 있다. 갱은 대수리를 말하지만 주민들은 보리가 익어갈 때 많이 올라오고 맛이 좋아 '보리갱'이라고도 한다. 보릿고개를 넘기는 데 한몫을 했다. 허기를 면하려고 먹다 보니 맛이 들어 찾고, 철이 들어 그때가 그리워 찾는 음식이다. 요즘 말로 힐링 푸드다. 문갑도, 연평도, 덕적도, 백령도, 대이작도, 영흥도 등 인천 섬마을에서 맛볼 수 있는 향토 음식이다. 인천에서 공부하다 방학에 집에 온 자식들을 위해 어머니가 만들어주던 음식이다. 동해안의 식해 食醢(생선에 소금과 밥을 섞어 숙성시킨 음식)처럼 실향민들과 함께 온 음식이라고 한다.

이렇게 갯바위에 서식하는 고둥을 적극적으로 이용하는 곳은 제주도, 울릉도, 조도군도, 흑산군도, 금오열도, 외연군도 등이다. 한결같이 육지에서 멀리 있는 섬들이다. 이제는 해녀들이 물질을 해야 크고 먹을 만한 고둥을 채취할 수 있을 만큼 바닷가에서 사라져 가고 있다. 백화 현상도 원인이지만 주변을 오염시키는 낚시꾼과 어민들도 책임을 피할 수 없다. 작은 고둥을 보고 고향을 떠올리고, 어머니를 그리워하는 사람이라면 그가 진짜 절해고도에 고향을 둔 섬사람이다.

고놈의 '군수' 때문에
못살겠다

군소

바다 달팽이 혹은 바다 토끼

'아빠 이거 무슨 맛이야?' 시커먼 껍질이 고무를 썰어 놓은 듯한 모양새다. 보기에도 먹음직스럽지 않다. 실제 맛은 무덤덤하다. 씹힘은 있는데 그 자체가 내는 맛은 거의 없다. 삶이 그렇듯 말이다. 군소 맛이다.

군소가 많이 있는 곳은 으레 해조류가 풍성하다. 동해안의 미역이 많이 자라는 바닷가, 남해의 미역·파래·다시마가 풍부한 갯벌에서 많이 발견된다. 완도 소안도, 진도 조도·관매도, 여수 금오도, 통영 우도·욕지도, 동해 포항 호미곶, 제주도, 울릉도 등에서 군소를 확인했다. 이들 지역은 자연산 돌미역, 파래, 김, 톳 등으로 유명한 곳이다. 동해안이나 제주에서는 해녀들이 물질해서 잡는다. 이곳에서는 대량으로 잡아 손질한 후 삶아서 냉동 보관해 뭍으로 보낸다.

군소는 복족류에 속하는 연체동물이다. 껍데기 없이 육지에서 생활하는 민달팽이를 닮았다. 이름을 '바다 달팽이'라고 한 이유다. 몸은 흑갈색에 회백색 얼룩무늬가 있다. 얕은 바다에 서식하며 미역, 다시마, 파래 등 해조류를 좋아하는데 특히 파래를 좋아한다. 영미권에서는 달팽이보다 토끼를 상상한 모양이다. 그래서 '바다 토끼 sea hare'라고 한다. 암수 동체라 봄이면 서로 껴안고 짝짓기를 한다. 그렇게 해서 낳는 알이 무려 1억 개에 이른다. 그 많은 알이 어디로 간 것일까? 군소를 본 사람이 생각보다 많지 않다. 바닷물고기는 물론 해삼, 고둥, 바다의 해적 불가사리 먹이로 사라진다. 1년 내내 산란하지만 봄과 여름이 알을 낳는 적기다.

『자산어보』에는 군소를 '굴명충屈明蟲'이라고 했다. "형상은 알을 품고 있는 닭과 같으나 꼬리가 없다. 온몸에 피가 있으며 맛은 싱겁다. 영남 사람들이 먹는데, 여러 번 아주 깨끗이 씻어 피를 제거하지 않으면 먹을 수 없다."

옛날 어느 바닷가 마을에 부임한 지 얼마 되지 않는 군수가 어민들의 이야기를 듣고자 행차를 했다. 봄이었던지 어민들은 미역 채취에 여념이 없었다. 지금처럼 양식을 하지 않던 시절이라 오롯이 자연산에 의존했다. 동해안, 남해안, 제주, 서남해안까지 미역을 팔아 생계를 유지하는 어촌이 꽤 많았다. 그런데 그해에 미역 농사가 흉년이었던 모양이다. 좋은 미역밭은 지방의 토호나 권문세도가가 차지하고, 국가에서도 '곽세藿稅'라고 해서 세금을 거두어 갔다. 농사로 말하면 소작료를 받아가는 셈이다. 그러니까 미역밭 혹은 미역 바위 주인 행세를 하는 세력가들이 있었다. 실제로 문서를 만들어

군소는 얕은 바다에 서식하며, 흑갈색에 회백색 얼룩무늬가 있다.
민달팽이를 닮았다고 해서 '바다 달팽이'라고 한다.

사고팔기도 했다.

　어민들은 하소연이라도 해서 세금 감면이라도 받겠다는 심산이었던지 한 어민이 말끝에 '고 망할 놈 군소 때문에 못살겠다'고 했다. 그저 세금 좀 감면해주면 좋겠다는 생각으로 한 말이었다. 군수는 '고놈의 군소'라는 말에 눈이 번쩍 뜨이고 얼굴이 벌겋게 달아올랐다. 군수가 아니라 군소라 했지만 도둑이 제 발 저린다고 얼굴이 벌게진 것이다. 군소가 미역과 다시마 등 어민들의 밥줄을 모두 갉아 먹었으니 보릿고개를 어찌 넘을지 걱정이 되어 한 말이었다. 백성들에게 군소는 이중삼중으로 세금을 수탈해가는 탐관오리 같았으리라.

가장 느리다

군소는 달팽이처럼 느리다. 군소를 노리는 포식자를 만나면 어떻게 할까? 소라나 전복처럼 딱딱한 껍데기를 갖고 있는 것도 아니고 오징어나 문어처럼 날랜 것도 아니다. 연체동물 중에서 방어력이 가장 약하다. 그래서 알을 그렇게 많이 낳는 것일까? 조간대 갯바위 틈 해조류가 많은 곳에 오렌지색이나 노란색 노끈을 뭉쳐 놓은 것처럼 알을 낳는다. 그 모양이 국수사리를 접시에 담은 모양이라서 '바다 국수'라고도 한다.

물고기가 먹고, 불가사리가 먹고, 고둥이 먹고 살아남은 군소는 느리게 이동하며 적의 공격을 받으면 '자선'이라는 기관에서 먹물을 뿜어낸다. 색깔이 군청색이다. 그래서 이름을 군소라고 했다는 설도 있다. 토끼를 닮았다고 생각하는 것은 2개의 더듬이가 있기 때문이다. 큰 것은 후각을, 작은 것은 촉각을 담당한다. 봄철 날씨가 따뜻해지면 한 달 사이에 급격하게 체중을 불린다. 군소는 큰 것은 40센티미터에 이르기도 한다.

전남 여수시 금오도 바닷가에서 엄마와 아들이 나와서 갯것을 하는 것을 지켜본 적이 있다. 제주의 '바릇잡이'처럼 여수에서는 물이 빠진 바닷가에서 고둥도 줍고, 톳이나 미역을 뜯는 것을 '갯것한다'고 표현한다. 그런데 파래와 톳이 가득한 돌 틈에서 커다란 군소 한 마리를 잡아냈다. 묵직하고 크기도 하다.

통영 서호시장에서 대나무 꼬챙이에 몇 마리씩 엮어 팔고 있는 군소를 보니 달걀만 하다. 큰 군소 생물을 말리면 달걀만 하게 줄어든다. 연화도 옆 작은 섬 우도에서 여러 마리 군소를 갈무리해 놓은 것을 보니 군청색 색소가 끝없이 흘러나왔다. 이 색소를 완전

군소는 달팽이처럼 느리고
연체동물 중에서 방어력이 가장 약하다.
또 군소를 말리면 달걀만 하게 줄어든다.

히 제거하고 삶아서 건조시키면 생각보다 작은 크기로 줄어든다. 우도는 해초 밥상이 유명하다. 갯바위에서 자라는 톳, 우뭇가사리, 미역, 다시마 등으로 밥상을 차려낸다. 그중에는 군소도 삶아 곧잘 올라온다.

바다의 산삼

군소는 크기에 비해 신경세포가 아주 크지만 단순하다. 그래서 신경계를 연구하는 모델이 되는 모양이다. 미국 컬럼비아대학의 에릭 캔들 Eric Kandel 교수는 군소의 학습과 기억 메커니즘을 밝혀내 뇌과학 연구에 큰 기여를 했다. 이를 바탕으로 파킨슨병 등 신경계 질병 신약을 발견하게 되어 2000년 노벨 생리의학상을 수상했다. 중국에서는 상처나 염증 치료에 사용했다.

우리나라에서도 군소 등 해양생물 자원을 활용해 화장품과 건강기능식품 개발에 힘쓰고 있다. 특히 군소는 독특한 향을 가지고 있고, 당뇨 증상 개선 효과가 뛰어나 면역력 개선, 피로 해소 등에 주목하고 있다. 그래서 바다의 산삼이라고 불린다. 군소는 요리할 때 물을 붓지 않고 삶을 정도로 수분이 많다. 경상대학교 해양과학대학은 이러한 군소의 특징을 활용해 피부 보습, 주름 개선, 상처나 염증 치료 등 피부 재생에 적용할 성분을 연구하고 있다.

해양자원은 미지의 세계다. 과학기술이 발달하면서 그 가치는 더욱 넓혀지고 있다. 어느 과학자는 해양자원의 활용은 빙산의 일부일 뿐이라고 말한다. 미래학자들이 지구의 마지막 자원이자 보고는 해양이라고 한다.

군소를 즐겨 먹는 사람들은 남해, 특히 통영 사람들이다. 경상도 해안 지방에서는 제사상에도 올린다. 통영 서호시장에서 대나무 꼬챙이에 끼워 파는 군소를 제사상에 올리는 것이다. 부산 기장시장, 포항 죽도시장 등에 명절을 앞두고 가보면 볼 수 있다. 그 지역에서는 명절이나 제사상에 꼭 올리는 제수 음식이다.

해녀들은 군소를 잡으면 배를 갈라 군청색 색소를 깨끗하게 씻어낸다. 흑산도 주민들은 지금도 군소를 '굴멍이'라고 한다. 제주에서는 군소를 '물도새기'라고 한다. 돗새기, 도새기, 토새기는 돼지의 제주 말이다. 물도새기는 물돼지라는 의미다.

가장 일반적으로 군소는 끓는 물에 데쳐서 초고추장이나 참기름, 소금에 찍어 먹는다. 쌉쌀한 맛이 감돈다. 간장에 양념을 더해 밑간을 해서 재웠다가 자작하게 끓여서 먹기도 한다. 쫄깃하고 담백하

경상도 해안 지방에서는 군소를 제사상에도 올리기도 한다.
또 군소를 끓는 물에 데쳐서 초고추장이나 참기름, 소금에 찍어 먹기도 한다.

다. 5~6월에 완도 어시장에 등장한다.

    해녀가 아니더라도 봄에 물이 빠진 해조류가 붙어 있는 갯바위 근처를 더듬어 물컹하게 잡힌다. 그 자리에서 손으로 찢어서 내장과 색소를 제거한다. 그리고 집으로 가져와서 다시 손질을 해서 깨끗하게 씻고 제거되지 않은 내장도 떼어낸다. 완도 생일도에서는 생으로도 먹는다. 상큼하고 달달한 뒷맛이 있다. 생으로 먹으면 단맛이 강하고 삶아 먹으면 약간 쓴맛도 돈다.

제4부

갯벌은 푸르다

조선의 왕도
탐한 맛

꽃게

횡보공자와 무장공자

'팔딱팔딱 살아 있는 속이 꽉 찬 100퍼센트 국내산 서해안 왕꽃게, 충청남도 서산에서 잡아온 꽃게를 6마리에 1만 원에 드립니다.' 창문 너머 도로에서 들리는 꽃게 장수의 목소리에 벌써 붉은 꽃게찜이 아른거렸다. 꽃게 장수의 목소리가 오늘따라 애달프다. 국내산을 강조하고 서산에서 잡아왔다고 산지까지 밝혔지만 원산지 불신 탓일까? 일본의 방사능 오염수 유출 파장 때문일까? 아파트 주민들의 반응은 영 신통치 않은 모양이다.

몇 년 전 태안의 큰 포구인 신진도항에는 106년 만에 개방했다는 옹도등대를 구경하는 여행객들이 수족관 앞에 모여 꽃게를 사려고 흥정 중이었다. 역시 불안할 때는 산지에서 어민이나 농민에게서 직접 구입하는 것이 값도 싸고 안심할 수 있다.

꽃게라는 이름은 '곶해串蟹'에서 비롯되었다. 게의 등딱지 좌우에 날카로운 꼬챙이 2개가 있다. '곶'은 꼬챙이의 옛말이다. 곶해가 꽃게로 바뀐 것이다. 이익李瀷, 1681~1763 의 『성호사설星湖僿說』에는 곶해라고 했다. "바다에 사는 커다란 게인데 색이 붉고 껍데기에 각이 진 가시가 있다. 세속에서는 곶해串蟹 라 하는데 등딱지에 꼬챙이串 처럼 생긴 뿔이 2개 있기 때문이다."

『자산어보』에는 '시해矢蟹'라고 했으며, "뒷다리의 끝부분이 부채처럼 넓적하다. 양쪽 눈가에 0.1척 남짓한 송곳 모양이 있어서 이 이름을 얻은 것이다"고 소개했다. 반질거리고 딱딱한 외모에 옆으로 걷는다고 해서 횡보공자橫步公子 또는 횡행개사橫行介士, 곁눈질하는 것처럼 보여 의망공依望公, 창자가 없어 무장공자無腸公子, 뱃속이 비었기 때문에 '무복공자無腹公子', 노란색 알과 내장을 두어 내황후, 다리가 많아 곽색郭索 이라고 부르며 술자리 곁에 두었다. 맛이 좋아 양반들의 사랑을 많이 받은 만큼 이름도 다양하다.

고대 중국에 필탁畢卓 이라는 관리가 있었다. 그는 손꼽히는 주당이었다. "늘 한 손에 게 발을 들고 한 손에 술잔을 들고 주지酒池에 빠져 생을 마치면 무엇을 더 바라겠는가?"라고 노래했다. 고려 말 문인 이규보李奎報, 1168~1241 도 게장을 먹으며 술을 한 잔 마시는 것이 신선놀음이라고 노래했다. 불로초가 다름 아닌 게장이라고 생각했던 것이다.

조선의 선비로는 김종직金宗直, 1431~1492 , 정약용丁若鏞, 1762~1836 , 허균이 식탐을 금하는 양반의 체통은 잠시 뒤로 미루고 게 맛을 그리워했다. 실학자 이덕무李德懋, 1741~1793 가 선비의 예절을 기록한

꽃게는 옆으로 걷는다고 해서 횡보공자,
곁눈질하는 것처럼 보여 의망공, 창자가 없어 무장공자라고 불린다.
조선시대 화가 장승업張承業의〈화조영모어해도花鳥翎毛魚蟹圖〉중 꽃게 그림.
국립중앙박물관 소장.

『사소절士小節』에는 "게껍데기에 밥을 비벼 먹는 행동을 하지 마라"고 적혀 있다. 하지만 그의 손자 이규경 李圭景, 1788~?은 『오주연문장전산고五洲衍文長箋散稿』의 '섭생편'에서 "신시申時에 게蟹의 집게발과 농어회鱸魚膾에 새로 빚은 술을 해천라海川螺(소라껍데기)에 따라 취한 뒤에 퉁소 두어 곡조를 부른다"고 가을 게를 찬양했다.

옆으로 비틀거리며 걷는 상놈이라 게를 먹지 않았다는 송시열 宋時烈, 1607~1689도 있었다. 하지만 체면을 중시하는 양반들도 게껍데기에 밥을 비벼 먹고 싶은 유혹을 이겨내지 못했던 것이다. 양반만 아니다. 왕마저도 그 유혹을 떨치지 못했던 모양이다. 정조는 꽃게탕을 좋아했고, 경종은 게장을 먹다가 체해서 승하했다고 한다. 게는 쉽게 상하는 식재료다. 지금처럼 보관 시설이 잘 되어 있어도 게를 먹고 식중독을 일으킨 예는 많다.

구운 게도 물지 모른다

꽃게는 겨울철에 깊은 바다에서 겨울잠을 자다가 수온이 따뜻해지면 갯벌이 발달한 연안으로 올라온다. 서남해의 진도와 신안의 깊은 바다에서는 주로 통발로 잡고, 연평도 바다에서는 자망 그물로 잡는다.

전북 군산에 속하는 선유도 선창 구석에 작은 어선 안에서 부부가 그물에 걸린 꽃게를 따고 있었다. 등딱지를 움켜잡고 그물을 제거하자마자 가위로 집게발 2개 중 고정된 아랫발을 잘라냈다. 꽃게를 잡으면 제일 먼저 하는 일이다. 집게발의 완력은 대단하다. 어부는 위험을 피하면 될 일이지만, 서로 엉켜 발이 떨어지면 낭패다. 대게도 그렇지만 꽃게도 발이 떨어지면 값이 그만큼 떨어진다. 혹시 어부의 손이라도 물라치면 집게발을 떼어내기 전에는 놓지 않는다. 인도에는 호랑이가 꽃게를 보고 도망친다는 말이 있다. 또 코끼리와 싸워 이긴 게 이야기도 전해온다. 오죽했으면 우리 속담에 '구운 게도 물지 모르니 다리를 떼고 먹는다'는 말이 있었을까?

무안에 즐겨 가는 게장집이 있다. 그 집 출입문 앞에는 세면대가 있다. 화장실에 있어야 할 세면대가 출입구 신발장 옆에 있는 것이다. 그리고 손을 씻을 때 사용하는 세정제와 입안을 헹구는 구강

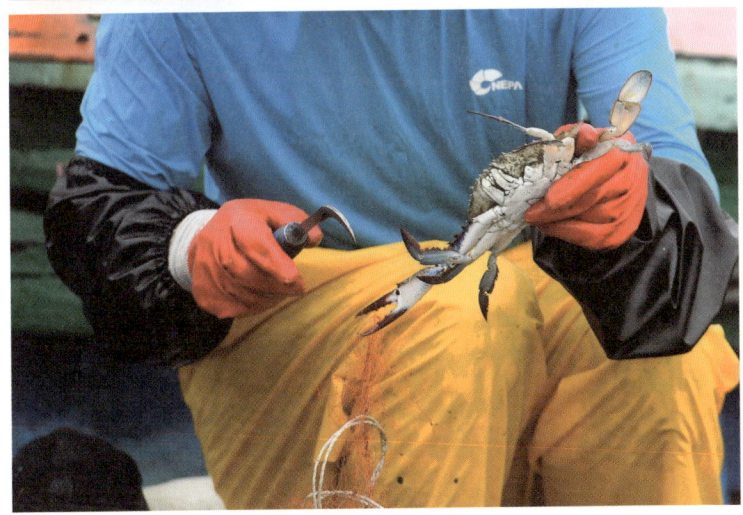

그물에 걸린 꽃게를 따는 것도 큰 일이다.
등딱지를 움켜잡고 그물을 제거하자마자
가위로 집게발 2개 중 고정된 아랫발을 잘라내야 한다.

청결제가 놓여 있다. 처음 그 집에 갔을 때 무릎을 쳤다. 손님을 배려한 주인의 따뜻한 마음을 읽었기 때문이다. 맛은 좋지만 점잖은 식사 자리에 게 다리를 잡고 속을 빼 먹는 것을 상상해보라. 사돈 앞에 서는 눈은 게딱지에 맞추고 젓가락은 김치로 간다. 예부터 '게장은 사돈하고 못 먹는다'고 했다. 먹고 나면 앞에 쌓이는 껍데기는 어떤가? 먹기 전 게보다 껍데기가 더 많다. 그래서 '소 한 마리 다 먹어도 흔적이 남지 않지만 게는 숨길 수 없다'고 했다.

꽃게 먹고 체한 사람 없다

우리 민족은 게와 가까웠을 정도로 게는 속담에 자주 등장한다. 게의 행동을 관찰해 인간의 행동이나 생활 속에 적용해 만든 속담이 많다. 음식을 매우 빨리 먹는 모습을 '마파람에 게 눈 감추듯 한다'고 했다. 타고난 성품은 어쩔 수 없어 본성이 흉악한 사람은 어려서부터 남을 해친다는 것을 빗댄 '게 새끼는 집고, 고양이 새끼는 할퀸다'는 말도 있다. 게를 잡으러 간 어부가 한 마리도 잡지 못하고 그릇까지 잃었다는 '게도 구럭도 다 잃었다'는 말도 있다. 자신의 목적도 이루지 못하고 가지고 있던 것조차 다 잃었다는 말이다. 구럭은 물건을 담기 위해 새끼를 꼬아서 만든 그릇을 말한다.

독 속에 든 게들이 밖으로 기어 나오면 다른 게가 다리를 붙들고 끌어내리는 모습을 볼 수 있다. 너 죽고 나 살려다 너 죽고 나 죽는 식이다. 이를 두고 '독 속의 게'라고 했다. 이외에도 임신부에게는 아이가 태어나서 옆으로 걸을까봐 게를 주지 않았다는 '게걸음', 화가 나고 흥분하면 '게거품을 문다'는 표현도 즐겨 사용한다. 또 '길 떠나는 나그네, 꽃게는 쳐다보지도 마라'고 했다. 남성들의 스태

'마파람에 게 눈 감추듯 한다', '게도 구럭도 다 잃었다',
'독 속의 게' 등 게는 우리 속담에 자주 등장한다.
연평도 꽃게잡이.

미나식으로 좋아서 나온 말이란다.

물론 꽃게가 남자들에게만 좋은 것은 아니다. 피부 미용에 좋고, 철분과 인이 많아 여자들과 아이들에게도 좋은 음식이다. 또 소화에 아주 좋다. 예부터 '꽃게 먹고 체한 사람 없다'고 했다. 또 어촌의 민가에서는 꽃게의 등딱지를 대문에 걸어 놓고 액운을 물리치기도 했다. 날카로운 가시는 귀신의 침입을 막는다고 믿었다. 뭍에서는 엄나무 가시를 문지방에 걸어 놓는다. 음양오행으로 보면 가시는 양기이고 귀신은 음기이기 때문이다.

당연한 이야기지만 좋은 꽃게는 살아 있는 꽃게다. 죽은 꽃게는 살이 적고 수분이 많이 빠져나가 먹을 게 적다. 다리가 모두 붙어 있는 무거운 게, 특히 등 껍데기가 두껍고 배 부분에 선홍빛이 도는 꽃게가 좋다. 찬바람이 불기 전에 꽃게찜으로 몸을 다스려 겨울 준비를 하는 건 어떨까?

꽃게탕부터 꽃게장까지

진도 서망에서 막 잡아온 꽃게 3킬로그램을 구입했다. 무게가 만만치 않다. 조도군도와 흑산군도 일대에서 잡은 꽃게는 진도 서망항으로 모인다. 특히 명절을 앞두고 서망항에서는 꽃게 파시가 이루어진다. 속이 실하지 않으면 바꿔주겠다는 주인의 말이 장삿속으로 한 말이 아닌 것 같았다. 값도 쌌지만 무엇보다 상인을 믿기에 주저하지 않았다. 금년에는 꽃게를 한 솥 삶아서 아이들과 먹을 생각이다. 늘 비싸다는 핑계로 미루었다.

꽃게를 손질하는 일은 꽤나 번거롭다. 칫솔로 발과 몸통 구석구석을 잘 문질러야 한다. 꽃게는 집게발을 제외한 네 발의 두 번째 마디를 잘라내는 것이 좋다. 찜을 하려면 알집만 제거하면 되지만 꽃게탕을 하려면 게딱지와 몸을 분리하고 씁쓸한 맛이 나는 먹이(모래) 주머니도 제거해야 한다. 또 먹이 활동을 할 때 이물질을 거르는 아가미를 떼어내고 몸에 많은 부착생물도 잘 씻어내야 한다.

얼큰한 꽃게탕부터 맛을 보자. 꼭 준비해야 하는 양념이 된장이다. 구수한 맛을 내는 것은 물론 비린내까지 제거하는 역할을 한다. 여기에 생강을 조금 넣으면 비린내는 안심이다. 꽃게탕 자체가 시원하지만 더 시원한 국물을 원한다면 육수를 잘 만들어 끓이면 좋다. 육수는 된장, 생강, 고추장, 다진 마늘, 소금 등 갖은 양념을 물과 함께 넣고 팔팔 끓여 만든다. 그리고 무를 넣고 다시 한소끔 끓인 후 꽃게를 넣는다. 마지막으로 미나리, 고추, 파 등을 넣고 끓인 후 불을

꽃게탕을 담백하게 먹으려면 된장과 생강을 넣어 비린내를 잡아야 한다.
꽃게장을 먹을 때는 다른 반찬이 필요 없다.

끄고 쑥갓을 넣은 다음 기다렸다 먹는다. 시원함보다는 담백함을 원하면 모시조개로 육수를 낸 것으로 끓이면 된다. 이때 간은 소금으로만 해야 한다.

　꽃게 무젓은 따뜻한 밥에 비벼 먹으면 좋다. 꽃게장도 그렇지만 밥도둑이 따로 없다. 이때 꽃게는 하루 전에 잡아놓아야 게살을 잘 빼낼 수 있다. 살아 있는 꽃게는 살을 빼기 어렵기 때문이다. 꽃게장을 만들 때는 농축시킨 간장을 사용해야 한다. 이때 꽃게가 공기에 닿지 않도록 주의한다. 백령도에서 꽃게장을 담글 때 비닐을 그릇에 넣고 그 위에 게의 하얀 배가 보이도록 뒤집어 차곡차곡 넣은 다음, 준비한 장을 붓고 비닐 입구를 꽁꽁 묶어 보관하는 것을 본 적이 있다. 마지막으로 게가 간장에 푹 젖도록 돌로 눌러 놓는다. 그리고 사흘 후에 꺼내서 장과 꽃게를 분리해서 보관한다.

민꽃게 앞에서
힘자랑하지 마라

민꽃게

조심해라, 손가락 잘린다

　봄이 되니 몸도 나른한데 봄비까지 내렸다. 집에 그냥 있기가 뭐해 궁리하다 여수로 향했다. 점심을 먹고 마른 생선이라도 좀 사오자는 생각이었다. 기왕 가는 김에 점심도 여수시장 근처에서 먹기로 했다. 따뜻한 탕을 먹자며 아내와 의기투합했지만 정작 들어간 곳은 게장백반집이었다. 게장백반이라고 하면 꽃게를 떠올리기 쉽지만 이곳의 주인공은 민꽃게다. 값도 착하고 맛도 좋기에 꽃게장보다 인기다.

　민꽃게를 생각하면 지금도 검지를 구부리게 되고 등에서는 식은땀이 흐른다. 아픈 사연이 있다. 10년도 더 전에 무안 달머리 갯벌에서 있었던 일이다. 한 방송국과 갯벌의 가치에 대한 촬영을 하고

민꽃게는 사람이 다가가면 집게발을 들어 올리고 싸울 준비부터 한다.
집게발의 힘은 정말 대단하다.

있었다. 갯벌에서 굴을 까는 어머니 옆에서 이야기를 하다 굴이 많이 붙은 돌을 집었는데 순간 검지가 잘려 나가는 듯한 고통에 나도 모르게 소리를 질렀다. "으아악!"

돌 밑에 숨어 있던 민꽃게를 발견하지 못하고 돌을 건드린 것이다. 그런데 하필이면 민꽃게의 집게발 근처에 내 검지가 있었다. 얼마나 소리를 질렀던지 촬영기사가 그만 카메라를 떨어뜨리고 말았다. 다행히 옆에 있던 보조기사가 붙잡았기에 더 큰 사고는 면했다. 급히 면장갑을 벗고 보니 붉은 피가 뚝뚝 떨어지고 있었다. 살 속으로 파고든 집게발 때문이었다. 꽃게에게도 물린 적이 있었지만 집게발 힘이 그보다 몇 배는 더 강했다.

민꽃게의 집게발 힘은 정말 대단하다. 어민들은 손가락이 잘려 나갈 정도로 힘이 세다고 입을 모은다. 성질이 사납다. 그래서 사람이 다가가면 도망가기보다는 집게발을 벌리고 벌떡 일어나 위협을 하기에 '뻘떡게'라고도 한다.

『자산어보』에도 민꽃게의 힘이 얼마나 센지 기록되어 있다. "왼쪽 집게발은 매우 힘이 세며 크기는 엄지손가락만 하다. 마치 춤을 추듯이 집게발을 펼치고 일어서기를 즐겨한다." 이청은 여기에 더해 "집게발은 가장 날카로워 낫으로 풀을 베듯이 물체를 잘라낸다"고 했다. 다시 생각해보면 끔찍하다. 내 검지가 성한 것이 오히려 이상한 일이다.

춤추는 게

민꽃게는 십각목 꽃겟과에 속하는 절지동물이다. 우리나라 모든 해역에 분포하며 주로 갯벌이 발달한 연안의 돌 밑이나 웅덩이에 산다. 주변 색깔에 따라 어두운 갈색이나 녹갈색을 띠며 보라색인 것도 있다. 다리는 좌우에 5쌍이 있으며 맨 뒤쪽 다리는 노처럼 생겨 꽃게처럼 헤엄칠 수 있다. 6~8월에 알을 낳으며 3년 정도 산다. 갯벌에서는 천적이 없는 최상위 포식자다. 낮에는 돌 틈에서 휴식을 취하고 밤에 사냥하러 나선다. 힘센 집게발을 이용해 고둥이나 조개껍데기를 부수고 살을 빼 먹는다.

꽃게라는 이름은 등 껍데기 좌우에 뾰족하게 뿔처럼 생긴 것이 달려 있어 '꼬치가 있는 게'라는 뜻에서 유래했다. 반대로 민꽃게는 그 뿔이 없다는 뜻이다. 인천·경기·충청·군산에서는 박하지, 부안·김제·군산에서는 방칼게, 영광·무안·목포에서는 뻘떡게나 독게, 마산·진해에서는 망살게라고도 부른다.

어민들은 통발 안에 고등어처럼 비린내가 나는 생선을 넣어서 게를 잡는다.
여수에서는 돼지비계를 통발에 넣어 잡기도 한다.

『자산어보』에는 민꽃게를 '무해_{舞蟹}', 즉 '춤추는 게'라고 했다. 사람의 공격을 막으려는 몸부림이지만 사람은 게가 춤을 춘다고 생각한 것이다. 속명은 '벌덕궤_{伐德蜿}'로 기록했다. 우리말 이름을 한자로 빌려 쓴 흔적이다. 게를 궤_蜿라 쓴 것은 다리를 굽히면서 얼굴을 숙이는 행동에서 비롯한 것이다. 또한 게를 가리켜 옆으로 걷는다고 해서 횡행거사, 두 발을 치켜들고 오만하게 굴기 때문에 '오_螯'라고도 했다.

게를 잡는 방법 중에는 오징어 같은 미끼를 대나무나 다른 나무에 매달아 유인하는 방법이 있다. 이때는 적잖은 인내심이 필요하다. 미끼를 물면 조심스럽게 당겨야 한다. 그래도 십중팔구는 놓친다. 뜰채를 준비했다가 적당한 순간에 낚아채야 한다.

어민들은 통발을 놓아 잡는다. 통발 안에 고등어처럼 비린내가 나는 생선을 넣어서 유인한다. 여수에서는 돼지비계를 통발에 넣어 잡기도 한다. 최근에는 밤에 집게를 가지고 다니며 물이 빠진 갯벌에서 잡는 사람들도 있다.

영등사리가 민꽃게를 잡기 좋은 때다. 어촌 체험 마을에서는 '해루질'이라는 프로그램을 만들어 운영한다. 바닷가나 어촌으로 여행하는 사람들이 밤에 손전등을 들고 바닷가로 나가 민꽃게나 소라를 잡기도 한다. 하지만 허락되지 않는 곳이 많아 확인이 필요하며, 서해 갯벌은 조차가 심해 갯골에는 물이 빨리 들기 때문에 해루질이 허락된 곳이라도 지형을 잘 아는 사람과 동행하는 것이 안전하다.

민꽃게는 화려하지 않다

영등사리에 맞춰 바닷길이 열리는 보령 무창포, 진도 신비의 바닷길 등 민꽃게는 서·남해안 갯벌에 많이 산다. 옛날에 민꽃게장은 바닷가 식당에서 덤으로 주는 반찬이었지만 지금은 게장백반으로 당당히 자리 잡았다.

게장에는 꽃게장, 참게장, 털게장, 황게장, 범게장, 민꽃게장 등 다양하다. 비싼 것으로 치면 참게장이 제일이다. 민물에 살기에 양이 많지 않기 때문이다. 섬진강변 곡성 압록 일대는 참게탕과 참게장이 유명하다. 임진강변 파주에서는 참게장을 수라상에도 올렸다고 한다. 그다음 비싼 것은 꽃게장이다. 지금처럼 꽃게를 대량으로 잡기 전에는 더욱 귀했다. 값도 비싸고 살도 많아 고급 게장에 속한다.

민꽃게장은 볼품없고 살이 적고 껍데기가 딱딱하다. 이 게장은 살을 탐하는 것이 아니라 장을 먹기 위함이다. 전라도에서 많이 먹는 것이 민꽃게장이다. 어떤 이는 게장을 담근 뒤 바로 먹을 수 있어 '벌떡게장'이라고 했다고 한다. 전라도에서는 게장백반 하면 으레 민꽃게장백반을 말한다. 양이 많아 값이 싸고 조리법도 간단하다. 단점은 꽃게에 비해서 껍데기가 단단하다는 점이다.

아내와 함께 여수에서 민꽃게장을 먹어 보니 정말 부드럽고 적당히 짰다. 흔히 말하는 민꽃게의 단점과 달리 딱딱하지 않은 것이 신기해 식사를 마치고 나오면서 주인에게 그 이유를 물어보았다. "금방 먹을 거면 모르는데 오래 두고 먹을 거라면 장만 따라서 냉동 보관하고 게는 냉장 보관하다 먹을 때 꺼내야 해요." "아니, 그건 아는 이야기이고 어떻게 담갔기에 껍데기가 부드럽냐고요." 정작 궁금한 부분에는 답을 회피하기에 더는 묻지 않고 나오려는데 내 뒤통수에 대고 주인은 이런 말을 했다. "먼저 장에 담갔다가 다음 날 장을 다시 끓여서 부어요."

민꽃게는 꽃게처럼 화려하지도 않고, 게살도 풍족하지 않지만 값이 착하다. 몇천 원짜리 백반에도 쉽게 올릴 수 있다. 달라고 해도 듬뿍 줄 수 있어 주인도 손님도 미안하지 않다. 큰 것도 있지만 작은 종지만 한 게딱지가 앙증맞다. 그래서 민꽃게는 여러 마리를 함께 넣어야 맛이 우러난다. 달콤 짭짤한 게장에 쓱쓱 밥을 비벼 '속대기'라고 부르는 돌김에 싸 먹으면 산해진미가 부럽지 않다. 여수 식당에서는 백반을 시키면 꼭 등장하는 반찬이 게장이다. 아예 게장백반을 만들어 팔기도 한다.

가장 흔히 쓰는 민꽃게장 요리법은 다음과 같다. 우선 싱싱한 민꽃게를 깨끗하게 씻어서 물기를 뺀다. 간장에 물엿, 풋고추, 양파,

민꽃게는 꽃게처럼 화려하지도 않고 게살도 풍족하지 않지만 값이 착하다.
몇천 원짜리 백반에도 쉽게 올릴 수 있다.
민꽃게무침과 민꽃게장.

생강, 청주 등을 넣고 끓인다. 식은 장을 민꽃게가 자박자박 잠길 만큼 붓는다. 다음 날 국물만 따라내어 다시 끓여서 숙성시킨다. 그리고 1시간 정도 두었다가 장을 따라내고 같은 과정을 3번 정도 반복한다. 마지막으로 간장과 국간장을 부어 절인 다음 숙성시켜 먹는다.

여기서 주의할 점이 있다. 항아리에 게를 넣고 장을 부을 때 배쪽이 위로 향하게 해서 차곡차곡 담고 식힌 간장을 부어야 한다. 민꽃게는 들었을 때 묵직하게 무게감이 있는 것이 좋고, 다리 10개가 모두 튼튼한 것이 좋다. 다리가 없거나 덜렁덜렁 힘이 없는 민꽃게는 싱싱하지 않다.

도요새와 낙지와
인간이 탐하다

칠게

춤을 추는 듯해서 '화랑해'다

　서해 갯벌에서 흔하게 볼 수 있는 갯벌 생물은 칠게다. 칠게는 작은 인기척이나 하늘을 나는 새들의 움직임만 보여도 게 눈 감추듯 구멍 속으로 사라진다. 그림자만 보여도 안테나 같은 긴 눈자루를 올려 경계한다. 이러한 민첩한 몸놀림에 칠게를 노리는 수많은 적이 있지만, 오랫동안 갯벌의 지배자로 군림하고 있다. 해남과 완도에서 화랑게, 영광과 무안에서 서른게, 부안에서 찍게라고 한다. 태안에서는 능쟁이라고 부른다.
　연안 갯벌에서 볼 수 있는 게로는 펄 갯벌에 칠게를 선두로 길게, 농게, 흰발농게가 있고 모래 갯벌에 콩게, 엽낭게, 달랑게, 밤게, 범게 등이 있다. 서해와 남해 깊은 바다에서 헤엄을 치며 사는 꽃게

칠게는 갯벌에서 "기어다닐 때면 집게발을 펼쳐서
형상이 마치 춤을 추는 듯하기 때문에" 화랑게라고 했다.

와 돌이나 해초 근처에 사는 민꽃게가 있다. 동해의 찬 바다에는 대게, 홍게, 털게 등이 있다. 갯벌에 사는 게들은 갯벌 흙을 잘 퍼먹을 수 있도록 집게발이 수저형이며, 깊은 바다에 사는 꽃게들은 꽁지 쪽 발끝이 노처럼 생겼다.

또 칠게나 농게처럼 갯벌에서 서식하는 게들은 밀물을 좋아하지 않는다. 그래서 이들은 밀물이 들어올 시간이 되면 육감적으로 주변에 뻘을 모아 입구를 막고 구멍 속으로 들어가 버린다. 그리고 썰물 때가 되면 구멍에서 나와 먹이 활동을 한다. 구멍을 파고 사는 게들은 밀물에는 무방비 상태로 조류에 밀려다니기 때문에 속수무책이다. 어떻게 매번 바뀌는 밀물 시간을 아는지 신통방통할 따름이다. 갯벌에서 게를 잡는 사람들은 대부분 농사를 지으면서 하는 부업이지만, 꽃게나 대게를 잡는 어민들은 주업인 경우가 많다.

『자산어보』에는 칠게를 '화랑해花郞蟹'라고 했는데, 갯벌에서 "기어다닐 때면 집게발을 펼쳐서 형상이 마치 춤을 추는 듯하기 때문"이다. 당시 민간에서는 춤추는 남자를 화랑이라고 했다. 칠게는 지역에 따라 서렁게, 활게, 찔기미 등 불리는 이름이 다양하다. 서해와 남해에 걸쳐 갯벌이 있는 곳이면 어디나 서식하기 때문이다. 칠게 집게발은 하늘색이나 주황색을 띠고 있으며, 수놈은 집게발이 크고 암놈은 작다.

물새들이 칠게를 좋아한다

칠게는 썰물에도 바닷물이 닿는 조간대 하부 펄 갯벌에 서식한다. 유네스코 세계자연유산으로 지정된 보성·순천 갯벌, 신안 갯벌에 많이 서식한다. 그리고 생물권보전지역으로 지정된 가로림만, 대부도 갯벌, 인천국제공항으로 변화한 용유도와 영종도 일대 갯벌, 강화도 갯벌, 경기만 일대에도 칠게가 많았다.

지금은 뭍이 되어버린 새만금 갯벌에 칠게가 지천이었다. 인간이 기대어 살기 전에는 도요새류나 물떼새류들이 갯지렁이와 칠게를 잡아먹고 살았을 것이다. 이들이 갯벌 생태계에서 최종 소비자였다. 그러다가 인간이 갯벌에 등장하면서 경쟁이 시작되었다. 그것도 모자라 물길을 막고 갯벌을 매립해 뭍으로 만들었다. 매년 호주와 시베리아를 오가던 도요새들은 중간 휴게소가 사라진 것을 확인하고 얼마나 놀랐을까? 새만금 갯벌에서 칠게를 잡아먹고 주린 배를 채운 후 긴 여행을 다시 떠날 계획은 수정해야 했다. 그런데 겨울을 나고 산란을 위해 반드시 찾아가야 하는 그 길에 다른 갯벌은 없거

도요새류, 오리류, 기러기류 등이 새만금 갯벌을 찾았던 것은 넓은 갯벌 때문이다. 이곳에서 갯지렁이, 게, 조개 등 다양한 갯벌 생물을 잡아먹었다.

나 부족했다. 그래서 선택한 방법은 개체수를 줄이는 것뿐이다. 그 결과는 어떻게 될까?

마지막 방조제가 막히기 전 새만금에는 겨울철에 가창오리와 청둥오리 등 오리류, 봄철에는 붉은어깨도요와 민물도요 등 도요새류가 찾았다. 여름과 가을에는 다양한 도요새가 방문하며, 겨울로 접어들기 시작하면 남쪽으로 이동하고, 오리들이 다시 새만금 일대를 차지했다. 도요새는 시베리아에서 번식을 하여 아프리카나 호주로 겨울을 나기 위해서 1만여 킬로미터 대장정에 올랐다. 아프리카로 가는 도요새는 와덴해 습지에 들르는데, 그곳은 지구상의 갯벌 중 처음으로 유네스코 세계자연유산으로 지정된 곳이다.

도요새류, 오리류, 기러기류 등이 새만금 갯벌을 찾았던 것은 넓은 갯벌 때문이다. 특히 썰물에 드러나는 새만금 갯벌은 물 빠짐이 적은 때도 갯벌이 넓게 드러나기 때문에 먹이 활동을 활발하게 할 수 있다. 그리고 물새들은 외부에서 적이 접근하는 것을 금방 알아차릴 수 있다. 어디 그뿐인가? 하구 갯벌인 탓에 갯지렁이, 게, 조개 등 다양한 갯벌 생물이 있다. 동진강과 만경강에서 내려오는 영양염류로 작은 플랑크톤이 풍부한데, 이를 먹고사는 어린 물고기들은 새들이 좋아하는 먹잇감이다. 지금 그 갯벌은 육지가 되었고, 염전에는 골프장이 들어섰다.

낙지도 칠게를 좋아한다

어민들이 칠게를 잡았던 것은 먹기 위한 것도 있었지만, 낙지를 잡는 먹잇감으로 수요가 많았기 때문이다. 국립수산과학원 서해수산연구소의 조사에 의하면 낙지를 잡는 연승어업은 미끼로 소형 선박 1척당 연간 1,400여 만 원이 소요되어 어업 경비의 50퍼센트를 차지하는 것으로 나타났다. 2000년대 초반 조사한 내용이다.

칠게 서식지가 줄어들면서 포획량이 줄고, 칠게를 잡던 어민들도 고령으로 지속하기 어려워지면서 값이 오르자 중국, 동남아시아 등지에서 수입하는 실정이다. 이에 서해수산연구소와 장흥해양수산사무소가 낙지통발용 인공 미끼를 개발했다. 조류에 따라 칠게처럼 움직이고, 냄새도 유사하게 만들어 시험 조업에서 자연산 칠게와 인공 칠게를 이용한 낙지잡이에서 별 차이가 없음을 확인했다.

낙지잡이는 삽으로 잡는 가래낙지, 통발로 잡는 통발낙지, 수백 개 낚시를 줄에 매달아 잡는 연승(주낙)낙지 등이 있다. 통발과 연승의 최고의 미끼는 칠게다. 낙지가 아주 좋아하기 때문이다. 연승어

연승어업은 긴 모릿줄에 짧은 아릿줄을 달아
250~300개 미끼판에 칠게를 묶어 낙지를 유혹해 잡는 어법이다.

업은 긴 모릿줄에 짧은 아릿줄(가짓줄)을 달아 250~300개 미끼판에 칠게를 묶어 낙지를 유혹해 잡는 어법이다. 미끼판은 어민들이 직접 깨진 질그릇이나 사기, 타일로 만들어 이용하다가 최근에는 플라스틱으로 제조해 판매한다. 살아 있는 칠게를 이용할수록 낙지를 많이 잡기 때문에 칠게를 확보하는 것이 중요하다. 옛날에는 낙지잡이 어민들이 직접 칠게를 잡아 이용했지만 수요가 증가하고 대량 포획하는 그물과 함정 틀이 이용되면서 칠게를 잡아서 파는 사람이 생겨났다. 이 중 함정 틀은 불법 어구로 갯벌 생태계를 망치고 환경을 오염시켜 사용이 금지되었다.

칠게를 잡기 위한 함정 틀

인간들도 칠게를 도요새 못지않게 좋아한다. 크기도 적당하고 꽃게나 민꽃게처럼 껍데기가 딱딱하지도 않아 게장을 담가 통째로 씹어 먹을 수 있다. 갈아서 따뜻한 밥에 비벼 먹으면 반찬이 필요 없다. 지금처럼 전 국민을 상대로 칠게를 팔지는 않았다. 바닷마을, 특히 갯벌이 발달한 어촌에서 주민들이 즐겨 먹던 반찬이었다.

칠게장이 입소문을 타고, 언론에도 노출되면서 칠게를 잡는 사람도 늘고, 대량 포획하는 어구도 만들어졌다. 맨손으로 칠게가 숨어 있을 구멍에 손을 집어넣어 잡거나, 호미로 파헤쳐 잡는 정도였다. 대량으로 잡기가 쉽지 않아 개체수가 적절하게 유지되면서 수요와 공급이 균형을 이루었다.

2002년부터 새만금 갯벌에 길이가 3~5미터에 지름이 25센티미터의 위쪽이 터진 플라스틱 통이 갯벌에 묻히기 시작했다. 갯벌에 물을 댈 일도 없고, 하수구를 만들 일도 없을 텐데 말이다. 이것이 칠게를 잡기 위해 고안된 일종의 함정 틀이다. 이 어구는 새만금에서만 사용된 것이 아니라 몇 년이 지나지 않아서 신안 갯벌에서부터 인천 갯벌까지 확산되기 시작했다. 물이 빠지면 칠게들은 갯벌을 종종거리다 통 안에 빠져 갇혀서 잡히는 것이다. 일명 홈통이라 불리는 함정 틀은 플라스틱으로 제작되고 갯벌에 묻혀 있다 시간이 지나면 방치되어 해양 쓰레기로 전락한다.

이뿐만 아니라 그물을 이용해서 잡기도 한다. 그물은 함정 틀처럼 방치하지는 않지만 역시 칠게를 크기와 관계없이 싹쓸이하고, 망둑어류나 갯벌에 들어온 어류까지 포획한다. 간혹 그물에 갇힌 것들을 먹기 위해 들어온 도요새 등 물새들도 있다.

칠게를 대량으로 잡기 위해 개발한 어구는 갯벌 공동체의 공존을 위협한다.
인간의 탐욕은 끝이 없다.

칠게가 사라지면 반찬거리가 없어지는 것은 물론 낙지뿐만 아니라 도요새 등 물새들의 먹잇감이 사라져 생태계에 변화를 줄 것이다. 하지만 이것보다 더 심각한 것은 갯벌이다. 갯벌도 매일 숨을 쉬어야 한다. 그래야 건강한 갯벌을 유지하고 많은 갯벌 생물에게 좋은 서식지를 제공할 수 있다.

물이 빠진 갯벌에서 게들이 쉴 틈 없이 집게발을 이용해 갯벌 흙과 모래를 먹어대는 것을 볼 수 있다. 이들이 갯벌에 수많은 크고 작은 구멍을 만들면 바닷물이 갯벌 깊은 곳까지 산소와 다양한 영양분을 공급해준다. 우리 밥상에서 칠게를 만나는 것도 어려워지고 있다. 갯벌은 인간에게만 아니라 도요새나 낙지에게도 꼭 있어야 할 생태자원이다.

가을낙지만 한 게 없다

낙지

낙지는 매우 영특하다

　기온이 뚝 떨어졌다. 힘든 여름을 보내고 추석도 지났다. 여전히 몸도 마음도 허하다.『자산어보』는 이렇게 허한 몸을 보하는 데 '낙지'만 한 것이 없다고 했다. 그래서 어민들은 가을낙지를 '갯벌 속의 산삼'이라고 불렀다. 씨알이 굵은 가을낙지를 갯벌에서 한 마리 얻으려면 삽으로 허리 깊이만큼 파헤쳐야 한다. 가을은 낙지도 몸을 보하고 겨울을 준비하는 계절이다.

　낙지는 문어목 문어과에 속하는 연체동물로 두족류頭足類에 속한다. 척추가 없어 몸이 연하며 마디가 없는 연체동물 가운데 다리(북미에서는 팔이라고 한다)가 머리에 달린 동물로 바다에 서식한다. 낙지 외에 오징어, 갑오징어, 꼴뚜기, 문어 등이 있다. 화석으로만 발견된

낙지는 매우 영특해서
낙지가 있는 것을 확인하고도 웬만한 기술과 노력이 없다면 잡기 어렵다.
가래를 이용한 맨손어업.

암모나이트나 벨렘나이트도 두족류다. 갯벌 조간대 하부는 물론 수심이 깊은 바다에서도 서식한다. 우리나라는 갯벌이 발달한 인천에서 진도까지, 또 해남에서 부산까지 낙지가 서식한다.

  우리나라 외에 중국과 일본 등 동아시아 연해에 분포한다. 무척추동물 중에서 뇌가 가장 크다는 특징도 가지고 있다. 낙지는 연체동물 중에서도 영특하기로 소문이 나 있다. 낌새를 맡으면 곧바로 깊숙이 구멍 속으로 숨어 버린다. 들어가는 구멍은 한 곳이지만 안은 여러 구멍으로 나뉘어 있고 깊기 때문에 잡기 어렵다. 낙지가 있는 것을 확인하고도 웬만한 기술과 노력이 없다면 잡기 어렵다.

  『자산어보』에는 낙지를 '석거石距'라고 하고, 속명은 '낙제어絡蹄魚'라고 했다. '석거'는 돌을 들어 올릴 정도로 빨판의 힘이 좋다는 뜻이다. 그래서 "사람의 원기를 돋운다"고 했다. "소 중에 마르고 쇠약해진 놈에게 석거 네다섯 마리를 먹이면 바로 건실해진다"고 덧붙였다. 『난호어목지』에 따르면, "돌 틈의 구멍 속에 사는데 사람이 잡으려 하면 다리로 돌에 붙어 사람에게 저항하기에 석거"라고 했다.

뻘낙지, 돌낙지, 세발낙지

낙지는 몸통, 머리, 발 이렇게 세 부분으로 구분되며, 다리는 8개이며 각 발에 2열의 흡반이 있다. 야행성으로 밤에 갯벌 속 구멍에서 나와 게, 새우, 작은 물고기 등을 잡아먹는다. 어민들은 게를 미끼로 낙지를 유인해 잡는다.

수명은 보통 1년이다. 봄에 알에서 깬 낙지 새끼는 여름을 견디고 가을을 잘 보내면 큰 낙지가 되어 겨울잠을 잔다. 이 무렵 낙지는 겨울을 나고 산란을 준비하며 몸을 만든다. 이 낙지를 어민들은 '꽃낙지'라고 한다. 낙지에게는 슬픈 일이지만 가장 맛이 좋고, 씨알도 굵고 값도 후하게 받는다. 낙지가 갯벌 깊이 들어가는 가을이나 초겨울에도 낙지를 찾아 갯벌로 가는 이유다. 낙지가 갯벌에만 사는 것이 아니다. 바다나 돌 틈에서도 곧잘 산다. 뻘낙지만 아니라 돌낙지라는 말도 있다. 몸이 회색을 띠면 뻘낙지, 붉은빛을 띠면 돌낙지로 서식지를 짐작한다.

세발낙지에 대한 오해도 있다. 세발낙지는 다리가 가늘고 긴 낙지를 말한다. 어린 낙지가 아니다. 갯벌에 서식하는 낙지가 돌이 많은 바다에서 서식하는 낙지에 비해 세발을 갖고 있다. 상대적으로 식감이 부드럽다. 낙지를 회로 먹을 때가 좋다. 삶거나 굽거나 할 때 돌낙지를 이용하는 것이 좋을 때도 있다. 맛은 개인마다 조리에 따

낙지는 겨울잠을 자면서 산란을 준비하고 몸을 만든다.
이때가 씨알도 굵고 값도 후하게 받는다.
미끼를 이용해 낙지를 유인해서 잡는 연승어업.

라 다를 수 있다. 연포탕처럼 삶아서 국물을 내며 끓여야 할 때는 더욱 그렇다. 세발낙지가 좋다는 오해가 어린 낙지를 포획하는 결과를 낳기도 했다.

북한에서 낙지는 오징어, 오징어는 갑오징어를 말한다. 북한에서 출판한 『조선의 바다』(1965, 평양)에는 "낙지는 발이 10개 있고 몸통은 길고 유선형으로 되어 있다. 오징어라고도 한다"고 소개한다. 그리고 "낙지는 동해안에서 잡히는데 오징어는 서해안에서 잡힌다", "오징어는 뼈를 가지고 있고 발은 10개"라고 했다. 그러니까 오징어는 갑오징어를 말한다. 주꾸미는 '죽검'이라 하고 "난소가 성숙하면 밥알 모양으로 된다"고 했다. 정작 낙지에 대한 소개는 없다. 남북 정상의 만남 이후 북한에서 낙지를 주문하면 오징어가 나온다는 말로 통일의 필요성이 회자되기도 했다.

낙지가 귀해졌다

낙지는 가을이면 그 존재감이 더욱 도드라지고 높아진다. 찬바람이 불기 시작하면 귀해지고 값이 올라간다. 이때는 2~3마리면 10킬로그램 쌀 한 포대와 값을 겨룬다. 쌀이 귀한 시절에는 몇 접(1접은 20마리)을 가지고 가도 쌀과 바꾸기 어려웠던 시절을 생각하면 격세지감이다. 이제는 쌀은 흔해지고 낙지는 귀해졌다.

뻘낙지로 유명한 곳은 탄도만 일대의 무안 갯벌과 신안의 섬 갯벌이다. 영산강 하구의 영암 갯벌은 방조제가 물길을 막기 전까지 최고의 세발낙지 서식지였다. 경기만 일대 갯벌도 낙지 천국이었다. 시화호와 화흥호 일대의 갯벌이다. 낙지가 많았던 시화호 안에 있는 우음도, 어도, 형도 갯벌이 섬과 함께 사라졌다. 화성방조제가 만들어지면서 갯벌을 잃은 우정읍 일대의 어촌도 사정은 마찬가지다. 지금은 인근 갯벌에서도 낙지는 찾기 어렵고 망둑어 천지가 되었다.

하지만 입맛의 기억은 지워지지 않아 곳곳에 낙지전문점이 간판을 걸고 영업 중이다. 갯벌이 좋은 인천 송도 갯벌의 낙지도 만만치 않았다. 지금은 인천국제공항으로 변한 영종도, 삼목도, 신불도, 용유도, 신도, 시도, 모도, 무의도와 소무의도 일대에도 낙지가 많았다. 북쪽으로 강화도 갯벌과 석모도에도 낙지가 많았다.

낙지 개체수가 급감하면서 서해 어민의 시름이 깊어지고 있다. 특히 남해의 통발로 낙지를 잡는 어민들과 서해의 연승으로 낙지를 잡는 어민들의 타격이 크다. 삽이나 호미를 이용해 낙지를 잡는 경우도 사정은 마찬가지다. 낙지 양식과 금어기를 통해 자원회복과 증

낙지는 탄도만 일대의 무안 갯벌과 신안의 섬 갯벌, 영산강 하구의 영암 갯벌, 시화호와 화흥호 일대의 갯벌에서 많이 있었지만 지금은 개체수가 급감했다.

식을 꾀한다. 그동안 없었던 낙지잡이 금어기가 생겼다. 갯벌이 발달해 뻘낙지를 많이 잡는 전남은 6월 21일부터 7월 20일까지 낙지를 잡을 수 없는 시기다. 또 인공수정으로 부화한 어린 낙지를 방류한다. 갯벌에 낙지 목장을 만들어 양식을 시도하고 있다.

낙지잡이는 크게 미끼를 이용해 낙지를 유인해서 잡는 연승어업과 통발어업, 맨손이나 삽이나 가래 혹은 호미 등 단순한 어구를 이용하는 맨손어업 등이 있다. 낙지 맨손어업은 2018년 국가중요어업유산으로 등재되었다. 국가중요어업유산으로 등재된 대상 지역은 전남 무안군(48.87제곱킬로미터)과 신안군(69.48제곱킬로미터)의 총 118.35제곱킬로미터의 갯벌 지역이다. 이곳 낙지잡이는 전통적인 맨손어업의 비중이 높고, 어업 지식이 전승되고 있다. 무엇보다 맨손어업의 지속적인 보전 관리를 위한 정부와 어민들의 노력이 이루어지고 있는 곳이다.

간척과 매립은 물론 연안 어장의 오염으로 서식지는 점점 감소하고 연승어업과 통발어업 등 남획으로 개체수가 급속하게 감소했다. 여기에 지구온난화와 수온 변화도 큰 영향을 미쳤다. 이러한 조건에서 지속 가능한 어업으로 평가받는 맨손어업을 이용한 낙지잡이가 국가중요어업유산으로 지정된 것은 의미가 크다.

연포탕에서 낙지호롱까지

동해안을 제외한 모든 연안에 낙지가 서식하기 때문에 철 따라 지역에서 내놓는 음식도 다양하다. 목포, 무안, 신안, 영암, 강진 등 낙지를 많이 잡는 서남해에서는 산낙지, 기절낙지, 낙지물회, 연포탕, 탕탕이, 낙지육회 등이 있다. 이외에도 낙지주물럭, 낙지젓갈, 김치에 넣는 낙지섞박지, 낙지찜도 있다.

　무안의 기절낙지는 낙지 몸통을 잘라내고 머리와 다리를 굵은 소금에 박박 문지른다. 다리를 휘어감으며 찰싹찰싹 붙던 낙지는 순식간에 축 늘어져 버린다. 접시에 올려놓아도 죽은 듯하다. 나무젓가락으로 다리 하나를 집어 초장에 넣는 순간 꿈틀거리기 시작해 입안에 들어가면 본격적으로 꿈틀거린다.

　연포탕이나 갈낙탕 등을 먹기 전 허기진 배를 달래주는 것으로 탕탕이를 내놓는다. 낙지를 도마 위에 놓고 칼로 다져서 컵에 담아 참기름을 몇 방울 쳐서 먹는다. 술 먹은 사람들에게 속을 달래는 해장국으로 연포탕이 최고다. 무안군 청계면 바닷가 식당에서 먹은 연포탕이 지금까지 먹어본 것 중 으뜸이다. 강진에는 커다란 왕갈비 두 대에 대낙지 한 마리, 황칠나무로 육수를 내는 갈낙탕도 유명하다.

　태안의 박속밀국낙지탕에 얽힌 이야기는 애틋하다. 쌀이 귀하던 옛날에는 밀가루가 주식이었다. 거친 밭에서도 곧잘 자라니 식량으로 밀을 많이 재배해 칼국수나 수제비를 만들어 끼니를 해결했다. 이를 태안에서는 '밀국'이라고 했다. 당시에는 낙지를 비롯해 수산물 유통이 어렵고 대중화된 재료도 아니어서 돈도 되지 않았다. 낙지를 잡아 큰 통에 가득 넣어 팔아도 쌀 한 됫박 얻기 힘들었던 시절이다. 흔하고 많이 잡히는 낙지가 밀국에 더해지고 주렁주렁 달린 박속을 또 더해 시원함을 배가시켰다. 이렇게 만들어진 태안 향토 음식이 박속밀국낙지탕이다. 지금은 흔적을 찾기 어렵지만 인천 송도에는 장어와 낙지를 넣고 해산물과 채소를 더한 '장낙전골'이 유명했다.

　음식만큼 보수적인 문화도 없다. '음식 유전자'처럼 원형을 어

탕탕이는 연포탕이나 갈낙탕 등을 먹기 전 허기진 배를 달래준다.
커다란 왕갈비 두 대에 대낙지 한 마리, 황칠나무로 육수를 내는
갈낙탕도 유명하다.

떤 방식으로든 전승한다. 낙지의 고향인 무안의 현경과 해제 지역에는 제사상에 '낙지호롱'을 만들어 올렸다. 어른 한 뼘 정도의 짚이나 나무젓가락에 낙지를 감아서 프라이팬에 구운 요리다. 지금은 식당에서 메뉴로 팔고 있지만 제물로 올릴 때는 양념을 하지 않았다. 낙지 머리는 탕국을 끓여 올렸다. 낙지를 잡아 살았던 조상들에게 낙지 음식을 바치는 것은 자연스럽다. 산 자만 아니라 죽은 자를 위한 음식이기도 하다. 외지에 나간 무안 사람들은 어머니가 볏짚에 감아준 낙지호롱을 잊지 못한다. 어디 낙지호롱뿐이겠는가? 낙지초무침을 생각하면 입안에 침이 고인다. 막걸리 식초로 만들어 낙지도 부드럽고 잃었던 입맛도 살아난다.

귀한 것은
먼저 입에 넣고 흥정해라

해삼

바다의 인삼

해삼海蔘은 극피동물문 해삼강에 속하는 해삼류를 총칭하며, 약효가 인삼과 같다고 해서 붙여진 이름이다. 옛 문헌에서는 해남자 海南子, 토육 土肉, 흑충 黑蟲 이라 썼으며, 주민들이 부르는 말로는 '뮈' 혹은 '믜'라고 했다. 모두 순우리말이다. '토육'이라는 이름이 말해주듯 해삼은 갯벌에 있는 유기물을 먹고 깨끗한 흙만 뱉어낸다. 제주에서는 지금도 '미'라고 부른다. 물의 옛말이다. 일본에서는 쥐를 닮아 바다 쥐라는 뜻으로 '나마코 海鼠'라고 부른다. 영어로는 '바다 오이 sea cucumber'라고 한다.

암수딴몸이며 몸 앞쪽 끝에 입이 있고 뒤쪽 끝에 항문이 있다. 배에 양쪽으로 관족 管足 이 있는 해삼은 바다 밑을 기어다니며 관족

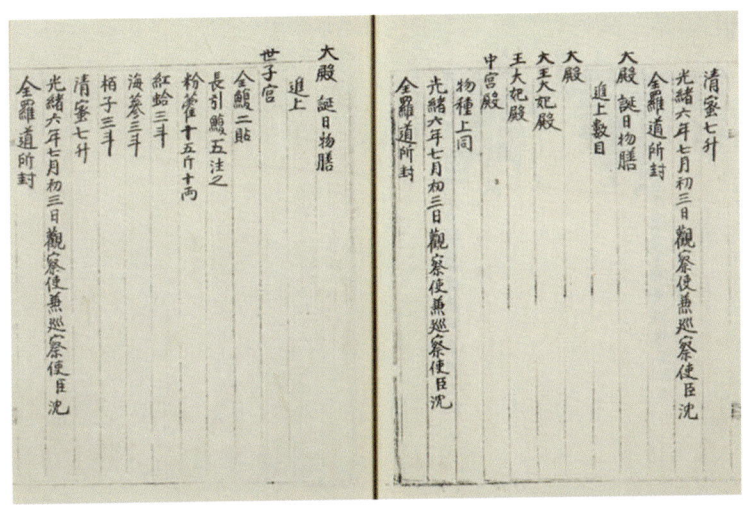

조선시대에 해삼은 왕실의 잔치에 사용되었다.
『호남계록湖南啓錄』에는 해삼을 '대전 5두, 대왕대비전 2두 5승,
왕대비전 2두 5승' 등을 올렸다고 기록되어 있다.

이 없는 해삼은 떠다니거나 펄 속에 묻혀 지낸다. 수온 5~17도 이하에서는 식욕이 왕성하고 18~20도가 되면 먹기를 멈추고 여름잠을 잔다. 4~5월에 알을 낳으며 이 시기에 많이 잡힌다. 가을부터 겨울 동지 전까지 맛이 좋다. 해녀가 물질해서 잡는다.

『자산어보』에도 이런 해삼의 특징이 잘 소개되어 있다. "한쪽 끝에는 입이 있고 다른 한쪽 끝은 항문과 통한다. 배 가운데에는 밤송이 같은 것이 있고 내장은 닭의 내장과 같으나 껍질은 매우 연해서 집어 올리면 끊긴다. 배 아래에는 수많은 발이 있어 걸을 수 있지만 헤엄을 칠 수는 없어서 움직임이 매우 둔하다."

해삼은 위기에 처하면 내장을 항문으로 쏟아 버린다. 실제로 한 리얼리티 프로그램에서 실험을 했다. 해삼이 든 어항에 천적 불가사

리를 넣고 젓가락으로 공격해보았다. 정말 해삼이 내장을 쏟았다. 내장은 멍게처럼 독특한 향이 난다. 공격자가 그 맛을 탐하는 동안 피하려는 전략이다. 그럼 내장 없이 어떻게 지낼까? 걱정할 필요 없다. 두 달 정도면 내장은 다시 만들어진다. 모질고 질긴 생명력이다. 살려고 속을 모두 꺼내다니!

깊은 바다에 사는 아주 큰 해삼 항문에는 숨이고기가 있다. 숨이고기는 농어목 숨이고깃과에 속하는 바닷물고기로 몸은 옆으로 납작하고 길쭉하다. 해삼 항문에 숨어 적을 피하는 대신 항문을 오가며 깨끗한 물을 공급해 해삼 항문의 특이한 호흡기관인 호흡수呼吸樹의 가스 교환을 돕는다

더덕이 바다에 뛰어들어 해삼이 되다

막배도 떠났다. 더는 기다릴 사람도 올 사람도 없다. 갈매기도 사정을 아는지 조용하다. 선창을 배회하다 등대 밑에 앉았다. 위판장에서 얻어온 해삼 한 토막을 내놓고 소주 한 잔을 따랐다. 이생진 시인이 「그리운 바다 성산포」에 쓴 것처럼. 그리고 한 달만 이 섬 외연도에서 살고 싶어졌다.

충남에서 가장 먼 섬 외연도는 보령에서 출발해 배로 1시간 30분을 달려야 닿는다. 중간에 호도, 죽도 등을 거쳐야 한다. 여름이 오기 전 외연도에서 물질하는 해녀들을 만났다. 머리에서는 바닷물이 뚝뚝 떨어지고 해녀복에 물기가 채 마르지도 않았다. 해삼 철인 봄이면 해녀 10여 명이 배를 타고 나가 해삼을 잡는다. 외연도 해녀는 물론 제주에서도 원정을 온다. 이 무렵 해녀들은 외연열도만 아니라 모항, 파도리 등 태안 일대 바다에서도 해삼을 잡고 가을에는

전복을 잡는다. 그러나 해녀들도 마음대로 물질해서 해삼을 잡을 수는 없다. 어촌계 관리를 받으며 정해진 시간과 장소에서만 잡는다. 잡은 해삼은 어촌계와 해녀가 몫을 나눈다.

옛날에는 해삼보다 전복이나 미역 등을 채취했지만 요즘은 해삼이다. 중국 수출 때문이다. 중국의 해삼 시장 규모는 자그마치 20조 원이라고 한다. 전 세계 해삼 어획량은 약 20만 톤이며 이 중 80퍼센트를 중국이 생산한다. 또한 전 세계 해삼 90퍼센트를 중국에서 소비한다. 우리나라에서는 경남과 충남에서 2,000톤 정도를 생산하며, 대부분 해삼을 쪄서 말려 수출한다. 1킬로그램에 2만 원 하는 해삼을 쪄서 말리면 같은 무게가 수십 만 원에 거래된다. 말린 해삼은 과거 중국에서 화폐로 사용했고, 양장피를 비롯해 삼선짜장면, 해삼탕, 팔진두부, 기아해삼(오룡해삼), 해삼전복 등 중국 요리에도 널리 쓰인다.

해삼 양식이 고부가가치 산업으로 인식되면서 우리나라에서도 종묘 생산과 양식 등 해삼 산업 발전을 위한 정책을 추진하고 있다. 해삼 양식장 적지를 찾으려고 지자체에서는 난리다. 서해, 동해, 남해, 인천 섬, 전남 섬, 경남 섬, 강원도 연안 등 모든 섬과 연안에서 그야말로 해삼 열풍이고, 남해에서는 앵강만, 전남에서는 진도, 충남에서는 외연도 인근 바다에 양식장을 마련해 어린 해삼을 방류한다. 이 해삼이 자라면 해녀가 물질해서 잡는다.

『전어지』에는 "해삼은 바다에 있는 동물 중에서 가장 몸을 이롭게 하는 생물이다. 동해에서 나는 것이 살이 두껍고 좋으며, 서남해에서 나는 것은 살이 얇아서 품질이 떨어진다"고 기록되어 있다. 『오주연문장전산고』에는 "해삼은 더덕이 스스로 바닷속에 뛰어들

갯벌 흙에서 유기물을 골라 먹는 해삼은 흑해삼과 청해삼이 되고,
홍조류를 먹는 해삼은 홍해삼이 된다.

어 변한 것이다"고 했다.

해삼의 약효와 관련해 완도 외딴섬 자지도 주민에게서 들은 이야기가 있다. 읍에 나가 홍해삼을 보면 값도 묻지 않고 그냥 집어서 입에 넣고 오물오물 씹어 먹은 다음에야 값을 물어본다. 깊은 바다에 사는 귀한 약이라 일단 먹고 흥정을 해야 내 것이 된다는 말이다. 어시장에 가면 이따금 함지박에 담긴 청해삼, 홍해삼, 흑해삼을 볼 수 있다. 이렇게 몸 색깔이 다른 것은 먹이 차이 때문이다. 갯벌 흙에서 유기물을 골라 먹는 해삼은 흑해삼이나 청해삼이 되고, 해조류 중 홍조류를 먹는 해삼은 홍해삼이 된다. 귀한 먹이를 먹었으니 보약이라는 말이 틀린 말은 아닐 성싶다.

단 한 줄기 진미, 해삼 내장

해삼은 90퍼센트가 수분으로 이루어졌기에 시간이 지나면 흐물흐물 녹는다. 그래서 말리거나 냉동 보관한다. 그중에서도 말린 해삼이 으뜸이다. 유통 면에서뿐만 아니라 영양학적으로도 훨씬 뛰어나다는 것이 후대에 밝혀졌다. 좋은 해삼은 표면이 울퉁불퉁하고 딱딱하며 가시가 크고 고르게 돋아 있다.

경북 안동에 세거했던 장흥효張興孝, 1564~1633의 딸 장계향張桂香, 1598~1680이 쓴 조선시대 요리서『음식디미방』에도 해삼이 등장한다. 이 외에 바다 생물로는 대구, 숭어, 연어, 전복, 청어, 방어, 새우(젓국), 대합, 가막조개, 모시조개 등이 실려 있다. 장계향이 살았던 곳이 동해와 가까운 영양군 석보면인 탓에 동해에서 나는 생물이 많고 서해에서 나는 것은 새우 정도다.

『음식디미방』에는 해삼 요리법이 "해삼 다루는 법"이라고 소개

『음식디미방』에는 말린 해삼을 불려서 속에 소를 넣고 쪄서 만드는 요리를 소개했다. 해삼회, 해삼장아찌, 해삼을 넣은 유산슬.

되어 있다. 이는 말린 해삼을 불려서 속에 꿩고기, 석이, 밀가루, 표고 등을 넣고 후춧가루로 양념한 소를 넣어 실로 감아 중탕에 쪄서 만드는 요리다. 아니면 그냥 삶아서 초간장에 찍어 먹거나 양념을 해서 먹었다. 익힌 해삼을 썰어 파 등을 넣고 소스(가루즙)를 얹은 음식은 '해삼누르미'라고 했다.

해삼을 먹는 나라는 우리나라를 비롯해 지중해 연안과 동남아

시아 여러 나라, 중국, 일본 정도다. 가장 흔하게 먹는 것은 내장을 제거하고 막 썰어서 내놓은 해삼회다. 식감을 즐기는 사람들에게 좋다. 특히 소주 안주로 제격이다. 내장에는 펄이 들어 있어 조심스럽게 훑어 내면 이것도 맛있는 음식이 된다. 얼려 놓았다가 초간장에 찍어 먹기도 한다. 내장만 아니라 멍게 속살처럼 생긴 것도 있다. 암컷 생식소다. 내장과 생식소로 젓갈을 담그기도 한다. 일본에서는 이 젓갈을 고노와다このわだ라고 하며, 단골손님에게만 준다는 귀한 음식이다.

외연도에서 만난 한 해녀가 어촌계장 몰래 노란색 내장을 집어 입에 넣어주었다. 멍게와 비슷한 향이 났다. 해삼 한 마리에 내장은 한 줄기만 들어 있어 1킬로그램에 10여 만 원에 이를 만큼 비싸다. 해삼도 비싼데 그 몸에서 나온 내장이니 오죽할까? 그래서 청주나 소금을 넣고 양을 늘려 가공한 후에 내놓기도 한다.

바다에 핀
붉은 꽃

멍게

바다 파인애플

 멍게는 우렁쉥이의 경상도 말이다. 멍게 껍질에 원뿔처럼 돋은 붉은 돌기가 꼭 꽃이 핀 모습이라 '꽃멍게'라고도 한다. 우렁쉥이보다는 멍게라는 이름이 입에서 입으로 퍼졌고 마침내 표준어로 자리 잡았다. 통영 인근 바다에서 나는 멍게가 우리나라 전체 생산량의 70퍼센트를 차지하니 당연한 일이다. 제주에서는 소라를 구젱이라고 하지만, 뭍에서는 피뿔고둥을 소라라고 한다. 그래서 많은 사람이 헷갈린다. 소라를 구젱이라고 하고 피뿔고둥을 소라라고 하면 되지 않을까?

 지명도 그렇지만 해당 지역 사람들이 생물 이름을 붙일 때는 특징을 꼭 집어 짓는 경우가 많다. 오랫동안 해당 생물과 더불어 살며 특징을 잘 알기 때문이다. 그러므로 전통 지식을 고려하지 않고 생물 이름을 한자 이름으로 바꾸거나 지역 이름을 무시하는 것은 일종의 폭력이나 다름없다.

영어권에서는 '바다 물총 sea squirt'이라고 하고, 모양이 파인애플을 닮았다고 해서 '바다 파인애플 sea pineapple'이라고 한다. 입수관으로 물을 빨아들이고 출수관으로 내뿜으며 산소를 흡수하고 플랑크톤을 걸러 먹는다. 실제로 양식장에서 보니 주먹 크기만 한 멍게가 주렁주렁 매달린 줄을 끌어올리자 물총을 쏘아댔다.

멍게는 해초강에 속하는 척삭동물이다. 척삭은 척추의 이전 단계로 몸을 지탱하는 유연한 줄기(심지)를 가리킨다. 척삭동물은 다시 3가지로 나뉜다. 포유류, 조류, 어류, 양서류처럼 척삭이 척추로 바뀌면 척추동물, 꼬리에 있으면 미삭동물, 머리에 있으면 두삭동물이다. 멍게는 이 중 미삭동물이며, 척삭 단계에서 성체가 되고 다 자라면 척삭, 신경관, 소화기 뒷부분이 퇴화한다. 흥미롭게도 멍게와 인간의 배아는 모두 척삭 구조로 비슷하다. '바다에서 걸어 나온 인간'이라는 표현을 자주 듣긴 하지만 멍게와도 사촌일 수 있다는 사실은 놀랍다.

멍게는 암수한몸이며 옆으로 납작해 머리와 몸뚱이를 구분하기가 어렵다. 멍게의 부착기관을 잘라 조심스럽게 아가미를 꺼내보면 흰색과 검은색 기관이 있다. 흰 게 정자고 검은 게 난자다. 어미 몸에서 새로운 개체가 솟아나는 무성생식과 출수관으로 나온 알과 정자가 수정하는 유성생식이 모두 가능하다.

산란과 수정은 보통 10월에 이루어진다. 멍게 유생은 올챙이 모양으로 바다에 떠다닌다. 어느 정도 자라 일정한 시기가 되면 암초

멍게는 껍질에 원뿔처럼 돋은 붉은 돌기가 꼭 꽃이 핀 모습이라
'꽃멍게'라고도 한다. 영어권에서는 '바다 파인애플'이라고 한다.

나 해초에 붙어 자란다. 언뜻 보면 해조류의 포자 같다. 그래서 멍게 양식은 가리비나 굴과 마찬가지로 수하식이다. 전 세계에 분포하며 우리나라에는 70여 종이 살고 있다. 식용으로는 멍게, 비단멍게, 돌멍게가 대표적이다. 비단멍게는 표면이 비단처럼 부드럽고 뿌리부터 입수관과 출수관 쪽으로 검붉은색이 점점 짙어진다. 돌멍게는 '끈멍게'라고도 하는데, 겉모습은 정말 돌과 같지만 촉감은 부드럽다.

어선에 주렁주렁 달린 붉은 꽃

통영 무미도로 향하는 배를 타고 가다 어선 꽁무니에 꼬리처럼 매달려 물속에서 너울너울 춤을 추는 붉은 줄을 발견했다. 처음에는 양식장에 설치하려고 시설물을 만들어 가지고 가는 모양이라고 생각했다. 그런데 그게 아니라 멍게를 양식장에서 작업장으로 옮기는 모습이었다. 통영 바다와 한산대첩의 격전지인 한산도, 화도, 방화도 일대가 주요 멍게 양식지다.

멍게는 우리나라 전역에 분포하지만, 바닷속 암초와 해초에 붙어 자라기 때문에 양식을 하기 전까지는 해녀와 잠수부가 바다에 들어가서 잡았다. 그래서 귀하고 값이 비쌀 수밖에 없었다. 서민들이 쉽게 멍게를 맛보게 된 것은 1970년대 이후 양식을 시작하면서부터다. 멍게 양식은 통영시 산양읍 미남리 답하마을에서 시작되었다. 국립수산과학원이 발간한 『우리나라 수산양식의 발자취』에 따르면, 어선 닻줄에 빼곡하게 달려 있는 멍게를 모체로 산란과 채묘를 시도해 1975년 첫 멍게를 생산했다.

멍게 양식은 수정된 멍게 유생을 인공 구조물에 붙인다. 그 구조물이 '섶'이나 '팜사'다. 코코넛 열매 껍질이나 야자수 껍질을 꼬아 만든다. 멍게 유생이 줄에 붙으면 5~6개월 더 키우고(채묘), 1년 정도 지나면 새끼손톱만 한 멍게로 자란다. 거제와 통영 바다에서 멍게 유생을 인공 구조물에 붙이는 작업을 하는데, 특히 거제시 둔덕면 학산리 앞바다가 멍게 채묘 장소로 잘 알려져 있다.

다음 해 여름 채묘된 줄을 양식장 멍게 봉에다 감는다. 어민들은 이 작업을 '봉 작업'이라 부르고, 이런 양식을 '수하식 멍게 양식'이라고 한다. 한 사람이 몸줄을 돌리고 또 한 사람이 팜사를 감는다. 2년쯤 되면 손가락, 3년 정도 되면 손바닥 크기만 하게 자란다. 크기는 물론 맛과 향도 이때가 으뜸이다. 그러니까 산란 후 3년 만에 수확을 하는 셈이다. 이때서야 상품이 될 수 있다. 보통 수명은 5~6년 정도 된다.

수정된 멍게 유생을 인공 구조물에 붙여 5~6개월 더 키우고,
1년 정도 지나면 새끼손톱만 한 멍게로 자란다.
봉에 매달려 수확된 멍게는 배의 이물에 걸려 작업장으로 이송된다.

그런데 상품성이 최고인 3년 무렵부터 물렁병이 발생해 양식 어민들의 고민이 크다. 일본산 멍게와 경쟁하려면 꼭 극복해야 하는 과제다. 현재 우리나라는 세계 멍게 생산량의 90퍼센트 이상을 차지하지만, 이는 2011년 동일본 대지진이 일어난 이후부터의 일이다. 동일본 대지진 전까지만 해도 일본이 세계 멍게 생산량의 60퍼센트를 차지했고 주요 수입국은 우리나라였다. 조만간 일본의 멍게 양식장은 완전 복구될 예정이라고 한다.

멍게가 다 자라면 양식 줄을 작업장으로 가져와 깨끗하게 세척한 다음 줄에 주렁주렁 매달린 멍게를 뜯어낸다. 옛날에는 사람이 양식 줄을 바닥에 내리치며 털어내거나 일일이 손으로 뜯어냈지만, 지금은 기계가 멍게를 뜯는다. 그리고 크기 등을 보면서 상품성이 있는 것과 없는 것을 분류한다. 통영 미륵도 연안에 떠 있는 대형 바지선들은 대부분 이런 멍게 작업장이다.

우리가 즐겨 먹는 멍게 살은 멍게의 내장·아가미·심장에 해당되는 부분이다. 피막을 제거하고 먹는 살 부분만 살펴보면 멍게는 노란색, 비단멍게는 검붉은색, 돌멍게는 흰색에 가깝다. 또 멍게의 독특한 향, 흔히 바다 향이라고 하는 것은 '신티올$_{cynthiol}$'이라는 불포화 알코올 성분이다. 이 맛은 신선할수록 신티올 함량이 높아 더욱 진하다. 통통하고 색깔이 선명한 것이 싱싱한 멍게다.

멍게의 반란

멍게는 봄철이 제철이지만 8월까지 맛이 좋다. 이 시기가 멍게에 많은 글리코겐이 겨울에 비해 수 배에 이른다. 해조류를 비롯해 많은 수산물이 겨울철에 맛이 좋은데 멍게만큼은 수온이 올라가는

'이상희표 멍게비빔밥'은 채소 대신 해초를 넣는데,
톳, 세모가사리, 김 등 해초의 오방색을 찾아내 멋을 더하고
합자젓으로 마무리했다.

봄철이 좋다. 멍게를 보통 저온숙성해 비린 맛을 제거한다. 그 맛이 달콤함과 쌉쌀함이 섞인 오묘한 맛이다. 먹고 난 후에도 그 맛이 오랫동안 입안에 여운으로 남는다.

"와. 예술이다." 멍게비빔밥을 주문한 옆자리의 여행객이 밥상을 보고 탄성을 지른다. 스마트폰과 카메라를 꺼내 사진을 찍느라 먹는 것도 잊었다. 지금이야 카메라 단독 샷을 받는 귀한 몸이지만 사실 멍게는 밥상에서나 술상에서나 주인공이 아니었다. 메인 요리를 준비하는 사이 내놓는 음식이거나 곁에서 구색을 맞추는 정도였다.

묵묵히 밥상과 술상의 가장자리를 지키던 멍게가 주목받기 시작한 것은 멍게비빔밥 덕분이다. 물론 20여 년 전부터 따뜻한 밥에 멍게를 올리고 김 가루, 채소 등을 넣고 참기름을 둘러 쓱쓱 비벼 먹는 비빔밥은 있었다. 식당 메뉴에도 올랐지만 주연 자리는 멀고 험했다. 봄에는 도다리쑥국, 가을에는 전어, 겨울에는 물메기탕에 치여 명함도 내밀지 못했다.

그런 멍게를 주연 자리에 올린 것은 통영 음식을 연구하던 이상희 사진작가의 노력 덕분이다. 그는 통영에 정착해 음식에 관심을 가지면서 통영의 속살을 들여다보고 있다. 그는 멍게비빔밥에 채소 대신 해초를 넣었다. 멍게를 중심으로 톳, 세모가사리, 김 등 해초의 오방색을 찾아내 멋을 더했다. 그리고 통영 사람들이 즐겨 먹었던 합자젓으로 마무리했다. 이렇게 탄생한 것이 '이상희표 멍게비빔밥'이다.

멍게의 반란은 여기서 그치지 않는다. 이미 알려진 멍게젓갈은 더욱 고급스럽게 변신했고, 멍게잡채·멍게된장국·멍게부침개·멍게비빔국수에 컵라면처럼 손쉽게 먹을 수 있는 멍게컵밥까지 나왔다. 멍게의 다음 반란은 어떤 모습일지 벌써부터 기대된다.

미더덕 팔자,
아무도 모른다

미더덕

물에 사는 더덕

　　미더덕의 '미'는 물의 옛말이다. 물에 사는 더덕일까? 그러고 보니 겉모습이 더덕과 비슷하다. 다년생 덩굴식물인 더덕은 우리나라 어느 숲에서나 찾을 수 있었다. 옛날에는 길을 가다 냄새만 맡고도 찾아냈지만, 지금은 쉽게 찾을 수 없다. 사람이 많지 않은 섬 길이나 깊은 산속에서나 볼 수 있다. 행여 미더덕도 그리 될까 걱정이다.

　　미더덕의 주산지는 창원 마산합포구 진동만이다(김려는 이곳에 유배되어 우리나라 최초의 어보魚譜인 『우해이어보』를 집필했다. 우해는 현재의 '진동면'이다). 진동만은 고현리와 진동리 사이의 바다를 말하며, 미더덕 마을로 유명해 2005년부터 매년 4월 미더덕 축제가 개최된다(2024년과 2025년에는 생산량이 급감되어 개최되지 않았다). 물질을 하거나 조간대에서

미더덕은 겉모습이 더덕과 비슷해서 물에 사는 더덕일까?
미국이나 캐나다에서는 '아시아 멍게'라고 불린다.

채취하며, 1999년부터 양식도 시작했다. 진동만에서는 미더덕 양식만 한다. 이곳은 수심이 깊지 않고 수온도 적당하며 무엇보다 미더덕이 좋아하는 플랑크톤이 풍부하다.

　미더덕은 우리나라 모든 연안에 서식하는 해초강 미더덕과에 속한다.『자산어보』에는 '음충淫蟲', 속어로 '오만동五萬童'이라고 기록되어 있다. "입이 없고 구멍도 없으며, 물에서 나와도 죽지 않는다. 볕에 말리면 빈 주머니처럼 우그러지고 쭈그러든다. 손으로 쓰다듬으면 잠시 뒤에 몸이 부풀어 올라 땀구멍에서 땀이 나오듯 즙을 내는데, 실이나 머리카락처럼 가늘면서 좌우로 날리면서 쏟는다. 머리는 크고 꼬리는 줄어들어 꼬리로 바위 위에 들러붙는다."

　몸에 주름이 있고 자루 반대편 몸 끝부분에 입수관과 출수관이 있다. 암수한몸으로 가늘고 긴 난소 사이에 정소가 들어 있다. 하지만 자신의 난소와 정소를 수정시키지 않고 다른 개체끼리 생식세포를 교환하는 유성생식을 한다. 늦여름부터 초가을 사이 수온 15~21도에서 산란한다. 연안의 수심 20미터 이내 바닷속 돌, 바위, 암초에 무리를 이루어 부착 생활한다. 먹이는 규조류, 원삭동물, 요각류, 연체류, 유생 등을 섭취한다. 이 점이 치열한 생존 경쟁에서 미더덕이 살아남을 수 있었던 원인의 하나가 아닐까?

미더덕은 바위나 선박 밑에 작은 방망이 모양 같은 자루를 붙이고 자라기에 굴이나 해조류 양식을 하는 어민들에게는 불청객 취급을 받는다. 미국이나 캐나다에서도 미더덕이 푸대접을 받는다. '아시아 멍게asian tunicate'라는 이름의 유해종으로 분류된다고 한다. 플랑크톤을 싹쓸이해 굴 양식장을 거덜내기 때문에 미더덕을 없애려고 안간힘을 쓴다.

오만 곳에 붙어서 잘 자란다

그러나 주산지인 진동만에서는 주연급 대우를 받는다. 그동안 우리나라 수산 정책이나 식생활 정책은 특정 식재료에만 집중해온 탓에 생물 다양성이나 맛의 다양성을 해치는 결과를 초래했다. 다행히 진동만은 지역의 부가가치를 높이는 방법으로 미더덕 요리를 선택했고, 그 덕분에 미더덕은 정책의 병폐 속에서도 주연급으로 성장할 수 있었다. 급증하는 수요에 따라 양식도 늘었다. 대표 요리로는 미더덕회무침, 미더덕회덮밥, 미더덕찜이 있다.

일본 나라奈良 지역의 아와あわ 마을을 방문한 적이 있다. '아와'는 일본어로 볏과 식물인 조를 의미한다. 이 마을에서는 토종 씨

미더덕은 열량과 콜레스테롤 함량은 낮고,
비타민·철분·불포화지방산이 들어 있어 다이어트식으로 인기다.
봄이 제철이고 클수록 맛도 좋고 향도 좋다.

앗을 보전하기 위해 레스토랑을 운영한다. 지역 농민이 보관해온 토종 씨앗을 조사해 논과 밭에 심고 수확한 것으로 요리를 한다. 산골 마을에 있는 레스토랑이지만 예약을 하지 않으면 식사하기 어려울 정도다. 채소로만 요리하며 모두 토종 씨앗을 심어서 얻은 것들이다. 씨앗을 보존하기 위해 선택한 것이 요리다. 진동만 미더덕 요리가 주목받은 것도 같은 원리다. 보존은 쓰임새를 만들어야 가능하다.

미더덕은 식감을 중시하는 우리에게 좋은 식재료다. 열량과 콜레스테롤 함량은 낮고, 비타민·철분·불포화지방산이 들어 있어 다이어트식이나 건강식으로 인기다. 특히 피로 해소와 면역력 강화에 좋다. 봄이 제철이고 클수록 맛도 좋고 향도 좋다. 몸통이 통통하고 단단하며 반질반질하고 물이 많은 것이 신선한 미더덕이다. 날로 먹기도 하고 된장찌개나 국, 탕을 끓일 때 시원한 국물을 내기 위해서도 넣는다. 다른 바다 생물도 마찬가지지만 미더덕도 요즘은 요리하기 좋게 손질해서 포장 판매를 하다 보니 산지에 가지 않으면 제 모습을 보기 어렵다.

　미더덕과 함께 주목을 받는 것이 오만둥이다. 오만둥이는 오만디·만득이·만디기 등으로 불리며, 이는 오만 곳에 붙어서 잘 자란다는 뜻이다. 미더덕보다 성장 속도가 빨라 2~3개월이면 다 자란다. 늦겨울과 봄에만 볼 수 있는 미더덕과 달리 오만둥이는 사계절 볼 수 있다. 미더덕은 껍질이 질겨 벗겨서 먹어야 하지만 오만둥이는 부드러워 통째로 먹을 수 있다. 가격 또한 수작업을 해야 하는 미더덕이 그렇지 않은 오만둥이에 비해 비쌀 수밖에 없다. 이러한 차이 때문에 오만둥이가 미더덕 자리를 넘보고 있다.

　된장국, 해장국, 매운탕에서 흔히 보는 것은 미더덕이 아니라 오만둥이다. 제대로 된 미더덕을 보려면 통영, 고성, 남해 어시장으로 가야 한다. 통영 중앙시장 골목에는 미더덕 껍질을 벗기는 어머니를 쉽게 만날 수 있다. 잠깐 손놀림에 황금빛 노란 속살이 드러난다. 내장을 꺼내 갈무리한 다음 팔기도 하고, 그냥 껍질만 벗긴 채 팔기도 한다.

겨울잠을 깨우는 음식

　미더덕회를 먹어 보았는가? 남해나 통영에서는 봄에 별미로 속살을 발라 회로 즐긴다. 진동면 고현마을에 가면 맛볼 수 있다. 다만 봄철에만 맛볼 수 있다. 이곳 작은 어촌에서 우리나라 미더덕의 60퍼센트가 생산된다. 껍질을 벗기고 내장을 제거한 후 회로 먹는

미더덕은 겨울잠을 자는 몸을 깨우는 음식이라고 한다.
이제 미더덕은 아귀찜과 된장국에 꼭 있어야 할 주연 같은 조연이 되었다.
미더덕비빔밥과 미더덕젓갈.

다. 미더덕회를 초장에 버무린 미더덕무침, 미더덕비빔밥, 미더덕젓 갈 등 그동안 미더덕을 탕이나 국을 끓일 때 시원한 국물을 내는 재료 정도로 알았다면 미더덕을 몰라도 정말 모른 것이다.

미더덕은 더는 아귀찜 부재료가 아니다. 속살을 잘 갈무리한 미더덕을 살짝 데친 콩나물에 얹고 양념장을 넣고 볶은 후 양파, 대파, 미나리, 물에 갠 전분을 넣고 볶아주면 완성이다. 가장 즐겨 먹는 것은 미더덕된장국이나 미더덕된장찌개다. 조미료가 필요 없이 채소와 두부를 넣고 마지막으로 미더덕을 넣는다. 미더덕은 황갈색이나 붉은색을 띠며 몸통이 통통하고 향이 강한 것이 좋다. 바로 먹지 않고 보관하려면 미더덕 막을 터뜨려 물기를 뺀 다음 비닐팩에 넣어 냉동 보관해야 한다.

미더덕을 보면 '사람 팔자 알 수 없다'는 말이 떠오른다. 해적 생물로 온갖 눈총을 받았고, 오일장에서 해충을 파느냐며 따돌림을 받기도 했다. 하지만 이제 미더덕은 진동만은 물론 마산 지역에서 아귀찜과 된장국에 꼭 있어야 할 주연 같은 조연이다. 누가 해안 벽지까지 찾아와 줄을 서서 미더덕을 먹고 사가리라고 상상이나 했겠는가?

미더덕은 3월이 제철이다. 그래서 겨울잠을 자는 몸을 깨우는 음식이라고 한다. 그 맛은 멍게와 흡사하지만 향은 더 은은하다. 진동만 어민들은 미더덕을 조미용으로 사용한다. 약간 쌉쌀한 첫맛에 감칠맛이 오래 입안에 맴돈다. 그 맛을 주민들은 '들쩍지근하다'고 말한다.

진동만은 고성, 통영, 거제의 크고 작은 섬들이 자연 방파제 역할을 하고 있어 조류가 잘 소통하고 잔잔하다. 이미 자리를 잡았던 굴과 홍합 양식 어민들에게 눈총을 받으며 지켜낸 미더덕이다. 시장에서는 온갖 푸대접을 받으면서 미더덕을 팔아 쌀을 사고 생필품을 구했다. 미더덕으로 자식을 키우고 바닷마을을 지켰다. 도시로 간 자식들이 미더덕 농사를 짓겠다고 돌아오니, 이 녀석이 정말 효자다.

개의 불알을
닮았다

개불

말의 음경과 같다

개불을 보고 서로 얼굴을 마주치면 의미 있는 웃음을 지으며 붉힌다. '개의 불알'이라니……. 싱싱하고 맛있는 광어, 돔 등 회를 시켜놓고 기다리는 동안 영락없이 올라오는 것이 이 녀석이다. 그 모양이 '고래 잡기 이전' 사내의 거시기를 닮았다. 회색 빛깔은 나이 든 개불이며 선홍색을 띤 놈이 젊고 싱싱하다. 개불 맛을 모르더라도 여자들은 개불을 보고 얼굴을 붉힐 수밖에 없다. 맛을 보고 나면 마지막 남은 개불을 서로 먹으려 접시를 당긴다. 애꿎은 개불만 한 접시 더 죽는다. 오돌오돌 씹히면서 달짝지근하며 바다 향이 가득하다.

『우해이어보』에는 개불을 '해음경 海陰莖'이라고 했다. 18세기 진해로 유배온 김려가 신기한 어류를 접하고 저술한 것이다. 단순한

개불은 개의 불알처럼 생겼다고 해서 붙여진 이름이다.
『우해이어보』에는 남자 생식기가 위축되는 병에 갈아서 바르면
발기한다고 되어 있다.

어보가 아니라 시인의 감성으로 어촌 풍습과 바다 생물을 기록한 책이다. 개불이 많았다는 이야기다. 김려가 쓴 개불에 대한 기록을 보자.

"해음경은 모양이 말의 음경과 같다. 머리와 꼬리가 없고 입은 하나만 있다. 바다 밑 바위에 붙어서 꿈틀대는데 자르면 피가 난다. 해음경을 깨끗이 말려 가늘게 갈아서 젖을 섞어 음위陰痿(남자 생식기가 위축되는 병)에 바르면 바로 발기한다."

개불은 개불목 개불과에 속하는 의충동물이다. 개의 불알처럼 생겼다고 해서 붙여진 이름이다. 그래서 영어로 개불은 '페니스 피시penis fish'라고도 한다. 주둥이는 짧은 원뿔형으로 오므리고 늘리며, 항문이 있는 꼬리에는 10여 개의 털이 있다. 개불은 다른 갯벌 생물

과 달리 겨울에는 15~30센티미터 깊이에서 살고 여름에는 1미터 이상 깊은 곳에서 여름잠을 잔다. 그래서 먹이 활동이 활발한 겨울철에 맛이 가장 좋으며 잡기도 좋다.

보통 연안의 사니질 沙泥質(모래와 진흙이 섞인 흙)에 서식하며 항문으로 물을 뿜어서 만든 U자형의 터널 속에서 산다. 모래 갯벌에 난 두 구멍 사이의 거리는 10~60센티미터 내외다. 개불이 클수록 구멍 사이의 거리가 길다. 구멍의 지름은 1센티미터 정도이며 조심스럽게 관찰하면 물을 뿜어내는 것을 발견할 수 있다. 개불도 암수가 따로 있다. 백색의 정소를 가지고 있는 흰 것이 수컷이고 성숙한 갈색의 난소를 가지고 있는 갈색이 암컷이다.

개불은 단맛이 난다

바닷물이 들자 안면도 해수욕장에서 개불을 잡던 사람들이 밖으로 나오기 시작했다. 한 가족은 바닷물이 고여 있는 웅덩이 곁에 쪼그리고 앉아 개불을 손질하기 시작했다. 손질법은 간단하다. 개불 머리와 털이 있는 꼬리를 자르면 내장이 쏙 빠진다. 깨끗하게 씻어 낸 다음 먹기 좋은 크기로 잘라 초장에 찍어 먹는다. 개불을 잡으러 나오면서 준비했던지 옆에는 소주와 막걸리가 있었다. 개불을 먹는 손쉬운 방법은 회로 썰어 먹는 것이다. 오독오독 씹히는 식감과 혀 끝에 닿는 달콤함이 소주와 어우러져 술꾼들에게 인기가 좋다.

개불은 글리신 glycine 이나 알라닌 alanine 같은 아미노산이 함유되어 있어 단맛이 난다. 석쇠에 손질된 개불을 올리고 굽는 직화구이와 갖은 양념을 더해 곱창구이처럼 구워 먹기도 한다. 요리가 간단하고 시간도 걸리지 않는다. 성질 급한 술꾼들은 개불에 소주 몇 잔

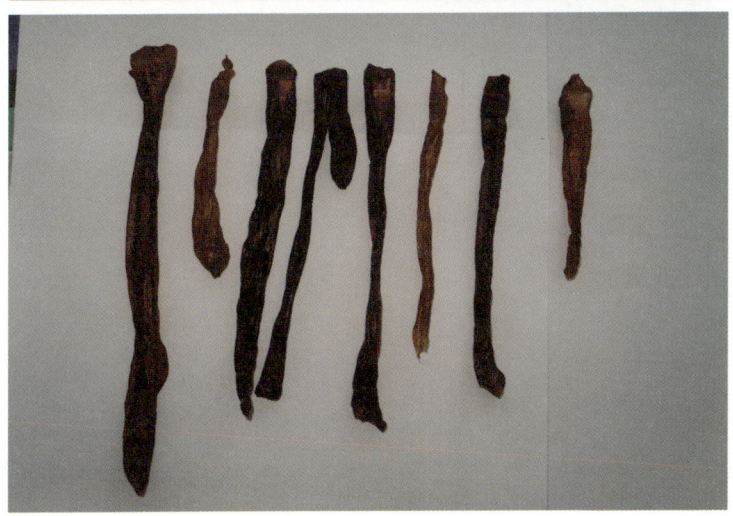

개불은 내장을 쏙 빼낸 다음 먹기 좋은 크기로 잘라 초장에 찍어 먹는다.
또 잘 말려서 포로 만들었다가 구워 먹기도 한다.

돌려야 성이 찬다. 남성 기능 강화에 좋다는 소문도 들리고, 고려 말 요승 신돈辛旽, ?~1371도 즐겼다는 이야기도 전한다. 한때 개불은 감성돔이나 가자미 미끼로 쓸 정도로 흔했다.

그렇다고 남자들만 좋아한다고 생각하면 착각이다. 10여 년 전 〈별에서 온 그대〉라는 드라마에서 여자 주인공 천송이(전지현 분)가 "올 겨울이 가기 전에 먹고 싶다"고 말한 것처럼 여성들에게도 인기만점이다. 김치찌개를 할 때 개불을 쇠고기나 돼지고기와 함께 넣어 전골을 끓이기도 한다. 곱창전골과 비슷한 방식이다. 또 잘 말려서 포로 만들었다가 구워 먹기도 하며, 꼬챙이에 꿰어서 양념장에 재워 두었다가 구워 먹기도 한다.

개불잡이, 목이 탄다

물보(물풍선)를 이용해서 개불을 잡는 방법은 남해 지족해협에서 12월 말부터 1월 사이에 시행된다. 물보를 배의 우현이나 좌현에 고정시키고 맞은편 좌현이나 우현에 4개의 갈고리를 닻처럼 달아 바닷속 갯벌을 끈다. 조류에 의해 물보가 배를 끌고 배에 매달린 갈고리가 바닷속 갯벌을 갈면 그곳에 숨어 있던 개불들이 수면 위로 떠오른다. 남해의 개불을 최고로 치는 것도 이런 독특한 방법으로 잡기 때문이다. 이곳의 개불은 선홍빛에 껍질이 두껍다. 개불 맛을 보기 위해 일부러 남해를 찾는 사람들이 있다니 그 맛을 입증하고 남는다.

개불은 크기를 가늠하기도 어렵다. 커졌다 작아졌다 하기 때문이다. 개불은 모래 섞인 갯벌에서 생활한다. 수온이 차가워지면 위로 올라오고, 따뜻해지면 깊은 구멍 속으로 들어간다. 백합 주산지

옛날에 개불은 쳐다보지도 않을 정도로 상품 가치가 없었다.
그런데 지금은 잠깐 물때에 수십만 원 벌이를 하기 때문에 마을 주민들이 나선다.

였던 부안, 김제, 군산에 이르는 새만금 갯벌에도 개불이 많았다. 방조제 공사가 진행되면서 개불잡이를 응용한 '뽐뿌배'라는 것이 모습을 드러냈다. 가는 갈고리 대신 강력한 수백 개의 물줄기로 갯벌을 뒤집어 개불은 물론 백합과 동죽 등 갯벌 생물을 싹쓸이하는 어법이다. 심한 경우 갯벌을 수십 미터 뒤집어 갯벌 생물의 서식 환경을 파괴한다. 지금은 사라진 고대구리어업은 양반이다. 작업 영역도 넓다. 남해 개불잡이가 소로 쟁기질하는 것이라면 뽐뿌배는 트랙터로 작업하는 것과 같다. 같은 마을에서 맨손으로 백합을 잡는 어민들과 뽐뿌배로 싹쓸이하는 어민들 사이에 갈등이 발생하기도 했다.

그런가 하면 강진군 신진면 사초리의 개불잡이는 마을 공동 작업이다. 부부가 같이 나간다. 마을에서 5분 거리인 복섬이 개불 서식지다. 허리까지 빠지는 바닷속에서 남편은 쇠스랑으로 갯벌을 파고 아내는 그물망에 담아 흙을 씻어낸다. 모두 사람의 힘으로만 한다. 물이 빠지기 전에 바닥을 헤집은 다음 떠오른 개불을 뜰채나 삼태기로 건진다. 사초리 마을 앞 논들은 모두 갯벌이었다.

마을 사람들은 갯벌에 의지해 낙지도 잡고 굴도 까고 바지락도 캐며 생활했다. 개불은 쳐다보지도 않았다. 지금처럼 먹지도 않아 상품 가치가 없었기 때문이다. 그러나 간척과 함께 개불도 사라졌다. 개불이 다시 마을에 나타난 것은 2000년대 초반부터다. 어민들은 등 뒤에 배터리를 달고 머리나 가슴에 손전등을 매달았다. 잠깐 물때에 수십만 원 벌이를 하기 때문에 마을 주민들은 개불 잡는 날이 결정되면 모두 나선다. 물속에 들어가기 힘든 노인들은 물이 빠진 갯가에서라도 개불을 잡는다.

최근 태안에서 개불을 잡는 모습을 지켜보았다. 얼마나 깊이 숨었는지 삽자루가 다 들어가도록 파내도 녀석은 보이지 않았다. 삽질을 하던 사내의 얼굴에서는 땀이 뚝뚝 떨어졌다. 옆에서 삽질하던 주민은 목이 탔던지 막걸리 병을 들고 벌컥벌컥 병나발을 불었다. 해수욕장의 개불잡이는 체력이 관건이다. 아무리 건장한 사람이라도 3~4마리만 잡고 나면 나가떨어진다. 그래도 꾸역꾸역 철을 맞아 개불잡이에 나서는 것은 큰돈이 되어서가 아니다. 순전히 겨울철에 맛볼 수 있는 달짝지근하게 씹히는 맛 때문이다.

에필로그
다양한 생명의 공동체, 갯벌

갯벌, 생명을 품다

 몇 년 전 여름, 강화도에서 진행된 갯벌심포지엄에 참석했다가 저어새 탐조에 나섰다. DMZ 근처 논에서 먹이 활동을 하는 저어새와 백로 무리를 발견했다. 저어새는 자신의 키보다 작게 자란 벼 사이에 머리를 박고 열심히 부리를 저어 먹이 사냥 중이었다. 백로는 고고하게 머리를 세우고 저어새가 놓친 먹이를 잡아먹었다. 그때 백로가 '끼룩끼룩 끼루룩' 울어댔다. 저어새가 일제히 주걱처럼 생긴 부리를 쳐들었다. 멀리 논 주인의 모습이 보였다. 저어새와 백로는 인근 갯벌로 날아들었다.
 그곳에는 부리가 짧고 종종거리는 단거리 선수 좀도요, 긴 부리를 가진 알락꼬리마도요 등 수많은 도요새와 물떼새가 자리를 잡고 있었다. 이들은 각각 크고 작은, 구부러진 모양에 따라 칠게, 콩게, 갯지렁이, 숭어 새끼 등 갯벌 생물들을 먹고 생활한다. 수많은 새가 심한 먹이 경쟁 없이 갯벌에 기대어 공존할 수 있었던 이유다. 갯벌 생물도 마찬가지다. 모래 갯벌에는 백합과 엽낭게, 펄 갯벌에는 가무락조개와 칠게, 혼합 갯벌에는 꼬막과 바지락 등이 생활한다. 이렇게 시간(계절, 물때)과 공간(갯벌의 종류)에 따라 다양한 생명이 갯벌에 기대어 함께 살아왔다. 가히 '갯벌 공동체'라고 할 만하다.

'개'는 '바다'를, '벌'은 육지의 너른 벌판을 의미한다. 갯벌은 수천 년 동안 파랑 작용과 조석 차로 인해 바닷물이 굴곡이 심한 해안에 이르고, 강이 바다와 만나는 하구역河口域에 흙과 모래와 영양염류가 퇴적되어 만들어진 '바다 벌판'이다. 물이 많이 빠지는 때에는 끝을 알 수 없을 정도로 폭이 넓어 '개평선'이라고 할 만하다. 파랑은 있지만 조석 차가 적은 동해안은 갯벌이 발달하지 못했다. 좋은 갯벌은 바닷물이 들고 나면서 만들어낸 소통의 결과다.

갯벌이라는 명칭을 사용하기 전에는 '간석지干潟地'라고 했다. 일본말의 영향이다. 전문용어로는 '연안습지'라고 부른다. 연안습지는 펄 갯벌, 혼합 갯벌, 모래 갯벌, 갯바위, 몽돌 해안 등 바닷물이 닿는 모든 곳을 의미한다. 갯벌의 범위를 '습지보전법'에는 대조차와 저조차 사이 조간대를 말하며, 람사르습지 규정에 따른 연안습지는 바닷물이 빠졌을 때 6미터를 넘지 않는 해역을 말한다. 작은 규조류부터 인간에 이르기까지 다양한 생명이 갯벌에 의존해 살아가고 있다.

서해에서 살아가고 있는 바다 생명들의 70퍼센트가 갯벌에서 산란하고 자란다. 갯벌의 다양한 서식 환경 탓에 생물 다양성이 높아 먹이사슬과 생산력의 보고寶庫다. 그뿐만 아니다. 수문학과 수리학적 기능(자연댐, 수분 조절), 기후 조절 기능, 대기 중으로 탄소 유입 차단, 이산화탄소량 조절, 대기 온도와 습도 조절, 수질오염 물질 제거 등의 기능을 한다. 갯벌은 생물자원의 보고이며 지구상에 있는 완전성을 갖춘 마지막 생태계다. 람사르습지를 지정해 보전하려는 것도 이런 이유 때문이다. 우리나라도 습지보전법을 제정해 보전·관리하고 있다. 신안 다도해 지역은 유네스코 생물권보전지역으로 지정되었고, 세계자연유산에 등록되었다.

갯벌, 문화와 살림을 만들다

오후 3시, 바닷물이 밀려들기 시작했다. 가래를 들고 낙지를 잡던 무안 송현마을 주민들이 하나둘 뭍으로 나왔다. 하루 두 번씩 바닷물이 들고 나며 만들어진 갯벌은 칠게와 낙지와 망둑어들을 살찌우고 탄도만을 둘러싼 어촌 마을 사람들의 삶의 터전이 된다. 어민들이 밖으로 나오자 물이 잠기지 않는 갯벌에 모여 갯지렁이와 게 등을 잡아먹던 도요새떼가 날아올랐다. 서남해 다도해를 배경으로 날아오른 새들은 인적이 드문 해안에 내려앉았다. 안심하고 휴식을 취할 수 있는 새들의 공간이다.

갯벌의 가치를 기능적으로 재단해서는 안 된다. 우리 갯벌은 자연이 아니라 수백 년 동안 인간과 끊임없이 교감하며 관계를 맺어온 '문화'다. 갯벌의 가치를 경제적 가치로 환원할 수 없는 것도 이 때문이다. 강과 갯벌과 섬과 바다로 이어지는 독특한 해안생태계는 다양한 문화의 모태였다. 세계 5대 갯벌(유럽 북해 갯벌, 남미 아마존 하구 갯벌, 미국 동부 해안 갯벌, 캐나다 동부 해안 갯벌, 한국 서해안 갯벌) 중에서도 우리 갯벌이 주목을 받아야 할 이유는 종 다양성과 문화 다양성 측면에서다.

우리 갯벌이 유럽이나 북미의 갯벌과 다른 점이 바로 이것이다. 서해의 독특한 생태계는 어민들에게 다양한 어구와 어법을 구상하게 했다. 또 바다와 갯벌에 기대어 살며 풍어제, 갯제, 씻김굿, 어업요 등 춤과 노래와 마을 의례 등 다양한 문화를 만들어냈다. 이러한 자원들은 최근에 갯벌 축제와 생태관광의 자원으로 활용된다.

갯벌은 바다 살림이다. 온갖 생명의 살림이다. 갯살림이다. 선사시대 유적인 조개무지를 살펴보면 인간이 지구상에 등장하면서부터 갯벌에 의존했음을 알 수 있다. 지금도 어민들은 갯벌에서 낙지를 잡고 바지락과 굴을 까며 살고 있다. 실로 대단한 일이다. 도대체 갯벌을 어떻게 이용했길래 그 오랜 세월 갯벌은 변함없이 인간에게 최고의 단백질을 공급하는 것일까? 그 답은 갯벌 공동체, 즉 '공존의 질서'에 있다.

그것을 다른 말로 표현하면 갯살림이다. 칠게도 살리고 도요새도 살리고 인간도 사는 방법이다. 갯살림이야말로 바다를 살리는 일이요, 어민을 살리는 일이요, 문화를 살리는 일이요, 생명을 살리는 일이다. 인간이 내뱉는 온갖 배설물을 풍요로운 생명과 나눔의 공간으로 만드는 곳이 갯벌이다. 갯벌의 살림살이는 인간과 갯벌 생물과 물새들이 함께 만들어가는 바다 살림이다. 칠게와 낙지와 인간과 도요새가 같은 갯벌에서 더불어 생존한다.

부리가 긴 알락꼬리마도요와 부리가 짧은 검은머리물떼새가 같은 갯벌에서 공존하고, 칠게와 농게가 함께 생활한다. 바닷가 윗마을에서는 곤쟁이를 잡고 아랫마을에서는 꽃게를 잡는다. 이러한 공존의 경험은 수백 년 동안 갯벌과 함께 '갯살림'으로 쌓여 있다. 닷새 부족한 한 달을 기다려 갯벌 천일염을 얻고, 3~4년을 기다려 바지락과 꼬막을 얻는다. 기다림과 나눔을 함께 실천하며 쌓아온 지혜가 갯살림이다.

갯벌의 주인은 인간이 아니다

수천 년 동안 변함없이 갯벌 생물들을 나누며 살아왔다. 그런데 유독 인간만 '진화'해왔다. 작은 호미 대신 수백 미터나 되는 그물로 바뀌었다. 최첨단 장비를 이용해 물속은 물론 갯벌 속 어패류를 찾아내고 있다. 이제는 어군魚群을 쫓아 고기를 잡는다. 그리고 기후변화와 수온 상승으로 어족 자원이 고갈되었다고 한다. 틀린 말은 아니다. 하지만 이것은 다른 핑곗거리일 뿐 근본적인 원인을 찾아보면 거기에는 인간의 욕심이 있다.

어족 자원이 고갈되고 갯벌을 사유화하고 사업의 대상으로 인식하는 사이에 갯살림은 무너졌다. 다행스럽게 최근 자율 어업이나 치어 방류 사업이 성공을 거두었다. 낙지, 바지락 등 자원 관리로 성과를 거둔 경우도 많다. 어민들 스스로 갯살림의 전통을 복원했기 때문이다. 겨울철이면 식객을 설레게 하는 가덕도 앞바다 '대구'의 회귀만 해도 그렇다. 벌교의 꼬막은 어떤가? 술꾼들의 속을 달래는 매생이도 갯벌에 의존한다. 쫄깃한 바다맛이 그립거든 갯살림의 원리를 밥상에서 실천해야 한다.

어민들만 나서야 할 문제는 아니다. 더 중요한 것은 도시 소비자들의 몫이다. 최근 갯벌 체험을 하는 사람들이 늘어나고 있다. 갯벌 여행은 '착한 여행'이고 '공정 여행'이어야 한다. 이를 위해 밥상머리 교육이 필요하다. 수입산 바지락 대신 고흥의 물바지락을, 조금 비싸도 무안의 세발낙지와 벌교의 꼬막을 올려야 한다. 미래 세대에게 소중한 갯벌 유산을 물려주기 위해서다.

도요새는 칠게를 좋아한다. 낙지잡이를 하는 어부들은 이 칠게를 미끼로 낙지를 잡는다. 남도의 밥상에 오르는 게장의 대표적인 식재료다. 낙지와 도요새와 인간은 칠게를 즐겨 먹는 식객이다. 인간이라고 특별한 입을 갖고 있지 않다. 인간의 시선이 아니라 갯벌 생물의 하나로서 갯벌을 보아야 한다. 갯벌의 주인은 인간만이 아니다.

참고문헌

단행본

강성국 외, 『신안군 섬음식 백서』, J&H출판사, 2022년.
국립수산과학원, 『생태계가 살아 숨쉬는 바다, 서해』, 국립수산과학원, 2009년.
국립수산과학원 편, 『우리나라 수산양식의 발자취』, 해양수산부·국립수산과학원, 2016년.
국립해양문화재연구소, 『바닷속 유물, 빛을 보다』, 국립해양문화재연구소, 2010년.
국립해양박물관, 『바다밥상』, 국립해양박물관, 2014년.
권오길, 『권오길 교수의 갯벌에도 뭇 생명이…』, 지성사, 2011년.
김건수, 『맛있는 고고학』, 진인진, 2021년.
김려, 김명년 옮김, 『우해이어보』, 한국수산경제, 2010년.
김웅서 글, 노희성 그림, 『우리 바다 서해 이야기』, 영림카디널, 2006년.
김윤식, 『인천의 향토 음식』, 인천대학교인천학연구원, 2021년.
김종성, 『바다의 미래가 사막이라면』, 다른, 2024년.
김준, 『나는 갯벌의 다정한 친구가 되기로 했다』, 위즈덤하우스, 2025년.
─, 『새만금은 갯벌이다』, 한얼미디어, 2006년.
─, 『갯벌을 가다』, 한얼미디어, 2004년.
─, 『김준의 갯벌 이야기』, 이후, 2009년.

──, 『대한민국 갯벌 문화 사전』, 이후, 2010년.

──, 『물고기가 왜?』, 웃는돌고래, 2016년.

──, 『바다맛 기행』(전3권), 자연과생태, 2013~2018년.

──, 『바닷마을 인문학』, 따비, 2020년.

──, 『섬문화 답사기』(전6권), 보누스, 2012~2024년.

──, 『어떤 소금을 먹을까?』, 웃는돌고래, 2014년.

──, 『한국 어촌 사회학』, 민속원, 2020년.

김지민, 『생선 바이블』, 북커스, 2023년.

김지순, 『제주도 음식』, 대원사, 1998년.

김창일, 『물고기 인문학』, 휴먼앤북스, 2024년.

농촌진흥청 국립농업과학원, 『전통향토음식용어사전』, 교문사, 2010년.

대한제국 농상공부수산국 편, 『한국수산지韓國水産誌』(전4권), 일한인쇄주식회사, 1908~1911년.

문화재청, 『전통어로방식』, 문화재청, 2018년.

박구병, 『한국어업사』, 정음사, 1975년.

방신영, 윤숙자 엮음, 『조선요리제법』, 백산출판사, 2020년.

백용해, 『갯벌 이야기』, 여성신문사, 2003년.

보리 편집부, 이원우 외 그림, 『갯벌 나들이 도감』, 보리, 2016년.

서유구, 이두순 평역, 『난호어명고』, 수산경제연구원BOOKS, 2015년.

──, 임원경제연구소 옮김, 『임원경제지 전어지』(전2권), 풍석문화재단, 2021년.

──, 임원경제연구소 옮김, 『임원경제지 정조지』(전4권), 풍석문화재단, 2020년.

세상과함께 엮음, 『길 위의 삼보일배』, 푸른역사, 2024년.

송수권, 『남도의 맛과 멋』, 창공사, 1995년.

수협중앙회, 『우리나라의 어구와 어법』, 수협중앙회, 2019년.

심현보 외, 『댕글댕글~ 갯벌 한 바퀴』, 지성사, 2025년.

안미정, 『한국 잠녀, 해녀의 역사와 문화』, 역락, 2019년.

양선아, 『간척』, 해남, 2024년.

양용진, 『제주식탁』, 콘텐츠그룹 제주상회, 2020년.

요시다 게이치, 박호원·김수희 옮김, 『조선수산개발사』, 민속원, 2019년.

윤박경, 『새만금, 그곳엔 여성들이 있다』, 푸른사상, 2004년.

이상희, 『통영백미』, 남해의봄날, 2020년.

이재학, 『기후변화와 바다』, 지성사, 2023년.

이태원, 『현산어보를 찾아서』(전5권), 청어람미디어, 2002~2003년.

장계향, 함인석 편, 『음식디미방』, 경북대학교출판부, 2003년.

장수호, 『조선시대 말 일본의 어업 침탈사』, 수산경제연구원BOOKS, 2011년.

정문기, 『한국어도보』, 일지사, 1977년.

정약전, 정명현 옮김, 『자산어보』, 서해문집, 2016년.

제종길 외, 『갯벌의 이해와 교육』, 해양환경관리공단, 2012년.

제주특별자치도, 『제주인의 지혜와 맛 전통 향토 음식』, 제주특별자치도, 2012년.

조자호, 정양완 풀어씀, 『조선 요리법』, 책미래, 2014년.

최기철, 『민물고기를 찾아서』, 한길사, 1997년.

최승용·한다정, 『어부의 밥상에는 게미가 있다』, 3people, 2020년.

최춘일, 『경기만의 갯벌』, 경기문화재단, 2000년.

풀꽃평화연구소 엮음, 『새만금, 네가 아프니 나도 아프다』, 돌베개, 2004년.

한국의 갯벌 세계유산 등재추진단, 『한국의 갯벌 세계유산목록 등재 백서』, 2024년.

함한희 엮음, 『미완의 기록, 새만금 사업과 어민들』, 아르케, 2013년.

행복이가득한집 편, 『K FOOD: 한식의 비밀』(전5권), 디자인하우스, 2021년.

허남춘 외, 『할망 하르방이 들려주는 제주 음식 이야기』, 이야기섬, 2016년.

허정균, 『새만금 새만금』, 그물코, 2003년.

허철희, 『새만금 갯벌에 기댄 삶』, 창조문화, 2003년.

홍재상, 『한국의 갯벌』, 대원사, 1998년.

고문헌

『고려도경高麗圖經』

『난호어목지蘭湖漁牧志』

『수운잡방需雲雜方』

『신증동국여지승람新增東國輿地勝覽』

『연려실기술燃藜室記述』

『우해이어보牛海異魚譜』

『음식디미방飮食知味方』

『임원경제지林園經濟志』

『자산어보玆山魚譜』

『전어지佃漁志』

『정조지鼎俎志』

『증보산림경제增補山林經濟』

『지도군총쇄록智島郡叢鎖錄』

홈페이지

국제슬로푸드한국협회 https://www.slowfood.or.kr/

네이버뉴스라이브러리 https://newslibrary.naver.com/search/searchByDate.naver

『승정원일기』(http://sjw.history.go.kr/main.do)

『조선왕조실록』(http://sillok.history.go.kr/main/main.do)

우리는 갯벌에 산다
ⓒ 김준, 2025

초판 1쇄	2025년 8월 20일 찍음
초판 1쇄	2025년 8월 29일 펴냄

지은이	김준
편집	박상문
디자인	이창욱
독자 모니터링	박우주

인쇄	예림인쇄
제본	예림바인딩
종이	올댓페이퍼
물류	해피데이

펴낸곳	이글루
출판등록	제2024-000100호 (2024년 5월 16일)
이메일	igloobooks@naver.com
ISBN	979-11-987884-6-7 03380

- 책값은 뒤표지에 있습니다.
- 파본은 구입하신 서점에서 교환해드립니다.
- 이 책은 저작권법에 의해 보호받는 저작물이므로 무단 전재와 무단 복제를 금합니다. 이 책의 내용을 전부 또는 일부를 이용하려면 반드시 저작권자와 출판사의 서면 동의를 받아야 합니다.

이 도서는 2025 경기도 우수출판물 제작지원 사업 선정작입니다.